反デジタル考

令和の逆張り教育論

露木康仁

静人舎

反デジタル考　令和の逆張り教育論

目次

序

一

「勝者が歴史を作り、敗者が文学を作る」

　これは歌人で国文学者でもある佐佐木幸綱氏が述べていた言葉です。

ガイーヌの『剣の舞』や『仮面舞踏会』のワルツで有名な、旧ソ連で活躍したハチャトゥリアンはジョージア出身のアルメニア人です。そのコーカサス地方は文明の十字路ともいわれ、ローマ帝国、モンゴル帝国、チムール帝国、オスマン帝国の支配下にあった地域です。その文明の荒波の中に置かれた場所から、クラシック音楽には類例を見ないあの独特なサウンド（中東や民族音楽を感じさせる世界）の名曲が生まれたといわれています。

　政治に興味を失った足利義政は、日本文化の礎となる室町文化の目利きの文化人でもありました。夏目漱石は大学教授の地位も捨て、博士号すら辞退し、一小説家として最後の10年を生きました。ロンドン留学で、すでに彼の内面で文明というものへの嫌悪感、木に竹を接ぐ明治の文明開化に生理的嫌悪感が芽生えたのでしょう。三島由紀夫は大蔵省を去り官僚を辞めて文筆家として生きてゆく道を選びます。三島の場合も、戦後の経済最優先の時世への自己の疎外感といったものが、晩年の政治活動へ駆り立てもしたのでしょう。

　また、セゾングループの堤清二も、経営者としての孤独・重責・虚無感などから、文学との二足の草鞋を宿命的に生きました。堤も足利義政に似て、晩年は、セゾングループの解体を余儀なくされ、経営者としては失敗者の烙印も押されることとなります。

彼らは体制、つまり、文明側の知識人・エリートとしては、ある意味敗北した人々でもありました。というより、文明の側よりも文化の左岸でこそ生きる意義を、生きる光を求めたのかもしれません。

本書で語る一つのフォーマット（横軸を〈感性⇕知性〉に、縦軸を〈文明⇕文化〉にしたマトリックス図）は、デジタルとアナログをキーワードに、時代の風潮を徒然に語ってみたい衝動に駆られてつくった一つの〈文化と文明の定理〉でもあります。その公式をもとに、教育や受験について、お父さん連中はもちろん高校生へも、エール的な意味での生きる海図《チャート》をさまざまに語ったものが本書です。

私は、これからの時代のグローバル化の本流、いわばデジタル化の勢いというものに異議申し立てをしたい念に駆られてきました。これは、三島由紀夫の市ヶ谷駐屯地における自衛隊決起を叫んだ〝ドン・キホーテ〟のような行動に思われる方もおられるでしょう。しかし、漱石の『草枕』の冒頭を引用するまでもありませんが、時代に〝臍曲《へそまが》り・天邪鬼《あまのじゃく》〟したい〈痩《や》せ我慢気質〉が疼いて疼いて仕方がなかったのです。これは、英精塾のコラムで日々語ってきたことでもあります。

智に働けば角が立つ。情に棹させば流される。意地を通せば窮屈だ。兎角に人の世は住みにくい。

『草枕』

ＡＩに働けば角が立つ。アマゾンに棹させば流される。ガラケーを通せば窮屈だ。兎角に令和の世は住みにくい。

『反デジタル考』

人生半世紀を生きてきて得た一つの真理、それは、〈自己の経験〉と〈社会の摂理〉とが一致を観る確信に由来するものです。

文明というものは時代のアクセルであり、社会の勝者、時代の強者が遍く踏み込む〝肉体〟です。一方、文化とは、時代のブレーキ、また、クラッチであり、社会の敗者、時代の弱者が歩み準《なぞら》える〝精神〟です。科学者や官僚・政治家といった社会の勝者、いや受験の勝ち組の連中が国家を導き、作家、画家、音楽家といった社会のエレベーターやエスカレーターに乗りそこねた連中が文化を生み出してもきたのです。

文明とは、ホモサピエンスの欲という〈数頭の馬〉のおもむくままに知性（御者）が手綱を引いて社会・国家・世界を進歩させてきたものです。

文化とは、人間という生き物がもつ、もたざるをえない歪《いびつ》な欲が、感情に根付かせた植物ともいえる感性を淵源としています。そんなに成長もしないし、別の場所へも移動できない人間の本性でもあります。進化はするかもしれませんが、植物の生長や時計の針のように、進歩などしないものです。いや、進歩はしていても、半世紀以上も要するために認識できないのです。空気や水、土壌、温度のごときものです。

しかし、これを無視しては、文明という美味しい〝食べもの〟が作れないことに、デジタル化社会では気づく者が超少数派なのです。不思議なことに、いや皮肉なことに、その文明と文化の円環的相関関係に気づいていたのがスティーブ・ジョブズだったのかも知れません。

文明と文化というものの定義は多種多様で、いかようにも言えます。

文明とは、社会や国家の人々が物質的に便利、快適になるモノであるのに対し、文化とは、人間が精神的に癒し・安寧・幸福などを実感できるコトです。冷蔵庫は文明の利器であり、その中の食べもの、キムチや納豆などは文化であるとか、高層マンションは文明の象徴であり、その内装や家具は文化であるとかよくいわれていますが、私はあえて三人の賢人の言葉をここで引用したい。文化の定義です。

「文化とは、何も茶やピアノを習うことではない。文化とは、まっとうに生きようとする自覚的精神に裏打ちされた生き方である」

（福田恆存）

「文化とは、『昨日は焦げ目のご飯だ、今日は柔らかすぎる、明日こそ美味しいご飯を炊こう』と庶民が、明日をより良く生きようとする生活の知恵なのだ」

（團伊玖磨）

「文化なんてものは、多くの無駄の上に華開くもので、損得の計算だけで形成されるものではない」

（半藤一利）

文明の階段は、知識、知恵、知性、そして叡知の4段階で上昇してゆく。この手順で人類は進歩・発展もしてきました。

文化の階段にはそんなものはなく、あえて言えば、なだらかな坂、遠くまで傾斜しているなどとは歩いている者が気づかないスロープのようなものである。その坂は、ちょっとした知識と、学校教育では得られない知恵（お祖母ちゃんの知恵）、そして禅宗的文脈での智慧さえあれば上れるのです。

「文学者になろうと思ったら、大学などに入る必要はない。鷗外全集と辞書の言海とを毎日時間をきめて三、四年繰返して読めばいいと思って居ります」

（永井荷風）

この言葉、それは文学というものが文化であることを如実に表しています。言葉イコール人間、

「数学は情緒である」（岡潔）

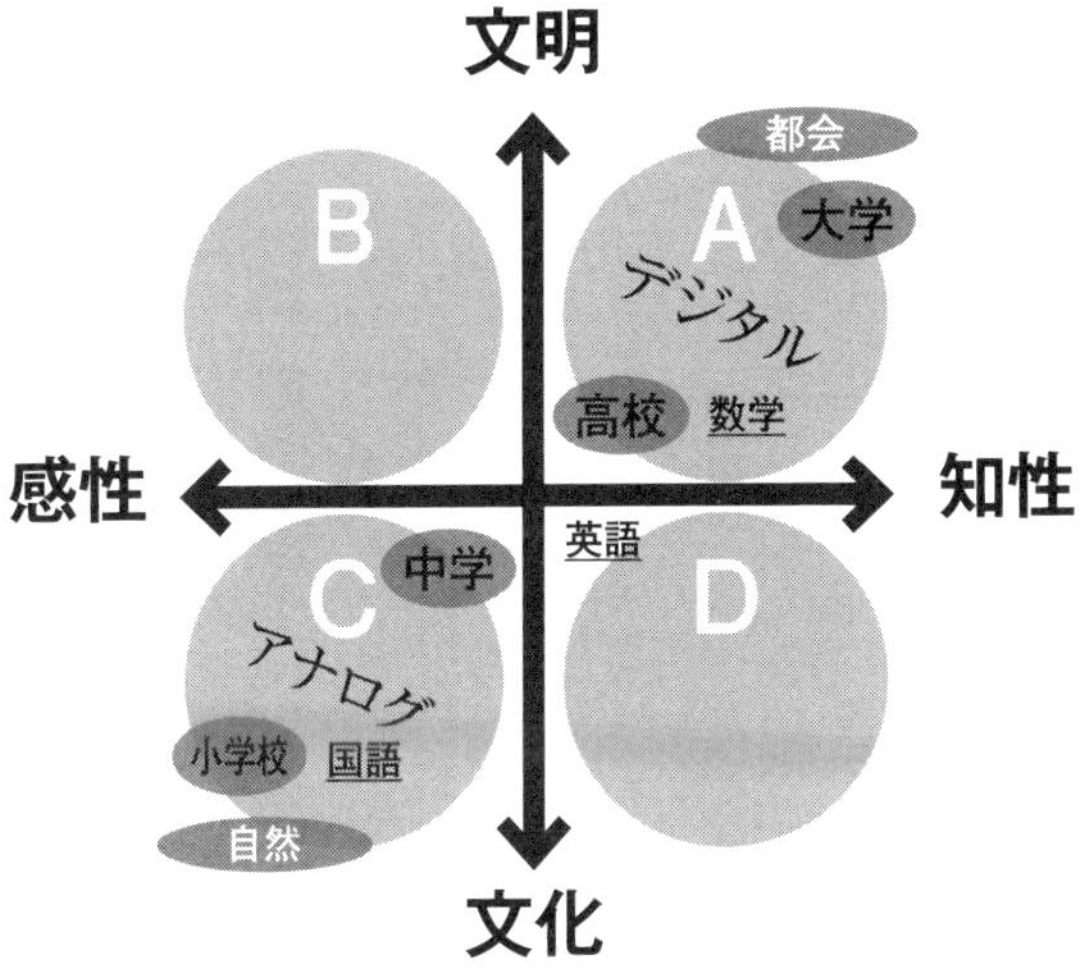

ア魂デオ
（デジタルはアナログのためにある）

人間イコール文化です。

二

まず、上図をご覧いただきたい。

まずは、**Bゾーン**であります。このゾーンに入るのは、具体的に申し上げれば、**SF作家や漫画家、そしてアニメーターの人々**です。小松左京、手塚治虫、石森章太郎、藤子不二雄、宮崎駿といった異能の天才が典型的でありましょう。未来の文明社会を鋭い直感に裏打ちされた感性といったもので、イマジネーションを飛躍させ、我々凡人に社会の未来図を提供してくれています。

次に**Dゾーン**ですが、この領域は、デジタル、特に**サイエンスを武器に、**

文化という側面を、現代にアレンジして提示してくれている人々です。例としては、チームラボ代表猪子寿之、メディア・アーティスト落合陽一、マーケター森岡毅などが挙げられます。

こうした、BとDゾーンで活躍する部族というものは、学校で育てるとか、教育で生まれる類のものではありません。むしろ、本人の資質と環境、そして、時代や運というものが絶妙に絡み合って生まれてくる方々です。ノーベル賞級の学者を、アカデミックで多数意識的・意図的には輩出できないのと同様です。

では、AゾーンとCゾーンに関していえば、極端な例としては、Aゾーンは高学歴で大企業に勤めておられるエリートサラリーマン、また、大学で統計学や理論物理学などを研究されている方々ともいえましょう。一方、Cゾーンは、中卒、また高卒で地方から一歩も出ず、地元で働くマイルドヤンキー、また歴史小説家の類とでも申し上げられましょう。

成毛眞氏も『AI時代の子育て戦略』の中で言及されていますが、都会で働く高収入のビジネスマンより、地方から一歩も外へ出ない高卒のマイルドヤンキーのほうが、ある意味、幸福感が高いともいいます。これは一面ですが、仕事よりもプライベート・家庭を優先しているか否かの生活をしている点に要因があるかと思われます。文明よりも文化を優先することのライフスタイルの魅力の一面でもあります。

現代のAI時代において、人間は、Cゾーンだけに留まることは不可能です。また、Aゾーンだけに生きることも不自然だといえましょう。これは、デジタルが都会、アナログが自然（地方）の比喩であることを考えると納得がいくかと思います。

東京藝術大学に進む音楽家や画家の卵は、幼少期から中学高校時代まで、アナログの修練を積みます。恐らく、Cゾーンから一歩たりとも外へ出ない部族でありましょう。いや、生涯にわたりCゾーンに留まる方々かもしれません。文化の象徴、音楽や絵画というものは、アナログに軸足を置かざるを得ない宿命でもあるからです。クラシック音楽がその象徴でもありましょう。そうした部族に一部は、後に、Dゾーンへ移行してアートのスタイルを変貌させる人（ヴァイオリニスト葉加瀬太郎や画家村上隆など）もおりましょう。しかし、まだ少数派ともいえます。

生涯Aゾーンに留まるもよしとする人はデジタルと非常に親和性があり、資質との相性がいいとも言えるでしょう。私見ではありますが、こうした部族は、世に数割にも満たないと断言できます。生涯Cゾーンに留まる人は、成功した料理人、パティシエ、工芸職人などでありましょう。これも、なかなか大成するのは難しい。

意外と言ったら何ですが、**世に成功している大企業家の人々は、Aゾーンに軸足を置き、Cゾーンの領域を軽視しない、いや、重視すらしている経営者であります。それに対して一般庶民で、そこそこ時代を生き延びる、会社でリストラされない、なんとか自身でビジネスをやりおおせている方々というものは、Cゾーンにいながらも、Aゾーンに目配せをする、意識する、時に、足を踏み入れる行為を忘れぬ人々**です。実は、令和の時代、このAゾーンを軸足か、Cゾーンを軸足か、そのどちらかを中心とした〈ピボット戦略〉というものが生き抜くツールともなることを、どうもこのデジタル旋風の世の中で忘れてはいないか、それに戸惑うのであります。

世の親御さんは、幼少期から、また初等教育時代から、我が子をＡゾーンに投機する傾向がある風潮が非常に目に付き、憂慮されるところです。それは、我が子を株や資産のように投機する博打に近い行為であると思います。それに失敗したら、もう、取り返しがつきません。世のデジタルエリートの英才教育を参考に、我が子をデジタルネイティブに育てようという算段です。これは、素人、個人投資家が、ほぼ株で損をする憂き目と同じ運命をたどるものです。

幼少期、Ａゾーンという便利で快適な都会に住んだ少年少女は、不便で不快な地方（田舎）に住みたいとは思わないように、アナログという人間本来必須の住まうべき場所（自然）の意義や本質は理解できない人間になってしまいます。しかし、子ども時代、義務教育まで、ある程度のアナログという自然の中で育った高校生・大学生は、いくらでもデジタルを自身の生きるツールとして取り入れていける気質が育っているものです。いや、Ａゾーンなどに足を踏み入れなくても、人間に絶対に必要な幸福という、生の充実感は得られるものです。

断言します。アナログの欠落したデジタルは、空虚で、無機質な幸福感といえましょう。これに気づく者が令和の時代、極少数派ともなっている危機感から3年間にわたり、英精塾のブログを書き継いできたのです。**ルーレットのギャンブルではありませんが、お子さんを幼少期からＡゾーンというブラックエリアに賭けてはいけません。Ｃゾーンというレッドエリアに賭けよと助言します。**

世のデジタル教育推進派は、成功事例ばかりを列挙します。早慶からMARCHレベルを目指す受験生は、ある意味で、東大生のやり方は参考にはなりません。「ボルトの手法を真似てもボルトにはなれない」（為末大）という言葉に刮目した人だけが、本来の教育という原点に目覚めるものです。

「デジタルかアナログか」、その究極の選択を強いられた世のサラリーマン、親御さんといった方々は、中年以降、Aゾーンを終《つい》の住処《すみか》とすべきか、Cゾーンを終の住処とすべきかと迫られたとき、恐らく、大多数の人は、後者を選択するかと思われます。老人になると赤子に返るといいますが、それは認知症の観点からであります。人間は、初等中等教育の段階が、ある意味で、人生の郷愁（ノスタルジー）の原風景でもあり、幸福の原点でもあります。それは、デジタルに染まっていない生物としての本来の生の充実感にあふれかえっていた時代を経験しているからです。

井上陽水の「少年時代」や、江間章子・中田喜直の「夏の思い出」を聴くと、えもいわれぬ郷愁、懐かしさ、癒し感といったものが湧き上がってきます。それがアナログの、たまらない幸福感の原風景でもあります。一方、今流行りのボーカロイドの音楽などには、歌詞はもちろんのこと、リズムやメロディーといったものにも、人間の原点に誘う力というものは一切感じません。あるのは、現実逃避といったゲームの時間の虚しさと同類のものだけです。

三

現代の文明における最大の弱点は何かと言えば、人々の間にすべてを労せずして手に入れようといふ風潮を生じたことです。人々は労せずして手に入れるものしか目をつけないし、興味ももたない。さういふものだけが価値のあるものと考へ、またさうすることこそが価値と心得て、そこに文明の誇りを感じてをります。この文明の原理は結局のところ「最小の労力をもって最大の効果ををさめる」といふ経済学の、あるいは科学技術の原理に支配された考へ方であって、それが生き方としての文化を蝕んでゐるのであります。

（『伝統にたいする心得』福田恆存、新潮社版「日本文化研究」第八巻、昭和35年9月刊）

昨年亡くなった劇作家で文明批評家の山崎正和さんは、かつて「社交する人間―ホモ・ソシアビリス」を上梓し、私たちが文化的な生活を送る上で社交が欠かせないと強調した。社交の場とは家の外と私室の中間に設けられた客間のようなところであり、くつろぎと儀式的な雰囲気を兼ね備えた音楽ホール、舞踏場、レストラン、酒場などが該当する。社交にはその場に応じた礼儀作法があり、参加者は自らの表情も発言も内面の感情も、その起伏に合わせ協力してリズムを盛り上げなければならない。行動の全体を音楽のように一つの緊張感で貫くことが必要なのだ。オンラインではこのリズムを作ることができない。

オンラインは情報を共有するためには効率的で大変便利な手段だが、頼りすぎると、私たちが生きる力を得てきた文化の力が損なわれる。とりわけ、まだ文化的な付き合いに慣れていない若い世代から社交の機会が失われているのは大きな問題だ。社会的距離を適切に取りながらも、私たちは「集まる自由」を駆使して社交という行為を続けるべきだと思う。

（「コロナ　縮む社交の場　文化の力奪うオンライン」山極寿一、朝日新聞２０２１年２月11日）

＊　＊　＊

デジタルはアナログのためにあります。デジタルのためにアナログがあるのでもなく、デジタルのせいでアナログが放逐されるものでもありません。それは、近代建築物が都市や地方の町で乱立し、木造建築物や古民家がどんどん解体されている今の時代にも、温泉地や観光地でもさまざまな有形文化財となっている旅館などが残っている光景を見ればわかるでしょう。また、紙の書籍が依然として消滅せず、教育から情報ツールに至るまで根強い文化的要素として、ブナの原生林のごとくなんとか残っている現況と似たものがあります。

知性が文明の枝葉や幹を生長させ、感性が文化の根を大地に張り巡らせる。この両者は車の両輪でもあります。知性は文明のエンジンでもあり、その社会を進化・進歩させもする。一方、感性は文化と同義であり、また、その社会のブレーキ、時にはクラッチの役割をも果たしています。この文明の発展は、もはや、発展という代物ではなく、暴走とすら人類には認識され始めてきています。その典型は地球環境問題です。この点、梅原猛や司馬遼太郎などは、その晩年、警鐘を鳴らしていました。

過度のデジタル化は、社会をいびつに急成長させもします。人間置き去りのデジタルに駆動された欲望が、人間内部にまで非人間化の悪影響を及ぼします。その典型がスマホであることは、近年、人類、いや先進国の大衆の一部は気づき始めています。その典型が最近ベストセラーになった『スマホ脳』であり、フランスで2019年にベストセラーになった『デジタル馬鹿』（フェミナ賞受賞）です。

今は、外出時はもちろん、屋内でも、風呂場やトイレでさえもスマホを手放せない精神的状況にいるのは、電車内の乗客、歩きスマホ、飲食店でのスマホを見つめながらの食事など、さまざまな光景を見ても、その麻薬的中毒症が見てとれます。ひと昔前なら、リビングのデスクトップパソコン端末からネットでものを買うしかできませんでしたが、今や、電車内であろうとジョギングの最中であろうと、四六時中どこででもショッピングができるありさまです。人間が、〝機器を内蔵したサイボーグ〟となっている感すらあります。

事実、近い将来、スマホが腕時計のごとく、いや、〝タトゥー紛い〟にマイクロチップとして身体に気軽に組み込まれる世が近いことは、アップルウォッチで予見されもします。これは、人間がスマホという文明の利器を使っているように見えながらも、実は、人間がスマホに使われているというのが実相でしょう。

何度も繰り返して言います。

デジタルはアナログのためにある、デジタルのためにアナログがあるのではない。

この言説を敷衍してみましょう。

社会は人間のためにある、社会のために人間があるのではない。とも断言できます。それを、政治的文脈でいえば、国民のために国家があるのであり、国家のために国民があるのではありません。後者のロジックでいえば、戦前のドイツや日本がそうです。そして今や、中国デジタル共産党の正体が、それを象徴しています。

人間は、自らの欲望とその習性につけいられて、どんどんデジタル人間になっている感が否めません。実際、その毛色が強くなりつつあります。ヨーロッパを支配していたローマ帝国が、市民にパンとサーカスを与えて長きにわたり人類史に君臨したように、現代では、ＧＡＦＡ帝国がスマホというデジタルの魔法の杖を世界市民に与えて、そこそこゲームやらインスタやら〝映画・ライブ〟で、人間本来のアナログから沸き立つ欲求というものを逸らし、消し去り、忘れさせています。

社員のリモートワーク、これはよしとしましょう。大学生のオンライン授業、これも場合によりけりですが、仕方なしに可としましょう。しかし、小学校から中学校、私的には高校までですが、オンライン授業はもってのほか、**リアルな非デジタル授業を行わなければ、将来の社会の要員、国家の担い手、社会の変革者などは、生まれてはこない**というのが私の持論です。

だから、〝反デジタル考〟などという命題を掲げたのです。

実は**コロナ禍という人類への試練を契機に、人間を急速にデジタル化してしまうことの死角・盲点という負の要因が、**生命の危機の陰の原因でもあることに気づかねばならないのです。**コロナというパンデミックが人類を脅かす最大の恐怖・悪影響というのは、取り返しがつかず戻ることのできない〈脱アナログ社会〉へと向かう恐ろしい道程・宿命なのです。**

よく耳にする命題に、「昔に比べ今のほうが幸福か?」、また、「現代のほうがストレス社会か?」といったものがあります。これは、個人や社会、国家によりけりで、一概に解は出せません。しかし、アナログ派の私としての見解を申し述べてみたいのです。

「現代は便利で快適ではあるが、ストレス社会となっている。一方、昔(バブル以前)は、不便で不快ではあったが、軽ストレス社会であった」(ブータンが幸福度で世界1位とか、江戸時代が、意外や〝幸福〟な時代であったとかいう言説がそれを一部証明してもいます)

昭和50年代初期まで、東京では、汲み取り式(ぼっとん)便所が、散在していました。東京下町の我が家もそうでした。また自宅にはエアコンなどなく、扇風機で夏の暑さをしのいでいました。巷の店先には蠅とり紙、各家々には蚊取り線香があちこちで見られました。令和の少年少女からすると、「なんと不快で、不便で、非衛生的な社会であったか!」と嫌悪感すら抱きそうな時代でした。
しかし、今や50代以上の中年たちは、その当時はそれが当たり前、水洗便所やエアコンなどは近未来の文明の高級品・贅沢品で、高望みなどせず、現状の生活を肯定し、いや、仕方ないと思っていた時代です。〝なしを旨とすれば不自由なし〟という禅僧のメンタルともいえましょう。こうした〈生活上の覚悟〉、達観（吾唯足るを知る）は、不幸感を招き入れません。

「不自由を常と思えば不足なし、心に望み起こらば困窮したるときを思い出すべし」

（徳川家康）

という心得に準じる精神を、昭和の庶民は若干でも持ち合わせていたのです。文明の暴走、過剰なるデジタル化社会では、こうしたメンタルは疎遠になり、忘却の彼方へ消滅してゆくというのが、欲にもとづく性《さが》をもつ人間の宿命といえるのです。
一方、平成後期から令和にかけて、日本中の都市部、たいていの市町村では、水洗便所が普及し、エアコンなしの生活など、この猛暑の夏では考えられなくなりました。現代人は文明の恩恵を大いに被った生活を送ってもいるのが実状です。生活は便利に快適になりました。新幹線の普及、格安航空券での手ごろな移動、宅急便で日本中の名産物を取り寄せられる便利さを思えば隔世の感があります。この発展した社会において、不快さ不便さなどは、〝悪〟なのです。この〝悪〟を放逐することが、文明の最大の任務とされてきました。デジタル化がその急先鋒なのです。

このデジタル化が、人間にガラスの脆い床での生活を強いていることに初めて気づかされたのは、先般の台風19号による武蔵小杉のタワーマンションの事例だったのではないでしょうか。表面上の便利さや快適さというものにすっかり慣れきってしまっている部族にとっては、少々の不便や不快さでも超ストレスになり、幸福感を一挙に吹き飛ばしてしまう要因になっているのです。

東日本大震災のときの計画停電で、不便さを被ったオール家電の一戸建てのご家族もそうでした。クレジットカードから、定期券、電子マネーの財布機能、そしてパソコン、音楽、映画、ゲームに至る生活全般の役割を1台のスマホに集約して生活している社会人も同様です。端折って言いますが、便利さ・快適さ最優先の生活の背後に潜む〈恐ろしい不自由さ〉への想像力、いわば、危機管理の欠如というものであります。いや**危機管理なんぞなくてもいい、それは社会の範疇の責任です。個人レベルでは、アナログ的視点で言えば、〝覚悟〟というものさえ保持していればいいだけの話です。**

戦時中の日本や戦後の東西冷戦時は、米ソ間の核戦争の危機が、人類滅亡という〝死〟を常に我々の前面にぶら下げていました。それが過ぎ去った後、今度は、泥沼のテロとの闘いの時代へと突入しました。かつては〝死〟という存在が身近にあったため、〝幸〟の存在感が皮肉なことに大きなものとなっていたのです。

現代という社会は、個人レベルでは、死を遠ざけよう、死を忘れようとすることを絶対是としてきました。これは、宗教学者山折哲雄氏や解剖学者養老孟司氏が、日ごろから指摘してきた言説であります。特に山折氏などは、**〈現代社会における無常観の喪失〉**と指摘しています。

こうして日本を含め世界から、〝栄養失調＝明瞭なる危機〟という単純な病が過ぎ去った後、飽食の〝生活習慣病＝曖昧模糊とした危機〟の時代が、むくっと顔をもたげてきたのです。個人同様社会も、負あれば正、また勝ありです。いわば「禍福はあざなえる縄の如し」です。

戦後、大衆社会に余暇というものが行き渡ると、ストレスやさまざまな精神的疾患が一般に認知されるようになったことは、日本における社会人では〈笑点シンドローム〉、小中校生では〈サザエさんシンドローム〉として有名です。こうした事例は、人間精神における陰と陽の、昼と夜の象徴的現象とでも申せましょうか。明るさというデジタルのみを追い求めてきたしっぺ返しでもあるのです。

現代人は、不便さ・不快さを遠ざけるように文明を進化、発展させてきました。その象徴的、形而上的存在として、〝死〟というものが挙げられます。平成以降、日本人のほとんどは、自宅ではなく、病院で死を迎えるといいます。核家族化のためもあるでしょうが、認知症や老衰の祖父母は、孫の世代には身近な体験たりえなくなって、今や、〝老〟というものすら疎遠な社会になっています。

令和の子どもは、人生の醜の側面を社会や親から見えないようにされている感があります。令和の時代、60歳の還暦で赤いチャンチャンコを着る者がどれほどいましょうや？　高齢化社会、老人社会でも、健康知識、医療技術、医薬品、健康食品などの恩恵があるでしょう。今や、健康志向が、生活の基軸になっていることからも想像がつくでしょう。

死とは宗教であり、宗教とは文化であります。非イスラム圏では、宗教離れが進んでいるともいわれます。文明化社会の宗教からの逸脱行為でもあります。それは、おもに、欧米人が、医学をある意味で〝聖書〟として、死というものを遠ざけている証左の何物でもありません。それは煎じ詰めて言えば、文化というものからの逃避行為です。飛躍して聞こえるやもしれませんが、SNS社会で、世界は多様化したといいます。しかし、その多様化は、ある意味、見てくれ、いわば世界の画一化を錯覚したものであり、多種多様な文化の消滅と同義であります。

デジタルという便利で快適な文明の超特急は、松本零士の『銀河鉄道999』を彷彿とさせます。主人公星野鉄郎は、謎の美女メーテルと、永遠の命ともいえる機械の身体を手に入れる旅に出ますが、その〝理想の身体〟に辟易、嫌悪する結末は有名です。**この作品は、デジタルという特急に誰しもが乗りたがって、アナログとしての自己の生命を嫌悪する現代の風潮を暗喩しているように思えてならないのです。**

シュバイツァーの倫理的概念でもある、〝生命への畏敬〟を引き合いに出して申し上げれば、21世紀も5分の1を過ぎようとする今、自然保護、地球環境問題、格差社会の解消などなど、目に見える範囲では、人類は少々賢明になってきてはいますが、**人間の心、個人として自覚、有限なる地球同様、限りある生命を思うとき、その怜悧な目線を内面に向ける〈アナログへの畏敬〉という意識をもつこと**が必要ではないかと痛感しています。

特に、教育のジャンルです。幼児から子どもの育成を社会の論理、大人の志向、企業の理念で考えてはいけないし、そうするべきではありません。そうした考えで3年にわたり、英精塾のブログにおいて、市井の個人塾の目線からアナログ擁護の論陣を張ってきたのです。これは、プチ昭和レトロブーム、アナログレコード回帰、昭和の名車再評価など、アンチデジタルの少数派の反逆と同様に、ドン・キホーテ的姿勢をわきまえて語っているまでです。

デジタル帝国のGAFAのみを、アナログ的視点から如何《いかが》なものか？ と異議を申し上げてきました。事は、そうしたコト的次元だけにとどまりません。それは、ファストファッションの4大帝国にも該当することであります。わが国を代表するユニクロ帝国、そしてH&Mやザーラ、そしてGAPといった巨大アパレルメーカーも同様です。

『モモ』（ミヒャエル・エンデ作）という童話の名作があります。モモと時間泥棒との闘いがテーマです。チャップリンのモダンタイムスの主人公同様、産業社会の歯車として現代人が人間らしさを喪失していることを皮肉ったように、モモも現代人に、人間の時間軸で生きる、生活することへの自覚を促していました。その典型が、時間泥棒という存在です。

その時間泥棒は今や、スマホという化け物になり、〈人間の充実した時間〉を奪う存在として復活した点を強調する識者は少数派なのであります。〈便利さが自由である〉という錯覚、〈その便利さの正体が、不自由さの悪魔の変身した姿である〉ということの幻想に大衆は気づいていません。だから、世の見識ある方々は、スマホ断食、スマホラマダンなどを提唱しているのです。

科学者系の論者としては、ゴリラが専門の霊長類学者山極寿一氏や解剖学の養老孟司氏がその急先鋒でもあります。具体例を挙げましょう。東京名古屋間をリニアで40分で行き来できれば、それがビジネスで**快**、オンライン会議ができれば、それで**益**、ネットでモノが買えれば、それが**楽**、スマホで音楽や映画が楽しめれば、それが**悦**、こうした文明の論理が、〝**文明の倫理**〟にすり替えられようとしているのです。

日本の文科省官僚や財界人という部族は、「使える英語を、実用英語を、帰国子女に近い英語の使い手を！」と有用性・有益性のみの人材を欲しがっています。最近日本電産の永守重信社長が、新たに大学運営に触手を伸ばしたことに典型的に表れています。松下幸之助の松下政経塾のケースとはまた違う方向性でもあります。

英語ネイティブを求めているのが財界の本音でもありましょう。それは、秋田国際教養大学の就職率に如実に表れています。

確かに、デジタルネイティブとやらの部族がこれから増え続けることは、自明の理かもしれません。それは、スマホの無数のスペック、そしてさまざまなアプリなどを使いおおせる能力を意味しません。しかし、現今のデジタルネイティブの実態でもある茶髪でお化粧をして、勉強は二の次、三の次でも、学校の教師より、スマホを自由自在に使いおおせる女子高生、また一部の、フォロワー数何百万人を自慢する芸能界のお馬鹿さんタレントと、真のデジタルネイティブとを十把一絡げで考えているのが世間一般です。これは、〝なーんちゃって英会話〟ができる程度でネイティブ会話とみなす底の浅い見識と同様であると言わざるをえません。

学校で、デジタル教育、いわばプログラミング教育やデジタル教科書、タブレット端末などを導入したからといって、いずれはすべて、国（デジタル庁）や大手企業が求めている、真のデジタルネイティブの人材が生まれるなどという幻想は、従来の使える英語教育を推進すればするほど、実社会では使いものにならない若者を輩出してきた悪のスパイラルと同じことで、ものごとの真理的逆説というものが予見できない、予測できない節穴のお偉方の早計と言わざるをえません。

アナログ教育がいかに大切か！

ここ数十年、学校、家（自宅）、そして塾・予備校というトライアングル（正三角形）の関係が、次のようになっている点に親御さんの多くの方はお気づきかと思います。

学校は、卒業という肩書をゲットするための場、または部活や友人関係を深める場。家（自宅）は、身体を休めリラックスする場、またはテレビやパソコンなど誘惑の機器が多数あり、勉学に集中できないことを逆用し〝勉学の息抜き〟の場と化している点。そして、塾や予備校が真に、学力を上げる真剣な場と化しているという点であるということに。

父母の世代に比べ、学校が勉学の場ではなくなり、教師よりも親御さんの方が教育の情報が多く、教師と親御さんの現実的な教育観の認識の逆転現象が起き、また、教師の資質の低下、学校という職場環境の悪化、40人学級などの制度疲労のせいで、12歳から18歳までの一種〝託児所〟的存在になりはててしまっている嫌いがなくもない現実があるのです。

そこで、大手の予備校や全国展開している学習塾などは、自習室完備を売りにしているという実態にお気づきの方も多いやもしれません。増田塾（今では大手の教育企業Z会に買収されてしまった）という難関私立文系をターゲットにした大手の塾は、自習室での自習を義務付けているほどです。また、武田塾のアドバイスによる、一種、教えない塾、即ち、市販の問題集や参考書を指定し、自己計画・目標を立てさせ、自力で学習させる方式のフランチャイズ形式の塾まで栄えている始末です。

日経MJ（2017年9月1日）で読みましたが、自称〝ライザップ方式・授業のない武田塾〟を売りに全国展開している自習のみの塾です。数年前にビリギャルで有名になった坪田塾もこの武田塾に準じる方式やもしれません。

こうした事例からも、現代の生徒は、自宅では勉強しないという光景が垣間見えてきます。**意志の弱さと自宅内のさまざまな誘惑的なものという要因**がそうさせてもいるのでしょう。この自習形式の大きな欠点は、たとえその参考書や問題集のコンセプトが生徒自身の能力とシンクロしたとしても、自身の可能性を秘めた、また、生のヴェテラン講師の教授内容までは、残念ながら到達できない可能性が高いということです。つまり、**生徒自身の現実的〝殻〟は破れても、理想的〝殻〟までは壊せない**ということでもあります。この教育上の真理は、おわかりになる方はわかるはずです。これ以上は踏み込みません。

次に、デジタル社会における、学習環境から教育産業を見てみると、インターネットによるさまざまなブロードバンド予備校という存在が無数にあります。スマホによるスタディーサプリ（リクルートによるものが代表的）、東進ハイスクールのDVD授業や衛星予備校などといったものが挙げられます。こうしたデジタル化された教育産業と生徒との関係をこれから語ってみたいと思いますが、塾・予備校だけではなく、学校でもタブレットや電子黒板などの普及度は高まっている現実も忘れてはいけません。

最近、**スマホ育児**という言葉をお聞きになられた方も多いでしょう。2歳から6歳くらいの幼児・子供にスマホを与え、その画面で、さまざまな楽しい動画、ちょっとしたゲームなどで子守の代用をさせ、自分は料理や洗濯、ときにはその母親までスマホのアプリを楽しんでいる状況を指す言葉です。こうした**デジタル育児**とも言うべき環境に、あるアンケート調査では、45％が問題なしと返答しているそうです。しかし、まだ、55％ほどが、〝ちょっと問題なんじゃないの？〟と訝しく思っているということですが、この45％の数字を多いと見るか少ないと見るか、ここにデジタル社会のリトマス試験紙があるとも言えそうです。

この〝スマホ育児〟に関しては、意見がほぼ真っ二つに分かれそうな現代にあって、事がデジタル教育（小学校から高校まで）に関してとなると、実は、もっと無頓着な親御さんが多いやもしれません。

東進ハイスクールのＤＶＤ授業、河合塾マナビス、他の衛星予備校、スマホのアプリ授業などは、一流講師による、一方通行の、好きな時間、好きな場所で、自分のペースで勉強ができるという点にも長所がありますが、その死角というものに、親御さんや生徒本人が気づいていないケースは意外に多いのです。それは、映像の講師と画面の生徒の1対1の関係、それも、リラックスした精神状態（ほどよい緊張感があり、他の生徒がいた生の教室のほうが、自身の能力の尺度もあり、ある意味いいのですが）で、その生徒が、その講師の手法を学び取るということは、ある意味、パソコンの画面を見て、通販で買った靴やシャツが、規定のＭやＬだと思っても、若干のズレがあるといった理解の齟齬が生じているということです。もちろん、通販で買ったサイズがドンピシャの場合もあります。しかし、それと同じ商品を街のショップで見つけて試着してみたら、Sの方がピッタリだったとか、Lの方がむしろ窮屈でないといった体験に似たようなものが、実は、このデジタル学習の盲点でもあるのです。

先日（2018年5月17日）、東京ビッグサイトで〝教育ITソリューションEXPO〟なる国内最大の教育産業の最先端ツール（画像授業の最先端の端末機械、電子黒板やら、電子ノートなどの学習機器）の展示会に出向きました。大学から幼稚園まで、また、予備校や塾など相当な数の教師・講師・担当者などが詰めかけていて大盛況でした。

その後に、灘高校・和田孫博校長の『灘校が実践する、個々の能力を引き出す教育』という題の講演を拝聴しました。簡潔に感想を申し上げると、「ああ、やっぱりね、こうした超進学校に限り、こうした展示会に出品されている最先端の、デジタルな教育ツールにはあまり関わってはいないのだな！」というものでした。

私のこの展示会での感想は、自身の焦りというよりも、むしろ、自分の主宰しているアナログの少数精鋭の、生徒の使用する《鉛筆（シャープペン）とキャンパスノート》と講師の用いる《チョークと黒板》というアナログの関係がますます希少性をもってくると確信をもった次第です。なぜならば、これは、アナログ人間の私が、知人のIT系の超デジタル人間にも語ったことですが、「デジタルはアナログのためにある」「世の中がどんなに最先端社会になっても、人間というアナログの権化を相手にする教育とは、その進歩の最後尾にとどまっていなくてはならない」ということです。この言葉にその方は「まったくそのとおりです」と同感してくれたことが印象に残っています。

身体の成長の止まる高等教育（大学）からデジタルに染まればいいわけで、初等教育（小学校）、中等教育（中学高校）は、アナログ、準アナログと旧来の手法にこだわるべきであるというのが持論として譲れない点でもあるのです。ただし、我が子を将来、一流のSEやプログラマー、また、ハッカー、ゲームプログラマー、さらに、いずれオリンピックの競技種目にすらなりそうなeスポーツのゲーマーなどにしたいとお考えの親御さんは例外ではありますが……。

ここで、お察しのよい親御さん・生徒さんを相手に、少々回り道的脱線をしたお話をします。2009年1月2日のNHKの初春トーク番組「宮崎駿・養老孟司　子どもが生き生きするために」を観ましたが、番組の終わりに、少年少女の質問時間での次のようなやりとりがあったことが痛烈に印象に残っています。

「宮崎先生、僕は、先生の作品をすべて観ています、他のアニメ作品もたくさん観ています、どうしたら先生のような作品が作れるようになるでしょうか？」

「お答えします、明日からアニメを観ないことです。本を読みなさい」

この二人のやり取りから、デジタルの母はあくまでもアナログであるということ、イマジネーションの源泉は活字であるということ、これは学校教育にもいえることだと思います。

私がよく観るテレビ番組の一つでもある、未来世紀ジパング（テレビ東京）の8月8日の特集「世紀の驚き建物！ アンビルトvsニッポン建築」を観ましたが、現在世界では、意外や意外、木造建築（番組では、特にスイスを例に挙げていました）が見直される趨勢にあるというものでした。日本では、根津美術館などを手掛けた、建築家隈研吾氏による東京オリンピックのメインスタジアムである国立競技場なども木を中心のコンセプトに設計されたものであり、今、世界は木造建築ブームともいわれ、スイス連邦工科大学のローザンヌ校の校舎（隈研吾設計）やスイスの時計メーカーSWATCHの新本社の建物（坂茂設計）、オメガの製造工舎（坂茂設計）などを取り上げていました。

隈研吾氏によれば、2000年までは、効率的な鉄とコンクリートによる建造物が主流でしたが、これからは〝**人間の時代**〟に変わらなければならないという自覚が世界中で芽生え始めてきているといいます。その象徴が、木造建築であるとも語っていました。

道元の仏教用語に**面授面受**というものがありますが、これは、師と弟子、先生と生徒の関係ともいっていい〝教え〟は、生（直接）に師と弟子が面と向き合ってしか真の精髄は伝わらないというものです。この概念は、マラソンの瀬古利彦と監督中村清とのエピソードで知ったものです。アーティストのDVDではなく、生のライブが廃れることがない所以でもあるでしょう。

私の好きな禅の言葉に啐啄同時《そったくどうじ》というものがあります。親鳥が外から殻を突っつく行為を〝啄《たく》〟、雛鳥が内側から殻を突っつく音を〝啐《そつ》〟といいます、この二つの行為が絶妙にマッチした瞬間を、啐啄同時といいます。この阿吽の呼吸がピッタリのとき、雛鳥が卵から出てきます。これこそ、アナログ英精塾で一貫して譲れない理念でもあります。

大手のデジタル授業が拡大しても、個人の本物のアナログ授業が廃れることがないのは、ちょうど、大手回転寿司チェーン店がどんなに栄えようとも、銀座すきやばし次郎や日本中の寿司の隠れた名店がなくならないのと同義であります。

東京オリンピックに向けて森喜朗元首相が、経済効率や暑さ対策のためと称して、サマータイムを安倍首相に提言しましたが、これなんぞも、アメリカでの80年代のゆとり教育を90年代に輸入して大失敗した愚挙と同じ過ちです。欧米では、サマータイムは逆に見直しの対象となっているいることを最近ニュースで知った方も多いかもしれません。グローバルスタンダードと称して、使える英語・実用英語・資格系試験へと盲従している政府は、サマータイムなどを実施したなら、大きな誤りの舵取りと言わざるをえないでしょう。だから英精塾では、政府の方針や文科省の政策など信用してはいないのです。むしろ、無視して、生徒に英語を教えているのです。

（2018・9・10）

スーパースターのＤＶＤと二流元プロ野球選手の直接指導

前項ではアナログ教育の大切さをいろいろな角度から語ってみましたが、ここではそれを、独自の個人的見解をある思いを込めて、具体的なケースとして述べてみたいと思います。

世の中で、ＡＩ、ＳＮＳなどがどんなに進化しても、衛星予備校、ブロードバンド予備校、ビデオ録画形式の予備校、スマホサプリで見放題のカリスマ講師の授業がどんなに普及しても、**対面形式の、同じ空間（教室）内の、黒板を前にして、ノートに鉛筆で〝要点・要所・演習〟を書きながら本質を理解してゆく授業方式**はあと数十年は廃れることはないでしょう。なぜなら、教育というジャンルは、生の人間と人間が対峙する、成長ということを主眼とする世界・領域でもあるからです。

前項でも書きましたが、世の中がどんなにデジタル化が進もうとも、教育（中等教育まで）というジャンルは、そのデジタル進化の最後尾、即ち、アナログにこだわらなければならないからです。これは、あくまでも**私個人の主義・原則（プリンシプル）**でもあり、同意できない親御さんも当然おられることを承知の上で申し上げているまでです。では、こうした私個人の見解のもっと独断的な事例をこれから申し上げます。

ホワイトボード、電子黒板、タブレットなどを用いて授業する形式は、当分、普及しないと断言できます！　文科省が推進している教育のＩＴ化は、公立の中学や高校のみで、**賢明でまっ**

とうな私立校では行っていないのが現状です。公立は、政府の税金によるデジタル機器を用いた教育のモルモットと化しています。また、それに追随する一部の私立は、生徒の獲得手段としてのキャッチフレーズ的な宣伝として使っているようです。

実際、私立でデジタル機器を率先して使用している中学高校があるとすれば、生徒の質、教師の能力、こうした指数が非常に低い学校と言わざるをえないでしょう。つまり大したレベルの学校ではないということです。神奈川県にも某有名私立中高一貫校がありますが、あえて名前は挙げません。ハイテク教育を行っていて、時流に合わせた方式を売りにしている**軽薄単細胞な学校です**。その学校は、20年ほど前から中学入試の偏差値が暴落している私立校です。

ここであえて申し上げておきますが、私立の（県立高校も一部含まれますが）超進学校で、基礎が盤石な生徒は、東進ハイスクールのハイレベルなDVD授業を聞いても、消化不良を起こさず、むしろ実力が向上するケースは多いといえましょう。超進学校の生徒が大方、林修先生の信者となっている具体的ケースです。それは、**その私立でまっとうなアナログ授業でしっかり土台が出来上がっている**からです。この基礎が中途半端なまま、デジタル授業や、大手の大教室での数十人の授業で、ハイレベルな講義を聞いても身に付かないのが実態です。

たとえば、高校1、2年で数学が超苦手な生徒がいたとします。その生徒が、DVD授業や大教室で、〝超超基礎わかりやす過ぎる数学〟と銘打った講義を聞いても、おそらく、その1割から3割弱しか、自らの数学の殻を破れてはいないことは、私自身、そして現場の講師の立場から断言できます。恐らく、Z会の通信添削の数学基礎講座なるものを実践して、高校数学が得意になったという事例がどれほどあるでしょうか？

では、デジタル授業とアナログ授業というものを、少年野球のケースに敷衍して語ってみたいと思います。

イチロー・松坂大輔の少年野球講座というDVD全20巻なるものがあったとします。そのDVDを**少年野球チームA**に採用させて、ちょっと野球好きの近所のお父さんに指導を任せたとします。

「いいか、ビデオで観たとおりに、イチローのように捕球しろ！」「イチローの、あのアドヴァイスどおりに球を打つんだ！」「松坂が、画面で、投げた指使いで、カーブを放れ！」「牽制球は、あの松坂のやったとおりにやれ！」

このように、グラウンドで絶叫しながらノックをしたり、ピッチングのチェックをしたりするのがせいぜいでしょう。

それに対して、横浜ベイスターズで二軍経験しかなく、4年で解雇され、ラーメン店を経営しながら、少年野球を指導しているおじさんがいたとします。このおじさんが、Aチームと全く同じレベルの**少年野球チームB**を指導することになったとします。

「いいか、お前の癖は、腰が高い点だ、もっと屈んで、このようにゴロを捕球して、力まず、お前の肩なら、一塁手の膝を目がけて球を放れ！　そうだ！　やればできるじゃないか！」「お前の反射神経だと、バットは短く持って、肘を引いて、力まず素早く、バットを振ってみろ！　そうだ！　きれいにセンターに打ち返せるじゃないか！」「君の指だと、基本の握り方では、カーブなど小便カーブになってしまうぞ！　指が短いんだから、こう球を握り、腕をこのように振り上げて、そして、手首に意識を向けて、くるっと振ってみろ、そう、そう、そうだ！　今の球、よかったぞ！」「いいか、牽制球は、ボークを取られるぎりぎりのところ、俺を見てみろ、このようにやるんだ！　わかったか？」

このように少年たちを、身体を使い、手取り足取り教えたプロ野球崩れのおじさんが指導する**Bチーム**があったとします。

半年後、**Aチーム**と**Bチーム**が試合をしたとしましょう。断言できます。完全にBチームの勝利で終わると！

以上の譬えは、Tハイスクールの超一流講師をビデオで観たり、超一流講師の授業を数十名の大勢の中で聴いたりした生徒がまさしく**Aチームの少年**とも言えましょう。場末の小さな個人塾で、その一～二流講師ながら、その生徒の気質・資質・能力を見極め、英語や数学を指導された生徒が、おじさん率いる**Bチームの少年**です。

ここに、手っ取り早く重宝されるデジタル教育と、一見時代遅れと見まがうような、初めはうざったく感じられるアナログ教育というものの真の姿が垣間見えるのである。どちらが勝っているかは明々白々です。

結論ではありますが、デジタルは、自分が理想に合わせざるをえない、しかも、その手法や科目がいま一つ自分のものとはならない嫌いがある。それに対して、アナログは、**その理想を、その人独自、また個人個人の資質や能力に合わせて引きずり降ろし、現実的なツール、武器ともなる手段と化すことが可能**となる点こそ優れているのです。

（2018・9・10）

電子辞書支持者への一諫言

新聞の発行部数（実は販売数）が激減し、書籍の売り上げも右肩さがり、それに反比例して、スマホの新聞電子記事の購読者数、また、電子書籍の売上げが急上昇しているかと思いきや、さほどでもない。これは、活字離れが最大の原因でありましょう。少年ジャンプなどの漫画雑誌も部数を相当減らしている。それに対して、スマホで漫画を読む（見る?）読者数は、値段のせいもあるでしょうが、現状維持、活字は人気なし、劇画（アニメ）は、人気温存、こうした現象から、世の人々の活字業界への立ち位置がわかるというものです。では、**電子辞書と紙の辞書との関係**は今どうなっているでしょうか?

中学高校生に日頃接していて感じることは、十数年前、スマホが登場する以前では、「電子辞書はやめなさい」と生徒に注意すると、半数以上は素直に従っていましたが、**スマホの登場に**

より、ガラ携（帯電話）が駆逐される時代の流れの中で、電子辞書は、当然のものとして、生徒は言うことを聞かなくなってきています。今では、電子辞書すら使わず、スマホの辞書機能で英単語を検索する生徒も登場してきています。そういう生徒に限って、私の塾に関してですが、英語ができません。

これから電子辞書に関して私見を述べてみたいと思います。時代の趨勢で劣勢の意見であることを承知のうえで、あえて申し述べてみたいと思います。

一部の学校の英語教師は、生徒に紙の辞書を勧めていると思いますが、さまざまな電子辞書への批判や、電子辞書の長所など、新聞や雑誌、また英語のハウツー本などで強調されてもいるので、この場を借りて、誰も指摘してはこなかった側面を語ってみたいと思います。

極論ですが、中学生はもちろんのこと、現在の日本の7割の高校生には、電子辞書はお勧めできません。まず、**画面が限られているうえ、その単語の全体項目を概観し、比較検討する頭の作業ができなくなるから**です。それは、**小学校低学年で、当用漢字もろくすっぽ覚えていない2年生に、広辞苑の電子辞書を使うように指示するようなもの**です。大学生や社会人になり、その品詞が認識でき、その語彙の意味だけを調べる域に達している人は、一昔前のコンサイス英和辞典のように、携帯用に持っていることはいっこうに構いません。その言葉、英語でもフランス語でも、**その発展途上の生徒には、紙の辞書**が適切なのです。12歳から英語を学んでも、すぐには英和電子辞書を使いこなせないのと同義であります。発音が飛び出してくるメリットだけは否定しません。断言しますが、英検2級をぎりぎりで合格した程度の英語力では、電子辞書はまだ早いと言わざるをえないでしょう。**英検2級の問題を8割以上ゲットできる実力のある高校生が、電子辞書を使用して、初めて使いこなせる**といえるのです。だから英検2級問題を8割以上ゲットできる生徒が、世の高校生の3割もいない現状で申し上げているわけです。

まだ基本単語もろくすっぽ覚えていないうえに、**文脈から適切な意味を選び取る能力**にも欠けている生徒が、電子辞書を使用することは、〝百害あって一利なし〟とさえ言いたいくらいです。あえて利点を言うならば、頭の中で〝ABC～♪〟の歌を歌わずに済むということくらいでしょうか？　実は、生徒は、この便利さに惹かれるのです。〝ABC～♪〟という順繰りに単語を調べるという時間・手間が不要になるという魅力が電子辞書が支持される最大の理由です。学校側が生徒に一括購入させている話をよく耳にしますが、その学校の英語科の先生方の気が知れません。業者から何らかのリベートを貰っているのかと穿った見方をしたくなってしまいます。

電子辞書と紙の辞書の決定的な違いは、デジタル時計とアナログ時計の差と考えてもいいでしょう。前者は、ただ、その時刻を知らせるだけのものであり、その時刻と、来たる節目の時刻との長さの感覚――たとえば、10時48分と11時の間の時間の長さを空間軸（角度）で感じとる意識――が芽生えてはきません。まさにそれは、その単語を一語のみ示してくれているのと同義です。

それに対して後者は、時間を空間軸の中で（文字盤という空間の中で）示してくれています。

そのため、約束の時間とか電車の時刻とかを、「この長針があと25度傾いたら……」という意識で時間を捉えるために、時間という目に見えない抽象的な概念を具体的なイメージで把握することができるのです。**デジタル時計という〝人〟は現在しかない人間、それに対して、アナログ時計という〝人〟は過去・現在・未来という重層的イメージを抱ける人間で、**どちらが人間らしい思考をするでしょうか？

人は、その長針の動きと自分の行動を並列軸に比較ができ、時間というものを実体（はっきりした存在）として感じ取れているのです。

譬えは極端ですが、中世において聖書も読めない庶民に、キリスト教の世界観をわからせるために、宗教画というものが発展した理由と似て非ではありません。

〈デジタル時計：アナログ時計＝聖書：宗教画＝源氏物語：源氏物語絵巻〉

ということです。このように、**〝遠回り〟ですが、非常にわかりやすいという利点**があるのです。

ここに、アナログ時計の長所があり、まったく廃れないばかりか、むしろ支持者が減らない根本的な理由があるのです。**デジタル腕時計の需要は減っていて、アナログ腕時計は不滅**なのです。

ちなみに、ロレックスなどの高級腕時計で、デジタルなど聞いたことがありません。何も、超絶技巧による神技的職人技による機械仕掛けの希少価値だけが、その理由ではないのです。

このアナログ時計の利点と同じことが紙の辞書にもいえるのです。紙の辞書は、調べる単語だけでなく、その前後やそのページを鳥瞰し、自分が調べている単語の形容詞形や副詞形が目に入ってきたり、動詞を調べていても、その名詞形が目に留まったりして、余計な単語までも目にすることになるのです。

実は、この**道草的行為**こそが、とても勉強になるのです。何気なくそうしていること（語彙を複数目にすること）で、その辞書の特徴や解説や例文、時に挿絵などを学習していることにもなるのです。電子辞書では、意識がその単語しか標的にしていないので、語学の発展途上人には、辞書を読むとか、辞書に馴染むとか、辞書から学ぶとかいう行為は生まれてきません。これでは、語彙を基盤においた語学（英語）の向上にはなりません。

『思考の整理学』で有名になった外山滋比古氏の言葉でありますが、〝頭脳《あたま》の散歩〟をしているようなものなのです。この〝頭脳の散歩〟とは、実はさまざまな発想・着想の淵源ともなるもので、非常に大切なのです。

ここで、紙の辞書と電子辞書との関係に似た事例をお話ししましょう。

これは以前、あるラジオ番組で、英文学者の渡部昇一氏が語っていたことですが、インターネットによって得た知識と、自らが書物で得た知識の決定的な違いというものを、見事に譬えておられたので、はっきりと記憶しています。それは、次のようなことです。

インターネットの、ウィキペディアなども同様ですが、**そうしたSNSで得た知識とは、ある意味、栄養剤、またサプリメントのようなものだ**というのです。それに対して、書物で、**数百ページ、それも数冊を読んで得た知識とは、肉や野菜や果物、穀物などを咀嚼して得た栄養**

素だというのです。

どういうことかといえば、生まれたての赤ん坊を小学校に上がるまで、（これはあり得ないことですが）身体に必要とされる栄養素からなるサプリメントだけで育てたとします。宇宙飛行士などの流動食レベルのものと考えてもいいでしょう。それで育った6歳児はがりがりで、顎も内臓も発達せず、人間ならぬ宇宙人のような姿になってしまうことでしょう。それに対して、お米やパン、そして肉や魚、野菜や果物を、自身が嚙み、咀嚼し、内臓を経て、糞尿として排出する行為を通して、人間は顎や味覚、内臓、身体全体が、普通の人間のいで立ちへと大きく変貌するのです。自身が嚙み砕き、唾液などを混ぜ、内臓で必要な栄養素を吸収し、無駄なものを肛門から排出して生物は成長してゆくのです。その行為は、半分以上、ある意味で無駄な行為とも思われます。

しかし、この**無駄な行為こそ、読書という行為と似ている**と渡部氏は強調しているのです。「あぁ、こんな本買わなきゃよかった！」「こんな本読んで、時間の無駄だった！」「うむ、なるほど、この箇所はいただきだ！」「いい本に巡りあった！」など、損もすれば得もする、これこそ、本という食物を脳という機関が咀嚼（取捨選択）し、栄養素として摂取している真実です。

インターネット検索による知識は、まさしく、皆が当然だと思う知の最小公倍数的なものにすぎません。**本からの知とは、最大公約数的で、自身の経験値と他人の経験値を天秤にかけたり、思考しながら、しかも知の応用範囲や表現の学習の広さで勝るのです。**ですから、中学1年から、せめて高校2年くらいの、英語の発展途上人（人間の6歳児くらいまで）は、何が何でも紙の辞書でなくてはならないのです。

こうした見解・見地で、電子辞書を批判している言説を、今まで私は見たことがありません。どこかの大学教授あたりが研究してもいいジャンルだと思うのですが、浅学の私の知の範囲内では情報が入ってはきません。

ひと頃話題になりましたが、教授があるレポートの課題を学生に出すと、7割前後、同じ内容、同じ表現のレポートが提出されてくるという**大学生のコピペ問題**がありました。学生が自ら図書館で本を借り、新聞・雑誌など調べ、レポートを書くのではなく、インターネットの検索機能で、その問題・内容・事実を調べ、それを適当に自身で切り貼りして編集し、教授に提出するために、そうした現象を生むのです。学生のこうした悪しき慣習は、電子辞書に馴染んで、紙の辞書を億劫がったり、本を読まなかったりする現代の若者気質や時代の趨勢（電車内で異様なくらいほとんどの人がスマホとにらめっこをしている光景など）など複数の要因が重なり合い生まれているものでしょう。

あるディベロッパーやコンビニ店舗開発者、魅力的店舗を探す不動産業者・ビジネスパーソンが、**その土地を車ではなく足で歩いて、良き物件を探す**行為はよく知れ渡っています。新幹線や特急での旅行より、**各駅停車やローカル線での旅**のほうが、その土地の魅力がわかりますし、毎日車で通勤していた人が**自転車通勤**にしたら、町の景色や四季の移ろいを肌で感じ取れます。

紙の辞書の魅力はそれらと似ています。現在、さまざまなタレントによる路線バスでのプチ旅番組が人気を博し、〝アド街ック天国〟という長寿番組が存在する所以でしょう。

まあ、手っ取り早くいえば、ファスト・フードとスロー・フードの関係に似ていなくもありません。救急車・消防車で働く人から、宅配便、そして新聞配達をする人々が重宝している**ゼンリンの地図**などは、現場を足で一軒一軒つぶさに調べて作成されたものだそうです。辞書の職人として有名な飯間浩明氏などは、新しく載せる言葉を、街を歩き回って〝採集〟しているようで、その姿をＮＨＫの〝プロフェッショナル仕事〟の流儀という番組で目にしたものです。**世の中の見えないところは、実はアナログが根底にあって支えている**のです。スティーブ・ジョブズの発明なるiPhoneも、機能を〝アナログ・人間〟に近づけようという理念に基づいて作ったものだと聞いています。

これは、あくまでも狭い範囲、私の塾でのことですが、電子辞書を高校2年以前に使用している生徒に限って、英語は駄目です（出来が悪いです）。英語の成績が良い生徒は、高校2年生以前で電子辞書を使ってはいません。「いや、Ａさんは高校1年なのに、電子辞書を使っているよ！」と反論されるやもしれません。しかし、**その生徒の実力は、大学生並み、つまり、英検準1級をもう少しのところで落ちた生徒**です。単語の意味さえわかれば、英字新聞や英語の雑誌くらいは読める域に達しているのです。そこを勘違いしないようにとその生徒を諭すのです。

ちなみに、慶應大学文学部の入試問題は英和辞典と和英辞典の持ち込みが可ではありますが、試験会場で、何度も何度も辞書を引く生徒は、恐らく不合格、数回程度あっさり調べる生徒は合格するというジンクスもまんざらではないと思われます。つまり、**そのできる生徒**は、電子辞書を使用する域に達するまで、こまめに紙の辞書を引いた裏付けがあったればこそなのです。ですから、「まだ文法や構文も青臭い段階で電子辞書などもっての外です」と、その発展途上の生徒に注意するのです。

語学の修業期間は、面倒でもこまめにページをめくることです。そして一度引いた単語や熟語、気になった解説などは、赤鉛筆で線を引くことをお勧めします。人生80年のうちで、数十秒でもその単語に時間を費やした証を残しておくのです。そうすれば、一度引いた単語を再度引いたとき、「まだ、この単語を覚えていなかったのか！」と自己反省の契機にもなります。できればその辞書を2年くらい使用して、赤線のないページがないくらいにまでしてしまうほどの気概をもって、是非実行してみるように生徒に推奨してもいます。そうすれば辞書を引く行為が苦痛ではなく、一種、塗り絵のように楽しくなります。私の中学時代の赤線だらけの辞書（ライトハウス英和辞典の前身、ユニオン英和辞典）をよく生徒に見せたりもしています。

さらに、装丁ですが、**辞書は表紙が革製のもの**をお勧めします。なぜかといえば、使えば使うほど手に馴染んできて、自分がどれだけその辞書を使っているのかが、年季といいますか、現れてきます。1000円以上値段が張りますが、少々大人の気分になれますし、他の生徒はほとんど持ってはいないでしょうから、それだけちょっぴり「いいものを持っているんだ」という優越感にも浸れます。自分の辞書に愛着が湧いてきます。電子辞書では、愛着など湧くどころか、むしろ新機種の登場で、捨てたくさえなります。

「名人道具を選ばず」とは言いますが、やはり、良いものは持っているべきです。あるミュージシャンの言葉に「名人道具にこだわる」とあり、印象に残っています。ヴァイオリニストで、自身一人でコンサートやCDなどで十分食べて行けるようなセレブのミュージシャンは、次に、数億円もするストラディヴァリウスが欲しくなるといいますが、そのメンタルにも似ているかもしれません。さりげない身の回りの品に対して、こだわりを持つようにすると、実は、その人の趣味・感性・嗜好といったものが洗練されてきて、いっぱしの大人になった時に、「ああ、あの人はセンスがいいわね！」と言われるようになるものです。

この点に関しては、別の機会に、話題を変えて深くお話したいので深入りはしませんが、何気ない文房具にしてもそうです。万年筆なら、モンブランやウォーターマン、パーカーのように、辞書なら、装丁も本格的にこだわりをもって、革製のものを常に使用していると、その革の本当のよさが実感されてきます。あのぐにゅっとやわらかすぎて、手ごたえがなく、いつまでも同じままで、ただ汚れてゆくビニールカバーの辞書に対して、**ほどよく固く、手に年月とともに馴染んでくる、そして、人間の顔と同様に、使用した分だけ、しわやひびが出てくるといったらいいのか、カバーに独特の表情・風合いがでてきます。**この感触は何ともいえません。ロボットのアイボと本物の柴犬との違いでもあります。

２０１８年11月28日、ついに、あの諸橋轍次著の、ある意味、本家の中国最大の『康熙字典』をも凌ぐ、世界最大の漢和辞典、『大漢和辞典』（大修館書店・本辞典の功績により文化勲章受章）（中国政府から５００セットの一括発注を受けた）がデジタル化される運びとなりました。ＵＳＢメモリ１本で発売されるまでの時代になったのです。本当に時代の趨勢です。この大辞典は、中等教育の中学高校生が使用する代物ではありません。大学生、教師、研究者など、高等教育以上の人対象の辞書です。

私があくまでも主張しているのは、初等中等教育の段階で、英検２級の問題を８割以上ゲットでき、センター試験の英語の問題を８割以上ゲットできる生徒には、電子辞書を使用のゴーサインを出しているまでのこと、そういうことです。

（２０１８・９・24）

紙の辞書では、何がお勧めか？

前項では、**電子辞書と生徒との関係性**に立脚して、その是非を論じてきましたが、今回は、**紙の辞書**に関して語ってみたいと思います。それは、常日頃、生徒、親御さんから、「では、先生は、どんな辞書をお勧めですか、教えてください」と質問を受けた経験から、少し**説得色が強まる観点**で申し述べてみたいと思います。

そもそも、電子辞書を中学生はもちろんのこと、一般の高校生にもお勧めしない、**陰の最大の理由**は、そのソフトが大方（80％前後）、大修館書店のジーニアス英和辞典がもとになっている点に尽きるのです。世の電子辞書の国語辞典のソフトが広辞苑である比ではないと思います。このジーニアス英和辞典が、一種、〝ブランド的〟〝カリスマ的〟英和辞典ともなっていて、カシオやシャープなど、そのソフトを一斉にジーニアス英和辞典にしてしまっている点こそが、私の辞書観からいえば**納得できないビジネス・トレンド**なのです。

私立の中高一貫校では、新中学1年生などに配布するプリントで、お勧め辞書の欄にこのジーニアス英和辞典が載っているのをとてもよく目にします。この安直な無責任ともいえるその学校の英語科の方針というものに、黙っていられず、教室でも、その生徒や親御さんに語っていますが、これからその論拠を述べてみます。

たとえば、塾・予備校というジャンルでは、**中学入試対象の塾**（サピックス・日能研・四谷大塚）、**主に県立高校入試対象の塾**（ステップ・中萬学院・臨海セミナー）、そして**大学入試対象の予備校**（駿台予備校・河合塾・代々木ゼミナール）などがあるかと思います。しかし、**中学生が母集団の塾**（中萬学院など）でも、小学生に私立中学受験のコースを設けているもところ多々見受けられます。でもそのコースなんぞは、大して優秀な生徒も来ませんし、さほど優れた授業なども行われてもいません。**大手の予備校**（駿台予備校など）にはもちろん、資本の巨大さも与り、中学生対象のコース（主に中高一貫の生徒で、SEGや平岡塾では尻込みする生徒）や小学生対象の講座（有名私立受験生を囲い込む目的）も当然存在しています。

一般に、世のブランド志向の強い親御さんは、盲目的に駿台の中学受験コースを選んだり、私立の中学生が、駿台の中学生対象の英語・数学講座に足しげく通われている光景をよく目にします。これなどは大手の予備校が、**上から下へ受験範囲の取り込みを狙い、勢力拡大をビジネス上行っているにすぎず**、大した授業ではないと断言できます。個人的ながら、私の中学受験勉強は6年生から始めたわけですが、中学受験の情報などに疎い父は、私を代々木ゼミナールのある講座（中学受験）に通わせましたが、教室内は100名近く、授業も一方通行でほとんど理解できず、無駄になったという経験があります。今般、代々木ゼミナールは、少子化の波に飲み込まれ、大学受験予備校の領域から撤退し、サピックスを傘下に治め、中学受験に専念するビジネス方針にシフトしたようです。これは、河合塾や駿台が、中学受験でほとんど手薄である部門を強化し、大学受験でその二者（駿台・河合）に敗北したリベンジという本音も透けて見えてきます。サピックスが、幼児教育産業に関与し、地頭のいい幼稚園児を囲い込もうという教育ビジネス的相似関係も見えるようです。

小学校から大学まで擁する学校法人なるものを概観してみると、世間で成功している私立の中高一貫校も同様です。**男女の超進学校の御三家には大学がありません。**6年間の勉学の緊張感で学力がある意味向上するのです。私立のフェリスや白百合も、学力優秀な女子が外部に流出し、その上の大学へは行きません。逆に慶應も似たような現象を引きおこします。本来は大学がメインですが、幼稚舎、中等部、普通部という附属校があります。そして大学と高校、中学、そして小学校と学年を下るにつれてのびのび教育で、これこそ成功している〝ゆとりの教育〟（これは、ある程度の裕福という必要条件があればこそ成功しているケースで、一般の公立校では成功しません）がなされています。

ですから中学受験で、慶應中等部と浅野中学、また、慶應普通部と海城学園が両方合格しても、将来、息子を医師にしようとか、国立の東大、一橋、東工大などに行かせたいと考え知的中だるみ（6年間ある意味勉強が生温くなる）を嫌う親御さんは、後者を選択するといわれています。芦田愛菜《あしだまな》などは、芸能活動優先、そして〝芸能活動〟可でもある女子学院を蹴って、附属の慶應に進みましたが、稀なケースです。

スポーツや音楽の分野では、幼少時代や中学以上では、道具や楽器も、それに適った子供用のグラブやラケット、そしてヴァイオリンなども当然存在するのです。

やはり**餅は餅屋**といいますか、**小学生対象で成功を収めた塾**、**高校受験でのし上がってきた地元密着型の塾**、そして、**高度成長期、ベビーブーマー世代のお陰で台頭してきたマンモス予備校**、これらは、そのノウハウがあり、そのノウハウは、初等教育、前期中等教育、後期中等教育とでは、おのずと効果にも強弱があって仕方ないのです。武士が貴族になろうとしても不自然さが伴うし、貴族が武士になろうとしても**無理がある**、庶民（商人・農民）が武士になろうとしても、**相当な努力と運というものを必要とする**。また、スーパーで成功を収めたダイエーやヨーカドーがデパートに進出しても、うまくいかなかったビジネス事例、デパートが庶民派スーパーに手を出せないのも同じ構図があるからです。

私が小学生から高校生までを教えた経験から、私の塾の数少ない講師の方に余談で、生徒のメンタルを考慮して教えるようにアドヴァイスする際の**心得マニュアルとも申しましょうか、そのコツ**とやらは次のようなことなのです。

小学生低学年には、**楽しく**やりましょう。小学生高学年には、**おもしろく**教えましょう。中学生には、**何かためになるぞ**と自覚させるように教えましょう。そして高校生には、**知的に**教えましょう。高校生でもメンタルが幼い生徒、中学生でもメンタルが熟している生徒、これらを考慮して、英語なり教えてください――と申し伝えているわけです。

本題に戻るとしましょう。

ターゲット単語集（旺文社）が、今日本でいちばん売れている単語集ではないかと思われます。これなんぞも、中学生レベルのいわゆる1200から1400、そして1900単語集（これがいちばん売れている）とさまざまなレベルで出版されていますが、1900だけがダントツの売上げなのは疑いのない事実です。前者2つを合わせても、1900の部数には敵わないでしょう。これぞ、駿台高等部のみと、駿台小学部や駿台中学部のコースの生徒数の歴然たる差というものです。

通信添削も小学生から中学生までは**ベネッセ**のテリトリー、高校生は**増進会**の独壇場です。

幼稚園児から小学校3年までは、いわば、将来の東大生の卵の孵卵器の役割をする**公文式**、でも4年以上になると、**サピックスや日能研**に鞍替えする現象と全く同じ現実が、この受験単語集にもいえるのです。ターゲット単語集は、1900という、まず最初にありきの単語集が信頼されています。駿台高等部のみが信奉され、それ以下は、あまり小学生や中学生に考慮されてはいないのに似ています。

このターゲット単語集、駿台予備校と同様の販売現象、受講現象なるものが、**実は、『ジーニアス英和辞典』にも該当する**のです。この大修館書店から出されているブランド的辞書は、その商機を狙ってなのか、『フレッシュ・ジーニアス英和辞典』（中学生向け）、『ヤング・ジーニアス英和辞典』（高校生学習向け）が出されていますが、売れ行きは、ターゲット単語集と同じ現象が見られます。初めに『ジーニアス英和辞典』ありき、そして中学生対象、高校生前期へと降りてきた駿台予備校の囲い込み教育産業の手法と同じものが透けて見えるのです。ですから、『ジーニアス英和辞典』なるものは、一種、できる高校生や大学生・社会人向けの辞書だと断言でき、中学生はもちろん、英検2級ぎりぎり合格組の高校生には不釣り合いで不適応なソフトだと、私の個人的見解で申し上げているまでです。

これは、私の塾の高校生にも言っていることですが、英単語集は、高校3年間は1冊で済まそうなどとうぬぼれた考えを捨て、身の丈に合った単語集を段階的に数冊用いなさいとアドヴァイスをしています。それも、それぞれ違った出版社のものをあえて使うように指示してもいます。

私の教え子に関してのケースですが、私立の中高一貫の進学校、たとえば、S学園（早稲田に60名前後合格するレベル）、TTT高校（早稲田に40名前後合格するレベル）、AYE学院（早稲田に3名前後合格するレベル）などでは、無謀にも高校1年から、このターゲット単語集1900を覚えさせる小テストを課していると聞いています。恐らく高校1年から、このハイレベルな単語集を無理やり生徒に押し付ければ、否でも応でも高校3年の段階で、7～8割は覚えてくれるだろうという希望的・楽観的観測の教育指導法としか思えない理不尽な、小学校で野球もやっていない少年に、公立中学の部活の軟式野球を飛び越えて、全国大会に出場するような大阪桐蔭や横浜高校にスカウトされる中学生がうようよいるリトルリーグに入れて、練習させようという考えと同じものを感じてしまうのです。

実は、この単語集に関する関係性と同じ手順といったものが英和辞典にもいえるのです。

世の**ファッションにプチうるさいお母様**ならおわかりかと思いますが、幼児から小学校低学年くらいの坊ちゃんには**ファミリアの服**を着せ、小学校4年くらいから高校生くらいまでは、**トラッドではラルフローレンやJプレス**などをあてがい、大学生になって、本人の好みで、**紳士服の青山**から**高島屋・伊勢丹の高級スーツ**まであつらえてあげるように、辞書にも、中等教育の6年間では、3冊使用するようにアドヴァイスしてもいるのです。

中学1年から2年くらいは、**カタカナの日本語読みの発音がついている初等辞書**を勧めています。発音記号が読めるようになる中学2年後半くらいから、**学習向け英和辞典**を推奨してもいます。この段階では、『ジーニアス英和辞典』などもってのほかです。幼稚園児や小学1年にブランドのラルフローレンを着せるようなものです。もちろんこれは、ファションに関してならば、ほとんど問題はありません。母親の好みを子供に押し付けているにすぎないからです。

でも**これが辞書ともなれば、猫に小判、豚に真珠**で、身分不相応な学習行為・姿勢とあいなるのです。大方の中学3年から高校2年くらいまでが、**学習向け辞書**、別途詳しく述べますが、**『ライトハウス英和辞典』**（研究社）**や『スーパー・アンカー英和辞典』**（学研）などが最適なのです。

これも電子辞書否定の根拠にもなりますが、そのソフトでは、学習向け、中級レベルの英和辞書が採用されていない点がいちばんの問題でもあるのです。ですから、我が子に、我が生徒に、たとえ紙の辞書であっても、フレッシュ・ジーニアス、ヤング・ジーニアス、そしてジーニアスと、同じ大修館書店のものを使用するのは、塾では、小学校から、中学を経て、高校まで、すべて駿台に通うことと同じであり、単語集でいえば、中高一貫の6年間で、1200、1400、そして、1900を用いることと同じ**学習上の、私流に言わせてもらえば、不自然さ・非合理さ・非効率さという勉学上の見えない空気のようなもの**が、その生徒を覆ってしまうということなのです。

もちろん、この観点に異議なり反論なりある親御さん、生徒さんには、そうすることにいちいち口を挟むつもりはありません。これは、私の経験則から生まれた仮説を、毎日、10名前後の生徒を、臨床医のように検証して得た、恐らく世の60%前後の標準的な英語学習者に適応可能な、辞書使用の〝定理（マニュアル）〟です。

ですから、中学前半は、『**初級クラウン英和辞典**』（三省堂）、中学後半から高校2年くらいまで、『**ライトハウス英和辞典**』や『**スーパー・アンカー英和辞典**』（学研）あたりを推薦していいます。そして高校3年以上でも、私は、英語ができる生徒であっても、あえて電子辞書ではなく紙の辞書、それも『ジーニアス英和辞典』ではなく、『ルミナス英和辞典』（研究社）や『オーレックス英和辞典』（旺文社）、また、『レクシス英和辞典』（旺文社）などをリストアップして、それらから自身の好みに合う辞書を選ばせています。

こうした辞書をどうして推薦するのか、その根拠や背景などは、英精塾の内部生の、《辞書の閻魔帳》ならぬ「英和辞典推薦リスト」に、辞書の採点表をつけ、**高校生にとってのその辞書の長短**をコメントしてあります。そこでは当然、『ジーニアス英和辞典』の長所や素晴らしさにも言及していますが、この場では触れません。その小冊子を、教え子たちに配布しています。本来の目的とは相当ずれるし紙面が足りないので、その内容にまでは言及しません。

以上からもおわかりのように、**英単語集、塾・予備校、子供にあてがう服**などにも、その**学年・年齢**に合ったものがあるように、紙の辞書にも、そのレベルにあったものがあるのです。そのように自然な学習上の〝定理〟に無関心な人があまりに多いため、本来ならば、英精塾の生徒やその親御さんに語るような内容を今回は申し述べてみたのです。今回の内容こそが、前項で語った電子辞書を高校生に勧めない陰の最大の根拠にもなっているのです。

（2018・10・1）

ゆとり教育とアクティブ・ラーニング

ゆとり教育とアクティブ・ラーニングなるものが、本来、同じ病根から派生したもので、一見時世にマッチングしていて、しかもグローバル化にリンクするかに見えて、実は国力・民力を劣化、劣悪へと導く、文科省による愚策である点を語ってみたいと思います。

「今の〝教育改革〟とは、教育問題ではなく労働問題です」（三宅晶子）

そもそも、土曜日休日の週休二日制なるものは、土曜日を休みにして、生徒に自主的に、問題意識を持ち、何らかの課題に前向きに取り組んでほしいといった理想的コンセプトで始めた**ゆとり教育**の一環であることは有名ですが、実は、**その陰の理由には、信憑性はともかくとして、次のようなことが背景にあったと小耳にはさんだ**覚えがあります。

公務員でありながら、市役所や県庁に勤務する人たちが、土曜日も休め、家族サービスもできるのに、同じ公務員たる教師は、どうして日曜日しか休みがないのかと、主に日教組の教員が文部省に詰め寄ったのです。当局も困り果てました。しかしそれを前面に出して主張でもしたら、「教師たる者、なんということを言うのか！」といった、まだ〝教師＝聖職、若干尊敬される職種〟という幻想を抱く国民からは総反発を食らい、「金八先生を見習え！」といった理想像に幻惑された大衆からの批判の矢面に立たされかねません。

そこで文科省は、**一計を案じてか、従来型の詰め込み教育を否定し、アメリカで80年代に採用されたが黄昏時期にさしかかった失敗策とわかりきっていたゆとり教育を、その教師の週休二日制の批判をかわす大義の御旗**として掲げたという経緯を、嘘かまことか耳にした覚えがあります。そこに、寺脇研という、その後ミスター文部省として有名になる、ゆとり教育のスポークスマンが登場してくるわけです。彼は、鹿児島ラ・サール高校を卒業後、東大法学部を経てキャリア組として文部省に入省した人物ですが、昔、このようなことを語っていました。

「私の父親は超教育熱心で、私をラ・サールに入れた。そこでは、それ以前でもだが、勉強勉強の毎日で、こんなんでは日本の教育はいけない、この猛勉強、受験勉強、その個性まで殺すような、この日本の教育制度を変えなければと決意し、文部省に入ったのです」

この発言はまさしく、秀吉が天下を取るや、刀狩令や兵農分離を行い、下剋上で戦乱の世をなくそうとした〝善意〟からの政策に似ていなくもないのです。「俺が味わった猛勉強戦争、受験地獄というお勉強の〝戦乱〟から解放させてあげたい」といった〝志〟を抱きながら文部省勤務をしていたとき、省内で白羽の矢が立ったわけです。そして表舞台に登場する。その後の彼の〝活躍ぶり〟は有名です。しかしその**ゆとり教育の旗色が悪くなり**、その政策を政府も引っ込めざるを得なくなると、彼は文科省を〝責任を取ってか、取らされたか〟去ることになる。

このゆとり教育政策失敗のいちばんの原因は、〝**理念は崇高、現場はあたふた**〟に尽きるのです。つまり、文科省の眼鏡にかなう優秀な教師は10人のうちせいぜい1~2人くらいしか存在しない教育現場に、優秀な教師が8～9人いるという前提の下で始めたことが、ボタンの掛け違いでもあり主たる失敗の原因でもありました。まるで、**出来のいい父親が、出来の悪い我が息子を、「どうしてこんなこともできないんだ！」と叱りつける光景の拡大ヴァージョン**といったところでしょうか。寺脇氏は、**自分の知性と、自分の歩んできたエリートコースとの齟齬から生まれてきたユートピア思想**を抱いていたとしか思われません。戦前、裕福な旧制高校の学生に限って、ある〝正義感〟から共産主義思想に染まったメンタルの〝お勉強バージョン〟とそっくりなのです。

実際、彼は次のようにも断言していました。

「ゆとり教育が実施されたら、みなが100点をとれるようになる」

（『尊敬されない教師』205頁）。

2020年以降の小学校の英語教育も同じ失敗が予想されるのです。ですから、先日、ニュースで、**ある小学校に実験的に、英語をしゃべるAI搭載ロボットを導入する方針**を知りましたが、それなんぞも、この実態を知ってしまえば、文科省の予防策とさえ意地悪い見方をしてしまうのです。**政府は、現場教師を助ける、補助するという名目で、実は、現場教師を、教室内で無用の長物とする愚策を推進している**のです。街中のタクシードライバーがこの先、AI運転の自動車で失業へと追いやられる未来予想図と同じものです。**できの悪い、英語がしゃべれない教師は、教室内から追い出せ的な方針**とも見方を変えると言えるかもしれません。

〈理想の方針と現実の現場〉、その見通しの甘さ、無責任さ、これが、**ゆとり教育**のそもそもの間違いです。また、この、きれいな〝ゆとり教育〟の成功のいちばんのカギは、文化資本・知識資本・経済（金銭的）資本という要素、その分母が豊富にあるということに尽きるのです。そうした生徒のみが可能なのです。

たとえば、慶應の附属校・開成や灘など、また、せいぜい県立のナンバー校（翠嵐・浦和・千葉高など）、**そうした知的・文化的資本があったればこそ成功するもの**なのです。そうした条件を満たしていない中等教育の学校、特に標準的な公立中学・公立高校ではそもそも無理なのです。これは、超現実主義の視点に立って申しているまでです。批判は覚悟のうえです。

では、**アクティブ・ラーニング**はどうなのでしょうか？　これも、意地悪な見方、穿った見方をすると、教員の質の変化を考えれば、次のような教育風景が見えてきます。

今後10年で、50歳以上のヴェテラン教員の35％が現場から去ることになる。残りの40代の教員が20％、30代が15％と人数がじり貧状態となることに政府は危機感を抱き、近年、急遽20代の教員を30％近く一斉大量採用してきた経緯があるのです。**これで10年後の教員の質が予想されます。**

教員の質の低下は、ここでは詳しくは論じませんが、確かに、共通一次試験世代、センター試験世代、８００満点世代、科目数減での受験可世代の基礎学力、知識、知性の観点で林修氏が主張されているように、東大生の質的低下と同じ下降線を、教師もたどっている現実は否定できません。その根拠は、『尊敬されない教師』（諏訪哲二著）、『残念な教員　学校教育の失敗学』（林純次著）などをお読みいただくと、現場の教師の立ち位置がはっきりとしてくるでしょう。私自身、教師の質の低下の原因については意見を持っていますが、今は語りません。別の機会にお話しします。

そうです、**この実態を政府は懸念しているはずです。**だから、**従来の共通一次世代を経た、50代の教師のスキルという知的遺産など不要な手法、**つまり、生徒に自主的に、一種、塾でも同類ですが、体のいい自習形式の、教えない、教えなくてすむ、教師の力量に左右されない教育手法、**アクティブ・ラーニング**なるものが採用されようとしているのです。これからは、教師の技能・能力・資質などに左右されなくてもすむ予防策、セイフティーネットを張っていこうという、現場放り投げ、現場ほっぽり主義の無責任体質が、今般の**アクティブ・ラーニング**の正体なのです。

結論を言いましょう。**ゆとり教育**は、実は**教員の週休二日制のカモフラージュ**であり、**アクティブ・ラーニング**なるものは、**教員の質の低下予防策のカモフラージュである**――これが政府主導による教育改革の実体なのです。

再度申し上げます。

「今の〝教育改革〟とは、教育問題ではなく労働問題です」（三宅晶子）

（2018・10・15）

アクティブ・ラーニングの正体

英語教育とは一見関係がないと思われがちな、アクティブ・ラーニングに関して語ってみたいと思います。2020年以降、初等・中等教育で率先して取り入れてゆく方針だと文科省は公言しているので、このアクティブ・ラーニングとやらの学び方改革が、実は、〝使える英語〟宣言と同じ病根から派生したものだというのが私の見立てです。

アクティブ・ラーニングが掲げた錦の御旗は、従来の詰め込み教育・暗記主義が、教育上行き詰まりを見せているという確たる根拠もなしに、のびのび・自由に生徒の自主性を尊重した学習方針を掲げて、世の親御さん・生徒たちを欺いています。そんな体のいい〝ゆとりの知育〟を装った化けの皮を剝いでみると、〝ゆとり教育〟以外の何ものでもない実態があらわれてくることをまず主張したい。

そもそもそれは、アップダウン形式、いわゆる教師が一方的に教えるスタイルや知識詰め込み教育を否定し、ボトムアップ形式、つまり生徒がやる気を出して、内発的に、何かを探求する姿勢ばかりを肯定しています。ある意味、生徒の学習意欲に対しての性善説に基づく教育スタイルというものの中に、**英語教育の文法・訳読の否定とまでは言わないが、軽く扱い、聞く・話すという実用性重視にシフトした、実態は、トラベル英会話に毛が生えた程度の英語力しか身に付かない浅薄・無責任な、今般の2020年の英語教育大改革**と同質のものが透けて見えてならないのです。

「いや、何も知識を教授したり、暗記することを否定しているわけではありません、その度が過ぎることが問題なのです」と文科省の連中は、国会答弁と似た逃げ口実を必ず吐くものです。「いや、文法や訳読を否定してはいません、その度が過ぎることが、生徒に英語嫌いを生む元凶になるから、ほどほどにしてほしい」といった、**曖昧、グレーゾーンの逃げ口上とまったく同じものです。事後訂正が利くずるい方便**とやらです。

「これからはパソコン、ネット社会である。あと数十年もしたら、試験会場にパソコンが持ち込み可となり、暗記しているその知識量など関係なく、その試験会場で、いかにネットで検索し、その組合せや問題提起、独自の解決をするかが試される受験時代が到来するから、知識など暗記していても生き残れない」といった、文科省の方針を支える論陣を張る知識人の言説をメディア上でよく見かけます。

ここであえて、「これからは、英語なんか学ばなくても、会話のほとんどはAIを搭載したスマホあたりがしてくれるので、やっても無駄だ」というそうした論調と同じものがあることを指摘したいのです。まさしく、**そんなAIがやってくれる程度の〝使える英語〟〝生きた英語〟など、むしろ学校という場では教えることが、不要となる**のです。

これからはむしろ、それとは真逆の**〝難解な内容の英語・知的な英語〟〝古典的英語・教養英語〟、AIでは、まだ当分太刀打ちできない領域の英語**を下支えしている、しっかりした英文法や高度な読解手法（構文力）を学校で徹底的に教え込むことこそ必須となるのです。〝使える英語〟や〝生きた英語〟は、ＡＩに任せ、**教師は、英語という根本の仕組み、つまり英文法や英文和訳・読解・高度な英作文に専念する**ことこそ、その生徒たちの将来のためにもなり、**それこそが、学校英語、英語教師のレゾンデートル（存在理由）となる**のです。

前者は、日本工学院などの専門学校で学ぶＩＴ知識や工学知識であり、**後者**は、東工大や東大で学ぶ最先端のＩＴ理論であり、ノーベル賞へとつながる工学理論でもあります。公立の中学校や高校で実施される**アクティブ・ラーニング**なるものがどの程度のものか、**お里が知れているると言わざるをえない**。

アクティブ・ラーニングとやらは、灘・開成、それに準じる私立の進学校には十分可能でしょう。事実、文科省がそんな言葉を公言する以前のとっくの昔に、私立の超進学校では、そうした教育を実践しているのです。灘の伝説ともなった、橋本武先生による『銀の匙』の授業など、その典型でしょう。こうした授業は、公立の中学や高校ではまず不可能といってもいい。県立翠嵐高校、県立浦和高校などのナンバー校なら、まともな授業も可能ではあろうが、そうした超進学校だけが、まともなアクティブ・ラーニングが可能とさえいえるのです。神奈川県の、某私立のマンモス有名進学校なんぞは、まるで文科省にしっぽを振るかのごとく、アクティブ・ラーニングを率先して採用しているようですが、そのレベルは知れています。その根拠はこれから申し述べます。

明治大学教授の齋藤孝氏の弁だったと思います。**なぜ、暗記が大切か？**　なぜ、できるだけ多くの語彙・言葉・単語を覚えておくことが必要か？　という単純明快な問いを立て、次のように答えています。

たとえば、**１００万画素と５００万画素**のデジタルカメラがあるとする。もちろん、後者のほうが、画像をきれいに鮮明に映し出す。さらに**１０００万画素**のものがあれば、それ以上にまるで画像とは思えないようなリアルな描写ができる。これと同様のことが、人間とその語彙数にもいえるというのです。

小学生の作文なら、**当然語彙数の多彩な生徒のほうが、自分の気持ちを直截に書ける。**高校生の小論文ならば、**語彙数を自在に使いおおせる生徒のほうが、物事を的確・簡潔に、相手（採点官）にアピールできる**と齋藤氏は主張しているのです。つまりそれは、自身の頭の世界をほぼイメージどおり、〝写真で写し取ったように〟相手に伝えることでもある。もちろん英語の自由作文で決定的に優劣がでるのが、この英単語の多寡なのです。**〝本文中の表現ではなく、自分の言葉で30字で述べよ〟形式の、現代文によく見られる設問**などは、まさしく**生徒の語彙力の多彩さ・的確さ**をも試しているのです。

フランスのバカロレア（合格者に大学入学資格が与えられる国家試験）では、必須の哲学の論文問題が有名です。理系文系を問わず、試験会場でリセ（高校）の学生は、このディセルタシオン（論文問題）に４時間、知識と思考とを総動員して挑み、格闘するのです。

その問題は、「先入観はすべて間違いであるか?」「自由・平等という大切な理念があるが、果たして、その両者は両立できるのか?」など、**歴史や哲学、思想など、さまざまな脳髄に集約されている〝知〟を総動員して難題に取り組む**というものです。そうです、巷のおじいさんやワイドショーをテレビで観ている主婦が、安倍政権にコメントするのとはわけが違うのです。まずその課題から、自身の〝知〟を緻密に論理構築し、独自の〝世界観〟や〝思考体系〟を書き上げなければならないのです。

恐らくその論文問題は、その生徒が、知識（いも虫）から知恵（さなぎ）、そして知性（蝶）へと成長していく頭脳を有しているか否かを判別するものでしょう。その生徒が大学生になれば、**その知性を叡智（ノーベル賞級の頭脳・文明の進歩へ貢献できる頭脳）**へとさらに飛躍させる修行が待ち構えているのです。そのリトマス試験紙的関門が、このディセルタシオンなのです。**高校でやっている英会話の時間、通称〝生きた英語・使える英語〟の時間なんぞは、おじいさんや主婦の印象批評以下、思いつきの感想以上の何ものでもありません。**しかし文科省は、本音ではそれ以上をお望みだと思われます。現場や現実を知らないからです。

東大の世界史や日本史の二次の論述形式の問題もそれに近いものがあります。私の記憶では、金閣寺と銀閣寺の2枚の写真を見せて、違いを論じさせる問題や、麻布中学の社会の問題に、聖徳太子と足利義満の対外（中国）政策の違いを書かせるものがあったように思います。

まず**具体的な知識がなければ、どちらも予選敗退**です。**ここの段階で、一般の文科省寄りの**

言説が、いかに知識が大切かが主張されなさ過ぎです。また、日本史だけを学んだ生徒と、日本史の外に世界史をもきちんと学んだ生徒の違いも出てきます。**分子を日本史、分母を世界史にした歴史観を身に付けた生徒**（ライフネット生命の創業者で、立命館アジア太平洋大学学長でもある出口治明氏のような〝知〟を身に付けた生徒）のほうが、断然、世界のエリート学生に対抗もでき、日本史も多面的に概観できるでしょう。

外国語の勉強でも同様です。英語の外にもう一つ、フランス語やドイツ語、中国語などを身に付けた外交官、商社マンなどのほうがつぶしが利きますし、英語のみならず、ラテン語やギリシャ語の古典の教養を備えた英文学者のほうが厚みが出ます。よく生徒に言うことですが、高校の英語の教師は、**英語学科出身の人（TハイスクールのY講師など）では、知的な生徒はあまり引き寄せられない、魅力が感じられないという風評**もあります。

まず知識を徹底的に頭に叩き込むことなしに、アクティブ・ラーニングなんぞを実施したなら、明治か大正の尋常小学校上がりの丁稚奉公の12歳の生意気小僧を輩出する羽目となるでしょう。**底の浅い屁理屈・言い訳・青臭い〝耳学問〟・聞きかじりの知識など、したり顔で語る小生意気な少年・少女を大量生産する**のがおちというものです。それでも構わないというなら、それもよしとしましょう。「英語をしゃべりたい、話したい！」と、読み書き以前にすぐ主張する生徒は、**この戦前の屁理屈小僧と同じメンタル**でもあるのです。

知識など覚える必要がないネット社会では今、〝検索すれば済む知識の習得など二の次、それを組み合わせたり、問題を剔抉したり、解決法を提起したりする思考能力を鍛えるべき〟論が幅を利かせています。この主張こそ、アクティブ・ラーニングの根本原理（ドグマ）です。

　ここであえて**慶應大学文学部の英語入試問題**を例にあげましょう。この2時間を要する長文問題では、紙の英和辞典と和英辞典の持ち込みが可となっています。しかし現実に、試験会場で、「英単語は弱い」語彙力貧弱な受験生、英語暗記消極的生徒が、「英単語は覚えなくていい」とばかりに飛びついて受験する受験生に限り、落ちるのです。会場でしょっちゅう何度も辞書をぺらぺらめくっていては時間が足りなくなります。それに対して、やはりそこそこの数の英単語を覚えている受験生は、数回ほど確認程度で辞書を開きますが、そんな生徒が合格します。

　実はこのケースこそ、一見、知識を覚える必要がないかに見える現代社会（昭和の頃に比べ他人の電話番号を覚えている人が絶滅危惧種になっている事例が典型）において、実用性ではなく、非実用性の世界の重要性を示すものでもあります。

　即ち知の領域では、やはり**使えるツールとしての知識が頭の中にすでに入っていなければ、小回りが利かず、臨機応変に即対応できないというハンディを背負うことになってしまう**点を指摘する者があまりに少なすぎるのです。

　2020年から表舞台に立つ、**4技能による使える英語、アクティブ・ラーニング、プログラミング教育**の3要素は、本来であれば、**高等教育の大学の場で行う**のが理に適っているのです。それを、中等、初等教育に責任転嫁し、大学自身が不能であるがゆえに、下の教育課程（中等・

初等教育）に、無責任にもほっぽり投げたのです。これが今般の安倍政権下の文科省主導による教育改革の実態です。

（２０１８・10・15）

AI社会に中等教育（中学・高校）はどう向き合うべきか？

ＡＩ（人工知能）が将来の仕事を一定程度奪うとされている中で、人間が磨くべきはＡＩが不得手な読解力、コミュニケーション能力、理解力という。「ＡＩｖｓ教科書を読めない子どもたち」（新井紀子著、東洋経済新報社刊）で知った。▼コンピューターが数字の仕組みを基礎にしている以上、統計と確率、方程式のような厳格な論理の３つで膨大な物事をこなせる。しかし、「意味」は分からない。「私は岡山と広島に行った」と「私は岡田と広島に行った」の違いを認識するのが苦手という。▼人工知能による翻訳も、大量の例文を詰め込み、確率として言葉を組み合わせて文章にしている。その確率が飛躍的に高くなり、性能も上がった。▼国立情報学研究所教授で数学者でもある新井さんは、６年前に始めたプロジェクト「ロボットは東大に入れるか」で、ＡＩに対抗しうる読解力を持つ人間が育っていないことに気づいた。**中高生の多くが教科書の文章を正確に理解していないという。**▼意味を理解しない東大ロボットは一定レベルの大学に合格できる偏差値にまで達した。では、人の読解力をどう向上させるのか。処方箋はまだない。しかし、教育現場の危機感は強い。**「対面」「少人数」が鍵**だと思うが、皆さんはどうだろう。

（神奈川新聞「照明灯」2018・12・21、傍線と太字は筆者による）

今や、電車の中を見渡すと、スマホを見つめている乗客が8〜9割です。サラリーマンは、職場では大半が**パソコン**と向き合い、中高生や大学生は、自宅ではテレビより大きな画面のパソコンで**ユーチューブ**にかじりついている光景が想像されます。**社会人は新聞を購読せず、学生は読書をせず、デジタルの世界に支配されています。**ある意味〝毒され〟ているといっても過言ではありません。地上波のテレビ局、新聞社や出版社が斜陽産業となるのは、古今東西を問わず必定であります。

実は、**こうしたデジタル度が高い人間にかぎり、フェイクニュースに惑わされる傾向が強い**と、私は日ごろから思っています。つまり、譬えていえば、クレジットカード、スマホ財布、Suica、銀行口座、ウォークマンなどのすべての機能をスマホにぶち込んで、「これ一つですべてOKね！」とほざいている大衆は、それを紛失したときの危機の大きさに想像を巡らせていません。言いかえると、情報の収集源としてのツールが多角化していないことの盲点的欠点です。

今中国は、すべてこの1台で用を足そうとするスマホ化社会へと変貌を遂げつつあります。中国共産党にとってはこのほうが政治的に都合がいいし、中国人民も〝世の中、便利で豊かであれば、思想信条は口封じされても構わない〟と考えてもいるのでしょうか、政府の情報一本化と、自由より繁栄を望む人民の方向が一致しているから成立しているということです。〝**自由な狼よりも不自由な犬**〟**を中国人民は望んでいる**ともいえましょう。中国、ロシア、アメリカなど独裁者が跋扈する国の、そうした指導者を支持し、選ぶ国民は、デジタル度が非常に高い、つまり、スマホオンリーで生活している人々です。

以前にも書きましたが、学校で使用されているさまざまな語学参考書は、40年前、20年前、10年前と時代が下るにつれ、完成度が高くなり、わかりやすく、内容も改善され、目を見張るほど進化して、「ああ、私が高校生だったときこんなのがあったらなぁ！」と嘆息するほどで、そんな英語の学習参考書や語学教材などが書店には多く並んでいます。

しかし、それでは、**一般の中等教育の教師や大学の講師・教授から、TOEICやTOEFLがこれほどメジャーになってきている日本で、一般的な大学生の総合的な英語力が落ちてきているといった指摘がある現実をどう解釈したらいいのでしょうか。**

それは、言わずもがなですが、〝世界で一番わかりやすい〜〟〝超理解しやすい〜〟といった枕詞がついている語学教材、何度でも見返すことのできるＤＶＤ授業、また、スマホなどによる映像授業といったものが、**生徒の学習能動性を蝕んでいる**といったら言い過ぎかもしれませんが、それも一理あるかと思います。私の個人的見解ですが、いついかなるときでも、男女が連絡を取り合える情報化社会が、むしろ恋愛を成立させずらくさせ、恋人のいない若者の増大、男女の晩婚化などの遠因にもなっていると思うのです。郷ひろみの歌に、「会えない時間が、愛育てるのさ♪」というフレーズがありますが、これと逆方向のベクトルが働いているのです。**勉強への熱意にも似たような節がある**ものです。

「ああ、今は時間があるから、ちょっとスマホの見放題英語のサプリでも、スタバで見てみるか」「今日は、部活が中止になったか、そうだ、帰りに東進ハイスクールのまだ見ていないDVD授業を見てみるか」といった心根の高校生は多いかと思われます。「活字は苦痛だ、映像は楽だ」という現代っ子のメンタルが透けて見えてきます。**禅でいうところの〝一期一会〟を見失った社会の末路でもあります。**

アニメ社会の悪しき影響もありますが、読書より映像で学習しようとする気質、これは、場末のパン屋さんや洋菓子店、酒屋さん、総菜屋さん、いわゆる何々屋さんといった類の昭和の良き時代にあった個人商店が、コンビニ（スマホ）や大型スーパー（パソコン）により、絶滅危惧種に追いやられつつあるのと傾向は同じであります。しかしこうした気質は、現代社会では、AIに飲み込まれてしまう傾向が非常に強いように思われます。

よく耳にする言葉に、スマホ断食、ゲーム断食、パソコン断食などがありますが、デジタル中毒が、中学生から社会人にかけて、一種の文明病であることは世界共通の認識です。こうした私の懸念は、東北大学教授の川島隆太氏の『**スマホが学力を破壊する**』をお読みになれば、決して杞憂ではないことは明白です。

『世界のエリートはなぜ「美意識」を鍛えるのか？』（山口周著）、**『なぜ、世界のエリートはどんなに忙しくても美術館に行くのか？』**（岡崎大輔著）、**『世界のビジネスエリートが身につける教養としてのワイン』**（渡辺順子著）など、昨年は、そうした類の書籍が話題になりました。ペーパーレス化、デジタル化してゆく社会とは、文明の新幹線や航空機に搭乗しているようなものです。ですから、地方のローカル線や路線バスの旅といった、一種、アンチデジタル的アナログ番組が静かな支持を得ているのです。

文明はデジタルです。文化はアナログです。もちろん、eスポーツのカリスマ、無人AI技術開発の天才研究者は、新幹線や航空機に乗ってもいいのです。しかし9割以上の人は、各停もしくは急行の電車や高速バス、路線バスが自身の気質や資質に合致しているのです。この点をお忘れになっている親御さんがまことに多いといえます。

今年の「がっちりマンデー」（TBSの番組）の新春企画は、名物社長にご登場願うシリーズでした。ニトリや星野リゾート、日本酒獺祭の社長などがにぎやかに番組を盛り上げ、最後に自身の書棚を紹介する場面がありましたが、「ああ、やっぱりね！」と思ったものです。成功する社長は、どんなに忙しくても、本と向き合う時間を大切にしているのです。

そういえば昔、テレビ東京の「日経ビジネスサテライト」という経済に特化したニュース番組のコーナーにも**「スミスの本棚」**というのがありました。経営者、文化人、俳優、作家などが「一冊の本」というテーマで、これこそ〝私の一冊〟という書籍の紹介をする番組でした。

今では書籍化もされています。

AIは、デジタルの権化（化け物・モンスター）です。それと対抗するのに、デジタル度で競っても勝ち目はありません。ならばアナログ度で勝負するしかないのです。月並なアナログ度ではありません。凡庸なるアナログ人間では駄目だということです。真のアナログ人間を目指すのです。デジタル度はほどほどにして、知性と感性を磨き、教養を深めることです。読書をし、芸術や音楽などにさまざまなアンテナを張りめぐらせることです。以前、某新聞のあるコーナーで、「AIに哲学はできるか?」とか「AIに名曲は書けるか?」といったテーマが取り上げられていたことが印象的です。

AIに勝とうなどとは、馬と徒競走をしたり、牛と綱引きをするようなものです。そうしたAI（家畜）をどう御するか、それが中等教育でいちばん求められていることです。

田中角栄元総理大臣は、**〝コンピュータ付きブルドーザー〟**と異名をとりました。それはこういうことです。彼自身は尋常小学校しか出ていない、今太閤ともよばれた政治家です。しかし彼は、人間というものの正体を骨の髄まで知っていた、ある意味、**デジタルの権化のような政治家（人たらしとも言いますが、いい意味・悪い意味の両義あります）**です。しかし彼は、東大卒のエリート官僚を自在に操りました。

そのことに思いを巡らすと、人間＝アナログというプリンシプルを失わない限り、AI＝デジタルの台頭など恐るるに足りずなのです。**そうした覚悟・自信をもつ親御さんには、アナロ**

グの大雨、洪水の中、我が子を〝自然淘汰〟の勝ち組にするという気概をもっていただきたいのです。

これほどにＡＩという存在が、世の人々の意識を領する前は、コンピュータやパソコンといったＩＴツールを使いこなせるか否かで社会の勝ち負けが決まるという意味で、**デジタルディバイド**という言葉が流行りました。しかし今のＡＩ社会では、その言葉も死語、いや無力化しつつあります。

はっきり断言しましょう。これからは、**アナログディバイド**社会が来ると。便利さというデジタル社会で、意識的に〝痩せ我慢・臍曲り・天の邪鬼〟をプリンシプルとし、本と向き合う時間をもち、音楽や芸術を身近にした生活を送っている人間こそ、ＡＩというモンスターに抹殺されずに済むということを強調しておきたいと思います。

リクルートから、日本で初めての民間校長（杉並区立和田中学校）を務められて、今、**教育改革実践家**という聞きなれないユニークな肩書をもつ藤原和博氏の著書『本を読む人だけが手にするもの』の中に、次のようなフレーズがあります。

これから先の日本では、身分や権力やお金による〝階級社会〟ではなく、「本を読む習慣がある人」と「そうでない人」に二分される〝階級社会〟がやってくるだろう。

ちなみに、この藤原和博氏の教育というものに対しての見識・洞察、いや、知性といってもいいと思いますが、それは、林修氏と尾木直樹氏を足して、2、3倍した力量があることを付け加えておきたいと思います。

（2019・2・4）

私のSNS論 ①生活編

NHKの尾木ママこと尾木直樹氏が進行役を務める番組「ウワサの保護者会」の〈子供のSNSが心配〉（2019年3月9日）の回を見て改めて思いました。自撮り中毒、多くの人と知り合いになりたい願望、その場の感情を呟きたい衝動、インスタ映え（今の自分はこんなに幸せなの、今の自分はこんなに綺麗なのといった目立とう精神）など、時代の風潮に十代の初めから染まっている青少年たちの肖像がくっきりと出ていました。

さらに、その親たちの世代もネット社会の異常さに鈍感になってきているのか、SNSというツールへの節度やマナーといった当り障りのない口当たりのいい発言で現状に妥協し、我が子のITツール中毒症にもどうすることもできず、平成末期族〈デジタルがあればアナログなんてなくてもいい族〉に取り込まれている観は否めません。

先日も、公立の小中学校でのスマホの持ち込みを文科省が容認する方針を出しましたが、大方の親御さんは、地震や災害の際、また、何らかの事故の際、我が子と連絡を取るうえで必要だといった意見を盾に賛同しているようでした。それは、私流に言わせてもらえば、日頃の教育・躾・親子の非常時の取り決めなど、前もって確定しておきさえすればいいだけの話です。

小中学校の教室へのスマホの持ち込みがどれほど非常時にプラスとなるにしても、マイナス面が多大にあることを認識していない親御さんが非常に多いと言わざるをえません。ある意味、ゲームにも近い中毒症状をもたらすSNSという文明のツールは、家族内でのルールや節制などを決めたとしてもほとんど意味はないというのが、私の本音でもあります。

現代日本において最も最先端をゆく**思想家（哲学者）**2人の現代のSNS社会への警鐘を鳴らす言葉です。

「インターネットが人間を賢くするというのは幻想だと、人々は気づきつつある」（仲正昌樹）
（神奈川新聞2019・3・31）

「日常にまとわりつく濃密なインターネット社会で、人々は常に他人の目を気にせざるを得ず〝過剰な関係性〟を強いられる。〝他者への配慮〟が強迫観念のようになればかえって他者への対応を形骸化させる」（千葉雅也）
（神奈川新聞2019・1・6）

千葉は自著の題名のように、「動きすぎてはいけない」と蒙昧なる大衆をたしなめてもいます。

表面だけの友人を多くつくり、根っ子のない自我を育むという実態を生じさせるSNS社会では、今こそ、福澤諭吉の『瘠我慢の説』ならぬ、**〝ネオ瘠我慢《やせがまん》の説〟**を唱える学者が必要になってきているのです。この**〝ネオ瘠我慢の説〟**とは、曲解してあえて言わせてもらえば、**臍曲《へそまが》り、天邪鬼**といったキーワードがコンセプトといってもいいかもしれません。こうしたプリンシプルをもつ者こそが、数人、いや一人でいい、真の友人を作り、しっかりした根をもつ自我を涵養することができるのです。少々論理の飛躍がある極論であることを覚悟で言います。

近年、サステイナブル社会の先鞭《せんべん》でもある江戸時代の評価が高まっています。芸術や文化が花開き、明治時代の商人道・武士道にも種を蒔いたのが江戸時代ですが、それらが百花繚乱として咲き誇ったのもこの鎖国時代なのです。そうです、世の親御さんや学生さんに勧めたいのは、**情報の渦・津波から、アナログとしての人間を守る〝私の鎖国〟の流儀**なのです。

今10代の若者、そして30～40代の親御さんは、十数年後、スマホ内の多くの写真や情報が断捨離をせざるをえない無駄なデータであったことに気づくはずなのです。さらに、スマホにある情報としての友人、SNSで知り合った自慢の知人（友人）たちが、どれほど真の友でないかに気づくはずです。

「お母さん、スマホがないと友達の輪からのけ者にされてしまうの」「お父さん、スマホがないと、友達と何かと連絡がとれないんだよ」「みんなラインをやっているのに、私だけよ、ガラケーの生徒は」——こうした大義を掲げて親にスマホをせびる子供が多いと聞きます。これを説き伏せられないのは、親力のなさというか、そうした時代に一歩脇に逸れて冷ややかに概観する目線の欠如した親の存在が原因だと思います。**イワシ化**（小田嶋隆氏の弁）**した自我**であることに気づいていない部族です。

世の有名人の中で次のような発言をしている人々が多いことは、新聞や雑誌、テレビなどで知った方は多いかと思います。

「親友と呼べる人は、せいぜい5人もいないいんじゃないかな？　いや、1人か2人かも」

（某有名お笑い芸人）

「40代になると、新しい機種のスマホとか、SNSのチェックなんかにつきあってゆくのにもう疲れちゃって、ツイッターなんかもうやらないし、見ないようにしているの、SNSからできるだけ遠ざかるようにしているの」

（某有名女性タレント）

朝井リョウの直木賞受賞作『何者』なども、大学生の友人たちが、それぞれ親友などではない実態があらわになってゆくプロセスを通奏低音に書かれています。彼らは、その後、社会人ともなると、世知辛い社会、即ち不合理な会社の空気（見えないルール）や理不尽な上司や同僚との人間関係などで、30歳を過ぎる頃、自身の自我の表層的目線が外部から内部へと向けられ、学生時代までのヴァーチャルな社会・人間関係といったものに気づかされるのです。

ですから現代では、〝孤独〟といった言葉のついた本がべらぼうな種類出版されてもいるのです。『孤独の力』『孤独のチカラ』『孤独のすすめ』『極上の孤独』、また『家族という病』などといった新書が爆発的に売れ、イギリスでは、孤独省なる機関まで設置されました。こうした本を購入する人々は、おそらく30代後半以上の世代でありましょう。まるで明治維新後、江戸の慣習や習慣から脱しきれず悩む武士たちの姿にダブって見えてきます。

庶民が着物から背広へと切り替える中、福澤諭吉は、学問のすすめならぬ、背広のすすめをも教え子に推奨していたといいます。これが個人レベルの脱亜（文明）入欧（文明）です。精神まで脱亜（文化）してはいません。私流に言わせてもらえば、精神（Mind）はデジタル、しかし、心（Heart）はアナログといったところでしょうか。

私が生徒によく言うことですが、「今日、図書館で一緒に勉強しよう」と求められたら、「ごめん、今日、用事があって駄目なの！」と嘘をあえてつき、別の図書館か、スタバあたりで一人で勉強しなさいと諭すのです。友達とつるんで勉強する行為は集中力をそがれますし、また、自分ペースになってきたマックスの精神状態に「ちょっと、休憩しよう」と水を差されて自分の濃密な時間が邪魔されたりするのがおちです。

勉強とは、一個人の孤独の時間の中でこそ効果があるのです。スマホを勉強机の上に置いて勉強することは、友達とつるんで勉強する行為と全く同じでもあります。次の言葉は、朝日新聞の一面のコラム「折々のことば」（鷲田清一）に記載されていたものです。

選んだ孤独はよい孤独　フランスの言い習わし

人々から見捨てられていると感じることと、世評を気にせず自己のうちに深く沈潜することとは異なります。ロンリネス（ひとりぼっちの寂しさ）とソリチュード（孤独）とは全く別のものです。町なかで人々と一緒に暮らしながら、ひっそりとした一人の時間を大事にする生き方、つまり「市隠」に、評論家・川本三郎はひかれる。地方紙に寄せた随想「市隠への憧れ」から。

（2016・8・8より）

ついでに、哲学者ショウペンハウエルの言葉です。

「孤独を愛さない人間は、自由を愛さない人間になってしまう。なぜなら、孤独でいるときのみ、人間は自由になれるのだから」

電車内での〝ほとんどの乗客がスマホを見つめている〟といった異様な光景は、今の時代を代表するGAFAがデジタル社会の〝廃人〟を大量生産していることを証明しているようなものです。最近、『街場の平成論』（内田樹編著）という本が出版されましたが、こうした社会・時代の負の部分を見事に剔抉しています。

親たちは教育すべきです。「便利なものほど、見えない危険性をはらむものはない」と。火薬しかりです。自動車しかりです。原発しかりです。**スマホしかり**です。

「道具の発明は、事故の発明である」
フランスの思想家ポール・ヴィリリオの言葉です。

（2019・4・22）

私のSNS論 ②学習編

標準的進学校、それも中高一貫校に限り、生徒たちにタブレット端末やスマホを使用した学習を奨励している実態が、私の塾の教え子を通して垣間見られる今日このごろです。

これから述べることは、あくまでも私見であり個人的推測の域を出ないものなので、賛同するか否かは、親御さん、中学生、高校生の生徒さん自身の判断にお任せします。また、関東・関西近辺（都市圏）と東北や九州の教育環境がハンディとなる地域では、こうしたデジタルツールの意義は、ある意味、本論とはずれる場合があることを言い添えておきます。

まずはリクルート社のスマホによる**スタディサプリ**、これなんぞは**デパ地下の試食・つまみ食い**程度のものであり、**タブレット端末**の学習などは、**コンビニのイートイン**程度のものです。さらに自宅の**パソコンなどを使用したブロードバンド授業**などは、スーパーやデパートの惣菜を購入して自宅で気軽に食べる**中食程度**のものです。これらは、2時間も3時間も集中して学習できないツールであり、ましてや視力を落とす元凶にもなるのでお勧めできる代物ではありません。

ある意味、**学校の教室内で、紙のノートとテキスト、そして黒板と生の教師の声こそが、家庭でお母さんの手料理を味わうまっとうな食事（内食）**＝勉強というものです。そして、**塾や予備校の授業**こそ、**外食**、即ち、その母親が家庭料理を得意でも、作れない中華料理やイタリアン、寿司といったところでしょうか。やはり、自宅の家庭料理（**内食**）とグルメの両親に伴われて一流レストランや和食店などに行く**外食**、これらが、その子の舌を養ってゆくものです。

これが、勉強の質と深い理解を伴うということの謂《いい》でもあります。いつもレトルト食品やインスタント食品、冷凍食品をチンしてあてがわれている子供とそうでない子供では、舌の感覚（舌が肥えている程度）の差というものがもろに出てきます。

リクルート社のスマホ見放題のスタディサプリなどは、世のカリスマ講師が担当していても、その名のとおり、サプリメントにすぎません。毎日、米、パン、肉、魚、野菜などを食せず、錠剤のサプリメントだけで生活するということが、どれほど身体に悪いか、成長を阻むか、頭脳とて同じことです。

「今日は、部活が休みだから帰りにスタバでスマホ学習でもするか！」「何もすることがないわ、そうだ、ちょっとスマホのサプリでも見よっか！」といった程度の学習動機でスマホと向き合っている心象風景が見えてきます。実力が付くはずもありません。学校の先生の説明不足をカバーしたり、学校の授業以上の深い理解を求めて、ちょっと眺める程度ならまだしも、授業中に居眠りや内職をして、放課後、スタバあたりでスマホを見つめて、実力が付いたと錯覚している高校生がいかに多いかに驚かされます。ＳＮＳというツールによる勉強は30分ももたず、画面をクリックして、今日のニュースだの好きなアイドルやミュージシャンのブログの確認だのに気を取られ、集中力が続かないのが大方だと思います。

世の中全体がまさに情報化社会ですから、ＳＮＳといった文明の利器を率先して使わない手はないといった**外部の目線**（＝**大人社会の考え**―文科省さえそちらに舵を切ろうとしている）で、学校と生徒という教育の世界を判断しがちであります。私に言わせれば、未成年はなぜタバコやお酒がいけないのか、なぜ十分な睡眠が必要なのかについては、生物学的観点でも理に適っています。脳や身体が急成長する18歳くらいまでは、学習の面でも同様なのです。譬えは極端ですが、**卵の中の鳥の胎児から孵化する手前の雛鳥、つまり殻の中で生育する鳥の期間こそ、小中高の段階**でもあるのです。

この生物として当然なプロセスを、殻（学校）を無理やり破って不自然なデジタルという外気に晒せば胎児は死んでしまうか、生育不全の状態で孵化してしまいます。これと同じことを、現在の日本の教育界は推進しているのです。ご存じの方はいるやもしれませんが、教育におけるアナログ、身体としての領域の大切さを力説している齋藤孝氏、内田樹氏、陰山英男氏などの教育論が、耳に、目に、そして頭に入ってはこない親御さんが多すぎるのです。断言します。理性と知性というものがない部族です、それが現代の大衆でもあります。

20～30代の母親が、スマホ育児を不自然とは感じていない割合が半数以上を占めることがそれを証明しています。**こうした親御さんたちは、まず本という環境に疎遠の人種であり、我が子に絵本を読み聞かせる習慣などもたない部族**でもありましょう。彼らの憧れや理想は、我が子が、ロボット研究者として名高い石黒浩、メディア・アーティストとして注目されている落合陽一、チームラボ代表猪子寿之のように、世界的レベルのサイエンティストや天才に育ってほしい、あるいはeスポーツのカリスマゲーマーになってほしいというところでしょうか。

よく言われることですが、**天才とは教育で生まれてくるものではないということです。努力にもある意味限界があるのです。名監督でもあった野村克也氏は、自著のあちこちで述べています。「4番打者とエースピッチャーは育てることはできない」**と。

こうした人種の心根には、我が子三男一女を東大理科三類に入れた佐藤ママこと佐藤亮子氏の本を読み、我が子を東大にと熱を上げる母親や、ビリギャルの本を読んで、私も慶應にと夢見る女子高生と同じ幻想病理が透けて見えてくるのです。為末大の言葉、「ボルトの手法を真似ても、ボルトにはなれない」を挙げておきましょう。

世の中がデジタル社会だから、時代はコンピュータを自在に操ることが必要な社会だから、数十年後のＡＩ社会に備えた教育が必要だから——こうした時代の〝追い風〟に自身の子供の教育手法を合わせるということが、どれほど理性で考えれば不自然にして不合理なことか。それは早期英語教育の負け組の数が証明してもいます。２０２０年以降、小中学生にプログラミング教育やアクティブ・ラーニングを、といった体のいい文科省の美辞麗句や大号令に踊らされている蒙昧なる大衆も同じことです。

世の英語の勝ち組は、**小学校で英語などやらなかった部族**です。やる時間もなかった部族です。しかし、**国語、算数、理科、社会で脳を耕してきた部族**です。開成、麻布、桜蔭の少年少女たちです。彼らは、中学校から英語を始めても、大学受験で必要な英語、その後、大学生、社会人となっても自助努力で品格のある英語の使い手に成長するのです。彼らは、サピックスや日能研で、タブレット端末で算数などの問題は解きません。紙と鉛筆で手を動かして問題と格闘しているのです。また、スマホなどは当然のことガラケーすら持たず、子供用ガラケーで親と連絡をとるツールしか持っていない生徒が大方です。

そうです。小学校の段階の学習の殻というものを認識しているからです。公立の小学校に通い、中学受験はしないけれど、そこそこ公立小学校での成績が良く、小学生からＥＣＣ子供英会話スクールなんぞに通っている子供は、公立中学校ではそんなに英語の伸びしろなど生まれてきません。**カチカチ山の泥舟のごとくに沈んでいきます。文科省の方針、社会の間違った風潮にだまされた〝タヌキ〟同然なのです。**

小学校5年、6年生で弊塾に入塾を希望されてくる親御さんがいます。理由は、「できれば小学校のうちに英検3級、できれば準2級くらい取ってほしいからです」といったものが大半を占めます。そこでそのお母様に、**お断りの条件**として、次のように言うのです。

「小学生で、漢字検定2級をお取りになられたら、いつでも喜んで、お子さんに英語をお教えいたします」と。

こうした親御さんに限って、我が子に小学生のうちからスマホを持たせ、デジタル教育賛同者の予備軍となってゆくものです。ちなみに、公文式英会話教室、ＥＣＣ子供英会話教室、ベネッセ子供英語教室などで、どれほどiPad端末システムを取り入れていることか。講師不足もあるでしょうし、フランチャイズ教室上、授業の質の均質化もあるでしょう、しかしそれ以上に、こうした短絡的・軽薄的顧客を囲い込む営業方針が根底にあるのです。

実際、弊塾に近年、「弊社の○△子供英会話スクールのフランチャイズになりませんか？」といった営業勧誘電話が頻繁にかかってきます。あまりにうるさいので一度お会いしたことがあります。そして、その有名な某子供英会話スクールの営業マンに2時間あまり説明を聞き、最後にこちらから、本論で述べているような主旨で論破したことがありました。教室を出て行くその営業マンに、〝そのシステムで本当に将来、子供が英語をぺらぺら自在に話せるようになるとお思いですか？〟と尋ねたところ、**〝実は塾長さんのおっしゃるとおりです。私に子供がいれば弊社のフランチャイズ教室には通わせません、仕事ですから、こうした勧誘は〟と苦笑いしながら出て行った**ことが印象深く残っています。

中学校も高校も、それぞれの勉学の殻という内部で脳を鍛えなければならない段階というものがあるのです。**私のモットー**でもありますが、**時代がどんなにデジタル化しようとも、初等・**

中等教育の場は、デジタルの最後尾、できればアナログの最先端に位置していることが、小学校から高校までの12年間という40キロのマラソンで、最後の2・195キロ（高校3年の1月と2月）という大学入試という極限状態で勝利するものなのです。次のエピソードは前項目（「アナログ教育がいかに大切か！」）にも引用した内容です。

ＮＨＫの教育番組でのやり取りです。ゲストは宮崎駿と養老孟司です。少年少女が大勢スタジオにいて最後の質問コーナーでのことです。

「宮崎先生、僕は、先生のアニメをすべて観ています。また、その他たくさんのアニメも観てきました、どうしたら先生のような素晴らしいアニメが作れる人になれますか？」

「答えは簡単です。明日から、アニメを観ないことです。そのかわり、読書をしなさい」

アナログの大切さを、宮崎氏は強調されたかったのだと思います。どれほどの数の〝読書…〟という文字の入った新書や本が現在出版されているか、それは〝孤独…〟や〝教養…〟といった文字の入った書籍の数を猛追する勢いでもあります。

先日、ルパン三世の原作者モンキー・パンチ（加藤一彦）さんが亡くなられましたが、彼も北海道は片田舎のテレビもない家庭で、家業のコンブ取りを手伝いながら「三銃士」「怪人二十面相」を読みふけっていたそうです。そんな経験が、強烈で超個性的なキャラクター、ルパン・次元・五エ門・銭形・不二子というヒーローとして開花したのです。

（２０１９・４・22）

私のSNS論　③社会編

初等・中等教育における、学びのツールとしての重要度の順位を挙げてみます。

1位　読書＝アナログの皇帝
2位　紙の教科書＝アナログの王
3位　パソコン・タブレット＝デジタルの君主
4位　スマホ＝デジタルの王
5位　ゲーム（これは本来学習の範疇には入れません）**＝学習におけるデジタルのテロリスト**

まず言えるのは、**日々、紙の本による読書の習慣**がある少年少女は、パソコンだろうがスマホだろうが、さらにはゲームをしようが、デジタルを律する資質が養われているため、まず放っておいても、デジタルの負の影響に染まる心配はないということです。

一方、**読書**を全くしない生徒には、**タブレット端末やスマホ学習**は極力自制させなければなりません。親御さんが、**紙のテキスト、紙の辞書**などを奨励して学習指導することが肝要となります。

月に1冊も本を読まない。また**紙の辞書**より**電子辞書**、さらに**スマホで辞書**を代用し、**スマ**

ホによる勉強をしている生徒には、イエローカードを出してください。

　最悪なのは、**ゲーム**の合間に**スマホ学習**などをしている中高生です。これは、レッドカードです。我が子を**紙の媒体**へと誘導しなければなりません。実は、この点に気づいていない親御さんが非常に多いのです。それは、「２０２０年から小学校などでプログラミング教育が必修化される時代の波に乗り遅れては大変だ」と早合点し、自宅で、**ゲーム**にしろ**スマホ**にしろ**パソコン**にしろ、プログラミングという科目の予行演習・準備体操くらいに錯覚しているからです。**これは、早期英語教育に洗脳されている親御さんと同じ幻想病理**というものです。

　哲学者ショウペンハウエルは、「**音楽は、すべての芸術の王者である**」といった意味のことを述べています。この俚諺に即して言わせてもらえば、「**紙の教育ツールは、デジタル教育というツールたちを束ねる王である。紙というアナログツールたちを支配する皇帝こそ、読書である**」と。

　なぜこんなことを言うかといえば、人間と社会（文明・文化）との関係をあまりに深く考えていない御仁が多いからです。

　まず、**進歩と進化というキーワード**から語ってみたいと思います。

　人間は、そもそも進化などしない。また、進歩もしない。しているのは社会の方です。人間そのものが、もし進歩していると思っているとすれば、それは、社会の奴隷になっているのに、自身が優れていると勘違いし、錯覚している種族です。「**虎（コンピュータ）の威を借る狐（人間）ごときもの**であります。シェークスピアや紫式部以上の文学作品は、近現代人は書けてはいませんが、それらに共感する心は今もって不変です。**進化も進歩もしていない証拠**です。

文明の進化・進歩の速度は〝長足〟のものがあります。文化のそれは〝短足〟のものともいえましょう。しかし、**人間そのものは、進化も進歩もしてはいない**のです。進化・進歩するという、一種うぬぼれにも似た共同幻想の中に、今、大衆は置かれているという事実が大切なのです。

特に、一部の天才サイエンティストなどの資質に自己をだぶらせ、逆照射し、デジタルシンドロームに陥っていることが、愚昧なる大衆は自覚できていないのです。将来、我々人間の仕事がＡＩに奪われるという強迫観念にとらわれている人々に限り、焦燥感にかられ、理性を忘れ、**ＡＩを御するデジタルとしての人間に変貌しようとする誤った判断**をしているのです。

人間は気質的にも資質的にも、永遠にデジタル化はできませんが、それは、人間と同義のアナログという性質そのものが、進歩も進化もできないからです。できているとすれば、平安時代から、江戸時代、明治から昭和時代までの日本語という言語の変化を、進化・進歩と認識しているか否かの程度でありましょう。**「人間とは言語である。また、言語こそ人間である」**の翻案を述べているまでです。

極論を言いましょう。デジタルは男性としての父親、アナログは女性としての母親、両性具有などできない運命に人間は位置しているということを強く認識すべきなのです。

ＡＩは社会を**進歩**させてくれるでしょうが、**進化**させてはくれないのです。ダイヤル式の黒電話をプッシュホン式子機装備の置き電話に**進歩**させてはくれるでしょう、また、ＰＨＳから初期ガラケーへ、さらにIモード内蔵の後期ガラケーへと進歩させてもくれるでしょう。しかし、AIは、置き電話を携帯電話へ、ガラケーをさらにスマートフォンへと**進化**させる能力はもってはいないのです。AIには、アナログのコアともなる想像力も創造力もないからです。それがあるAIが登場するのは、数百年後か、千年後かもしれません。

そうです、**それぞれの文明の利器の進化の発想・研究はアナログとしての人間にしかできない領域**でもあるのです。

スマートフォンを開発したスティーブ・ジョブズは、ひとえに天才としての人間でありました。**彼を称して、サイエンスとリベラルアーツの十字路に立っていた人間**だといった表現がありま す。そうです。**彼の内面には、デジタルで進歩してきたサイエンスという王たちを支配するアナログという皇帝たち（リベラルアーツ）がいた**のです。

この点を見誤る親御さんが非常に多いのです。彼は、晩年、禅（マインドフルネス）にはまっていたといいます。言わずもがなですが、禅とは、デジタルもアナログも超越した流儀です。

（2019・4・22）

私のSNS論　補遺

ＮＨＫの「クローズアップ現代」（２０１9年4月25日）を見ました。テーマ「ＡＩ時代に負けない仕事術」というものでしたが、内容のほとんどは、これからの子供たちとデジタル社会への向き合い方に焦点が当てられていました。

とりわけ興味深かった点は、**シアトルのＩＴ企業、マイクロソフトやアマゾンのエリートの親たちがこぞって我が子を通わせる学校**というものです。それは、**人気の私立校ヴォルドルフスクール**です。この学校（小学校）では、校内でデジタル機器が一切禁じられているのです。彼らはコンピュータやデジタル機器が一台もない学校に子供を通わせているのです。これは、まさに〝凡庸なるイワシ化したメンタルの親御さん〟には衝撃的だったでしょうが、私にすれば、まさしく快哉を叫びたくなった一瞬でした。実は、デジタル機器を研究・開発している当事者が、デジタルの教育的側面を信じていないのです。自宅でも、アナログの家庭生活を映しだしていました。

その学校の先生の発言です。

「幼い頃に子供がデジタル機器を使うと、人とのかかわり方を考えられなくなってしまいます」

「世界や人間を理解する前の子供が、タブレットやスマートフォンを使うと、自分で考えられなくなります。人間同士の関係を作れなくなってしまいます。できる限り生身の経験をさせるこ

とが大事なのです」

学校での授業はまさにアナログ授業で、昭和40年代から50年代の日本の小学校の光景そのものでした。手を使い、木材や紙を用い、身体を使い、生身の生徒と生徒が教室や体育館で学ぶ光景で、**協調性や創造性を育むことを第一**とする教育でした。

その一方、**日本人AIビジネスデザイナー・石角友愛さん**が、我が子を自宅で、AIスピーカー（スマートスピーカー）を使い、AIネイティブの早期教育をしている場面も映しだされていました。**彼女曰く、「幼いころから、AIに何ができて、何ができないかを気づいてもらうことが大切なのです**」。

この石角さん自身はAIのスペシャリストです。デジタルのプラスもマイナスも熟知しています。そうした親御さんならば、我が子にAI機器を早期に、日頃から使わせてもほぼ問題ないといえるでしょう。その方針なんぞは、帰国子女の親御さん（自分もそこそこ英語が話せる親御さん）が、我が子を英会話スクールに通わせても、インターナショナルスクールに通わせても問題はないのと同義です。この石角さん路線は、一般の親御さんが参考にすると間違った方向に我が子を導きかねません。謎かけを一つ。

サウナの次の日とかけて、英会話スクールの次の日の我が子の英語力と解きます。その心は、リバウンドが悩みです。

帰国子女や準ネイティブの父母が自宅にいれば、家庭内でも英語で学校の復習や応用も可能でしょう。しかし、こてこての純日本人が、家庭で我が子以上にすらすらと英語を話す環境になければ無駄と相成るのと同じです。**この石角さん親子のデジタル教育、早期デジタル教育は、危険性大であります。**一般的親御さんには参考にすらなりません。

実は、私は気づいたのです。あのシアトルの巨大IT企業で働いている親御さんに人気の小学校に通っている生徒たちが、内面で経験しているアナログ闘の深耕という領域は、日本の中学受験をする小学校4年から6年の少年少女たちと同じものではないかと感じずにはいられないのです。恐らく、彼らは名門中学校に合格するためには、皮肉なことに、ゲームを制限し、スマホではなく超原始的ガラケーのみの生活、さらに、タブレットやパソコンとは疎遠の生活を余儀なくされている部族なのです。

端折っていえば、10歳前後は、〝デジタル断食生活〟をしているとも言っていいでしょう。紙と鉛筆を道具に黙々と算数の問題と格闘し、物語文を読み、主人公の心情理解に鍛錬を積み、日々の筋トレのごとく地道に漢字や慣用句などを暗記し、人間の真理や社会の実相を、初歩的に社会という科目から、自然の摂理の入門を理科という科目から、それぞれ真に学んだ12歳の少年少女が、名門私立中学に入学してくるのです。

しかし、彼は英語もプログラミングもほぼ素人の段階です。でも、彼らは、**脳内の適切な学**

習手順（**初等教育はアナログ**→中等教育はアナログ＋デジタル→高等教育はデジタル）を踏んできているのです。中学からでも、高校からでも、脳の〝足腰〟が小学生の段階でしっかり出来上がっています。ですから、その後、サッカーだろうと野球だろうとバスケットボールだろうと、どのジャンルのスポーツを始めようと、その種目で頭角を現すのです。

（2019・5・13）

日本人の〈英語力の低さ〉と〈電子マネー普及率の低さ〉

電子マネーに関しては、アジア先進諸国の中で日本がいちばん普及度が低いとされています。この原因がどこにあるのか、情報通の方、またメディアなどを通して知っている方も多いかと存じますが、それは、日本の紙幣の質の高さに原因があるとされます。日本の造幣力の水準の高さは世界でも指折りのもの、恐らく世界でも1位か2位に入れてもおかしくないものです。日本人の電子マネー普及率の低さは、最も偽造されにくい紙幣、最も消耗しない丈夫さなどに対する信用度の高さが、皮肉にも貢献しているのです。

スマホの普及率も、アジア先進国では日本は上位にはきません。これも理由は簡単です。中国などは秘境から僻地、そして農村部と国土が広大で、電線の普及が20年以上前には、道路や鉄道などのインフラ同様にかなり遅れていました。

そこに、ファーウェイなどのスマホ企業（中国共産党による国家資本主義のおかげ）が台頭し、アリババなどのネット通販の拡大、中国政府による、個人情報管理をも含めたスマホ決済が奨励されました。日本のような充実した電線や地中回線などのインフラもなく、途上国ゆえに超不十分なお国柄です。中国共産党独裁体制が幸いしたこともあるでしょう、あっという間にスマホが普及し、それに玉突き状態で、電子マネー決済の先進国と相成ったのです。人民紙幣の質の悪さが追い風にもなっています。

国家の経済的命運を決める財閥という存在の立ち位置にいるサムスンのある韓国のように、アジア通貨危機を経験し韓国経済のエンジン役となるスマホ大企業の重要性は、日本には必要ありませんでした。日本では、製造業の雄の存在（自動車や家電）が、先端企業たる進取の精神・使命を認識することを忘れさせていたのでしょう。それがGAFAというプラットフォームに乗っかる電子機器企業、ファーウェイやサムスンを生み出さなかった大きな要因でもあります。

中国にはファーウェイ、韓国にはサムスンというスマホの大企業が生まれましたが、こうした電子ツールの大企業の背後に国家という存在があります。また、両国とも、紙幣の質のレベルでは、到底日本には敵わない。そのプラス要因とマイナス要因の掛け算で、日本は、電子マネー決済で両国の後塵を拝するまでになってしまったのです。

前置きはこれくらいにしますが、実は、**巨大スマホ企業の誕生の立ち遅れ、電子マネーの普及度の低さは、中国や韓国に比して、日本の英語力の低さと同根のものがある**と思えてならないのです。まさしく、**日本の紙幣の質の高さ、これなんぞは、日本語の素晴らしさ、優秀性とも比肩できる**のです。

中国や韓国など、当然、フィリピンやインドなども含まれますが、**彼らの母国語（中国語・朝鮮語・タガログ語・ヒンディ語）では、高等教育（大学教育）を受けることが難しい**のです。また、**自身の母語だけでは、世界的大企業への就職は当然ながらおぼつかない立ち位置にいる**のです。**彼らにとっては、英語こそエリートのパスポート**であります。

日本はこういう状況ではありません。日本なら、英語なんぞしゃべれなくても、東工大や早稲田の理工の学生で素晴らしい研究成果を上げた人、有能なスキルを身に付けた人は、超有名企業に就職できます。文系の学生でも、日本の大企業なら、英語が流暢に話せて仕事がいまいちの学生よりも、英語がいまいちでもリーダーシップやバイタリティにあふれ、仕事ができる学生（体育会系が就活で有利な理由の一つ）を採用したいと企業の幹部は考えてもいるでしょう。

そうなのです、日本では、英語力（話せる英語力）は必要条件ではなく、エリートの証明書（英語ペラペラ学生＝優秀学生との幻想がありますが割合的には60％前後はそうかもしれません）でもありません。仕事ができることが十分条件とされますが、中国や韓国では、その両方が求められるのです。その淵源は、日本という国にいれば、**日本語という素晴らしさが日本国民の英語力の邪魔をしている**ことにあります。

何も、英語教育がこれまで巷で言われているほど間違っていたわけではないのです。**日本紙**

幣が素晴らしいため、わざわざ電子マネーを利用する動機や必然性が湧いてこないのと同じです。裕福に育った子供が、社会人になってハングリーさに欠けるように、〝英語なんて別に必要ないさ〟といった内面の無意識のささやきで勉学しないのです。必死さがない、学ぶ必要性がない、学ぶ動機すらも曖昧です。

こうした学習姿勢では、英語など使えるようにはなりません。今般、2020年度から〈読み・書き・聞く・話す〉という4拍子そろった使える英語を旗印に英語入試大改革を行おうとしていますが、日本人の英語力はむしろ下降線をたどると私は予言しています。

そうなのです、日本人が、TOEFLやTOEICの点数で中国や韓国などに負ける理由は、スマホ決済率の低さ、スマホの日常生活への浸透度の低さ、デジタル生活の必要性への切迫感の欠如にあり、それはまさしく本当の意味での英語の必要性が自覚されていないことと同じであります。

昔、経済評論家の日下公人氏が、「アジアの国で母国語だけで医者になれる国は日本だけだと、ヨーロッパ人に語ったところ、それは嘘だ！　信じられない！　と反論してきた」とラジオで語っていたことが今でも忘れられません。日本人の医師の英会話のレベルと海外の医師のそれとを比較するとおもしろいかもしれません。

結論を申し上げましょう。

日本人が英語を流暢に話せない理由は、学校英語に原因があるわけではなく、英語教師にあるわけでもありません。むしろ、日本人が置かれている素晴らしい日本語に守られているという恵まれた言語環境にこそあるのです。それは、畢竟、**日本で電子マネーが普及しない原因の一つが、日本の紙幣の質の高さにあるということと同根にあるということを主張しておきたい**と思います。

皮肉まじりに言わせてもらいます。日本の紙幣の質を落とし、偽造可能なレベルにまで意図的に改悪すれば、電子マネーが中国・韓国並みに普及してもくるでしょう。しかし、安倍・麻生コンビは、数年後のさらに質の高い新紙幣発行へと踏み切りました。こうした電子マネー奨励とさらなる高品質の新紙幣への切り替え政策は、アクセルを踏みながらブレーキを踏む行為に思えてなりません。

国家紙幣への信用度は不変のままです。良質の紙幣があれば十分という国民性を変えねば電子マネーへの移行は現状のままでしょう。**良質の紙幣＝素晴らしい日本語**。日本語の質やレベルを落として乱せば、英語が話せる日本人が今より多くなるでしょうか。いや、そうではありません、日本語の質の劣化、乱れた日本語が普及すればするほど、今度は、日本人はもっと〝ヤンキー英語〟に染まって、日本人の理系に支えられてきた製造業の空洞化・製品のレベル低下を招き、亡国へと邁進してゆくことでしょう。日本人は、英語と日本語、電子マネーと日本銀行券のジレンマに陥ってもいるのです。

（2019・5・28）

数学随想① ――理系・文系と分かれるのは、科目間離婚である！

アメリカ社会における家族構成は、一般的に〝日本人がイメージする家族像〟（＝両親と兄弟姉妹が血縁で繋がっている）というものが全世帯の４分の１しかないという実態をまず挙げておきましょう。具体的には次のとおりです。

パターン１　父子家庭と母子家庭が再婚して、血の繋がっていない兄弟姉妹がいる家庭
パターン２　父子家庭、もしくは、母子家庭の家庭
パターン３　父母がそろっていて、子供たちも血縁関係がある我が子でありながら養子を迎え入れている家庭
パターン４　子供がいない夫婦で、養子として我が子を迎え入れている家庭

などがアメリカ社会の家庭の４分の３を占めているのです。こうした家族構成の多様性は、日本人であればほとんどイメージすることもできないでしょう。そのように思うのは、日本がNation State（民族国家）であり、島国、そして非移民国家であったことが大きな理由とも考えられます。

数学は父親・英語は母親 ―中学・高校において―

小学校から中学校にかけて、生徒自身における数学と英語の立ち位置ということについて考えてみたいと思います。**数学は父親で**あり、**英語は母親**とまず譬えてみます。国語という科目は、一応、生まれたときから習ってきた親子の関係上、中等教育ではあえて除外したいと思います。国語は、風土、育った町、環境ともいえるからです。

特に**小学校時代、いちばん伸びる科目は算数**であり、**英語は習いません。**数学とは一概に括れない都合上、**中学から高校にかけての数学、それを父親、**そして**中学から始まる英語を母親**と擬《なぞら》えてみたいのです。

勉強という意識の芽生え、それを父と母を強烈に認識する思春期ともダブる時期（中高の段階）に設定してみたいと思います。

父方の祖父母をそれぞれ、物理と化学とし、母方の祖父母をそれぞれ、歴史〈世界史〈外国人〉・日本史〈日本人〉〉と地理とします。

中学時代は、数英（国）理社の幸福な共存関係が存在しています。公立高校進学のために内申点をも考慮して、数英を中心に、それ以外の理社とも真面目に取り組む段階です。しかし**高校時代ともなると、生徒自身の内面で、理系と文系の科目の離婚状態になることが、日本の学校カリキュラム上当然のように起こってきます。**特に、女子に見られる父親離れ・父親嫌いというメンタル現象こそ、数学を捨て科目とする、私立文系志向です。

これなんぞは、家庭内離婚のようなもので、苦手でもしぶしぶ数学という父親と同居せざるをえない**国公立志望女子、横浜国大や地方の国立志望で、センター試験でも必要なため、数学を仕方なくやっている女子**でもあります。しかし、**母親までもが娘に同調し、父親を毛嫌いする段階ともなると、まさしく離婚とあいなり、母子家庭という英（国）社の私立文系志望の受験生の誕生**ともなるのです。

中学段階の数学と高校段階の数学では、難しさのレベル、習う内容の量が前者に比べ後者では膨大に増えてきます。それゆえ、中学時代にせめて数学ⅠAを消化しておくことが、高校時代の数学負担を軽減することになるという説まであります。それはある意味、**私立の中高一貫校と公立の中学校から県立の高校へと進学した生徒の数学選択の比率にも表れていますが**、一概にそうとは断定しかねる点もあります。

同じ神奈川県の秀才のメッカ、**私立栄光学園と聖光学院の高校1年と、県立湘南高校と翠嵐高校の高校1年とを比較すると、いちばん開きのある科目は数学**なのです。超進学校の前者では、高校1年で数学ⅡBに入っています。しかし後者では、高校1年で初めて数ⅠAを学び始めるのです。県立ではこの点が決定的にハンディになってしまっている現実があるのです。16歳の秀才は、英語は学校の授業や受験に関係なく先取りでき、それを実行している生徒も多いでしょうが、数学ともなると、SEGや鉄緑会、そしてエデュカなど数学エリート塾にでも通っていなければ、数学の先取りをするか、先取りを進んでやる生徒などごく少数派とさえいえるのです。

これが英語と数学の決定的な違いです。

離婚して母親側につく子供≒私立文系の生徒

日本では高校生ともなると、あからさまに理系・文系にコースが分かれます。しかし外国、特に欧米では、中等教育にしろ高校教育にしろ高校生の段階で、日本ほど露骨に、数学系≒理系（数理得意）と非数学系≒文系（英国得意）といった科目離婚はありえないといいます。

これは、英語がある意味で、文系生徒のよりどころとなっているからかもしれません。英語さえできれば、高等教育へのパスポートが手に入るという現実があるからでもありましょう。慶應のSFCなどが特にそうです。恐らく**外国では、外国語は、科目（学問）とは認識されてはおらず、科学（学問）への手段（ツール）程度の認識でしょう。日本は、英語ができれば、頭がいいメルクマール（目印）のように思われてもいます。**

厭味ったらしく言わせてもらえば、早慶上智という大学のブランドで、英語という科目の出来具合を差し引いたら（英語を学生の評価基準からあえて除外した評価にしたら）、科学オンリー（学問研究）の評価では、上智はMARCHレベルにやっと入る次元の大学ともなってしまうでしょう。〈英語のできる学生≒頭の良い学生〉の象徴ともいえなくもない大学です。

ですから、上智、ICUそして東京外大の学生で本当に学問を究めたい学生は、4年間の学部時代に外国語（特に英語）をブラッシュアップし、そして大学院では東大や一橋、早慶に進学し、経済学や政治学を学ぶ人が多いとされる所以でもあります。上智大学は、法学部や経済学部よりも外国語学部系の方が優秀という至って当たり前の実態の証明にもなっています。

血縁関係を重視しないアメリカ家族と理系を重視しない日本の高校生

アメリカ社会では、バツイチの母とバツイチの父が再婚して血の繋がらない兄や姉と同居する家庭、日本の多くの家庭と同様に両親と子供2人が幸せに暮らす家庭に黒人の養子を3人も抱え込んでいる家庭、母子家庭、父子家庭といったものが当たり前ですが、**アメリカのハイスクールでは学問（理系文系）の離婚は考えられません。**日本社会は、血縁関係で結ばれた家族を標準としながらも、その子供は、内面で、〝学問の離婚状態〟の人が半数以上を占めます。**海外基準からすれば、文系・理系といった異常なカリキュラムが存在する社会です。**

日本人が、アメリカ社会の家庭構成を、奇異で珍しい、時に〝ありえへん的感情〟で考えるように、実はアメリカ人にも、日本の高校生の学問（科学）の理系・文系の科目間離婚など、異常で不自然で、〝それって学問って言えるの？ 的感情〟で見られているのです。

この日本で、〝文理〟の離婚（数学と決別する学問）時代へ突入する高校生が非常に多い理由をこれから考えてみたいと思います。

（2019・6・10）

数学随想 ②——数学嫌いを減らす処方箋

日本では、世にいう〝数学（算数）の753〟なる言葉があります。ご存じの方も多いかと思いますが、小学校時代、算数が好きな生徒は、全体の7割、中学時代は5割、そして高校生ともなると3割しか数学好きな人がいなくなる現象のことをいうそうです。

小学校の算数は易しすぎる！——算数のゆとり教育の園——

この数学の753なる現象をどう読み解くか？　まず、考えられるのは、小学校時代の算数は、標準以下の至って易しいレベルのカリキュラムが設定されていて、落ちこぼれがほとんど生じていないことの表れでもありましょう（ある程度のレベル以上の生徒に関してです）。つまり小学校、特に公立校では、足し算・引き算・掛け算・割り算、そして分数・小数、次に百マス計算など、また面積・体積など、中学受験レベルの一歩手前レベルで抑え、一種、数学のゆとり教育が実践されているためです。落ちこぼれを出さない、将来大人になったときの生活に必要最小限度に制約した算数というものを教えてもいるからでもありましょう。

中学校の数学も易しすぎる！——数学ⅠAに進まず足踏み状態——

次の中学の段階ともなれば、数学愛好派が5割に落ちる。これは生活に密着した算数（具体的数の世界）から乖離してくる抽象的次元のXやYというもの、さらに√（ルート）などの記号や二乗、三乗といった、小学校ではお目にかかったことのない数の（学問的）世界に足を踏み入れるためで、ある意味、数字という〝外国語（未知の領域）〟を学ぶ段階（算数：国語＝数学：英語的関係）に入ることが、その原因であると考えられます。

高校数学は学ぶ量と難度が急激に上昇する！ ―高校数学にいびつに偏り過ぎ―

最後に、高校数学とされている、いわゆる数学ⅠA、ⅡB、ⅢCとやらの世界です。高校生の半数以上が、挫折の経験をもつ数の学問的世界でもあります。数学好き派が3割とも言われていますが、**本当におもしろい、好きだと言える前向きに学ぶ生徒**、つまり**数学積極派**は2割にも満たないのではないかと思われます。

数学の753現象が起こる原因

では、なぜこうした数学の753なる現象が生じるのか？　それを考えてみたいと思います。私の仮説でもありますが、それは、小学校から高校までの12年間に習う項目やカリキュラム、教えるシステムに問題があるように思えてならないのです。

話は飛びますが、2020年度から小学校3年からの英語の必須化が決まりましたが、「中学・高校の6年間では英語を身につけさせるには無理がある。韓国や中国も小学校の低学年からだ。

よって日本も英語を早期から始めればいい」といった論理がベースとなり、英語の小学校必須化が決まったことは想像に難くありません。これは、小学校教員の英語運用能力を考慮したとき、時期尚早だと言われる意見があっても、文科省は関係なしです。そうした意見無視の見切り発車です。

実は英語教育の早期開始以上に、またそれ以上に大切なこととして、私は、**小学校の６年生から数学を始めるべき論**を提言したいと思うのです。英語のアルファベットにも違和感のない令和時代の小学６年生に、**算数ではなく数学を教えるべき**ではないかと、英語以上にその大切さを考えてきました。

小学生に数学の初歩を教えるべき！

２０１９年３月11日の朝日新聞の特集『中学入試　方程式はＮＧ？』で、中学入試の問題を、ＸとＹを用いて解くことは是か非かのテーマで特集を組んでいたのが印象深く残っています。**私立の中学校の回答では、ほとんどが、解き方や解答に問題がなければよしとする判断が大勢**でありました。しかし、学校（公立小学校）や塾（日能研）では、ストイックに、校則のように、やたらとＸとＹは使わないという建前を強引に押し通しているところがほとんどなのです。**この採点側の私立中学校と受験側の公立小学校・進学塾の見解の違い・開きには不可思議の念にとらわれざるをえない**のです。

超標準的私立の中高一貫校で出題されるスタンダードな鶴亀算・旅人算・流水算などは、XやYを使用すれば、即、解答できてしまうものです。超有名難関校の算数の問題などは、XやYなどを使用しても解けない部類の問題、一種、〝**和算**〟の流れを汲む、真の地頭を試すような問題で構成されているのです。ある意味、**「XとYを使って解けるもんなら解いてみろ！」的メッセージすら感じさせる問題**です。がり勉で東大に入った学生か、そうでない学生かを試すには、灘や開成の算数の問題を解かせるとはっきりとわかるといわれますが、まんざら嘘でもなく、そのことを言い当ててもいます。

算数のカリキュラムは、4年生までで代数的演算能力を完成し、5年の段階で、スタンダードな中学入試レベルの〝～算〟的問題を文章題として、また、標準的な図形問題を算数的見地から演習させます。そして**6年生の段階になったら、5年生の段階で手足を縛られたかのように、苦悶して少々難しい文章題や図形問題を解いていた彼らに、XYの使用OKのゴーサインを出す**のです。つまり、数学を学ばせるのです。彼らは、数学の便利さに瞠目するはずです。「数学って、XYを使うと、去年（小5）まで解いていたあの問題が、いとも簡単にとけるんだ！」と心で快哉を叫ぶことでしょう。

ここで、中学段階の数学好き派が、5割どころか6割強になっているはずです。そして中学の2年生までで、従来中学で消化すべきカリキュラムを終了してしまうのです。**公立の中学校でも、中3から数学ⅠAを履修させる**のです。そして**高校の段階の3年間で数学ⅡBと数学Ⅲ**

Cを2～3年かけて学ばせればいいわけです。

ところが高校数学が、中学数学に比べ、いびつに難しくなり、学ぶ量も膨大に膨れ上がります。これこそが、私立文系で高校1年、遅くて高校2年になって進まざるを得なくなり、高校の数学好き3割派になってしまう大きな原因なのです。

公立の高校受験（湘南・翠嵐）、また難関私立高校受験（開成高校・慶應高校）にしてもそうです。そうした高校を目指す公立の秀才中学生は、数ⅠAの一歩手前で、中学校で習う範囲の超難問、つまり、『高校への数学』（東京出版）**に掲載されている問題をこれでもかこれでもかと塾で解きまくっているのです。いわば中学数学の足踏み状態が続くのです。そして、翠嵐や慶應に入ってくるのですが、彼らの中には、中学数学燃え尽き症候群になっている生徒が意外に多く、こ**れが数学嫌い7割の予備軍ともなっているのです。

慶應中等部の生徒が慶應高校入試の英語が解けないように、数学の問題も解けない！

私の教え子で、東工大に進んだ聖光学院のH君の弁ですが、「開成や慶應附属の高校入試問題、即ち『高校への数学』に掲載されている問題なんか、ほとんど解けないよ」。この言葉の真意は、聖光学院では、一般の中学3年間の範囲を1年半で終了、そして中3の終わりには、数ⅡBの中間あたりに入っているそうです。**その聖光学院のカリキュラムには、痩せ我慢的に、馬鹿正直に、中学校時代は数学ⅠAに進まず、中学校の数学の難問を繰り返し繰り返しする愚策など**

せず、さっさと次の段階に進む賢明なる方針があるのです。
私の数学観、いわば、小学校6年から中学校の数学を教えるべき論のように、この聖光学院などの超進学校は、中学3年の段階で、すみやかに高校数学の半分の領域に足を踏み込ませているのです。

聖光学院の生徒は、理系は当然、ほとんどセンター試験を利用する国公立志望者です。数学など捨て科目とする生徒は、極少数派であり、肩身の狭い〝日陰者的聖光生〟でもあります。

小学校から英語の先取りがあって、なぜ、小学校から数学の先取り（抜け駆け）が許されないのか？　そのタブー的謎へ踏み込んで、その具体的処方箋をこれから述べてみたいと思います。

（2019・6・17）

数学随想③――英検はメジャー、数検はマイナー、なぜ？

ご存じの方も多いかと思いますが、数年前から、**高橋洋翔君という小学生**がワイドショーなどでたびたび取り上げられてきました。**小学校1年で数学検定2級、小学校2年で準1級、そして小学校5年で1級をゲットした**、今、静かな話題となっている12歳の天才数学少年です。

しかし世のお母様方で、彼を見て、「我が子も、数学を幼少期からやらせよう」とテンションを上げるのは極少数派だと思われます。いや、ほとんどいないのではないでしょうか？　それは数学という科目の有用性と我が子の潜在能力への懐疑、それに、どう指導してよいかといった教育手法等々がないまぜとなり、数学幼児教育へと踏み出せないのでありましょう。

エリート親子の勉強スタイルは真似るのではなく、参考程度に！

そうです。その判断は、ほぼ正しいのです。我が子4人を東大理科Ⅲ類へと合格させた佐藤ママこと、佐藤亮子氏の本を読んで、即、彼女の真似をしようなどと思わないのが賢明なのと同じであります。彼女が、幼稚園のうちに小学校の低学年の算数は公文式などで抜け駆けしておくことを勧めている点は、半分理解・納得はできますが、それ以外、専業主婦として、母親自身の人生を我が子4人に捧げる彼女の流儀は、普通の親御さんには真似はできないものです。

高橋洋翔君の事例も同様です。**彼の両親はメディアには一切顔を出しません。**佐藤亮子ママと真逆であります。これほどの数学天才少年を育てあげた親御さんは、一般的に、ビリギャルのママ同様にテレビなどに登場するものです。しかし、洋翔君のご両親はその声さえ聞かれません。彼のご両親は、二人とも東大卒とのこと、そして、我が子のＩＱなども客観的に把握しているものと思われます。「私たち親子の数学教育は、一般の人には参考にはなりませんよ」と慮ってなのかどうかはわかりませんが、一切、洋翔君の育て方などコメントが伝わってきません。この点で彼の両親は、自身の教育の流儀に謙虚であり、良心的でもあります。

小学生で英検2級以上は何らかのバックグラウンドがあり！

小学生で、英検準1級や1級をゲットされたお子さんをお持ちの母親や父親は、実は帰国子女だったり、ネイティヴだったり、時に佐藤亮子ママのように英語教師だったりします。その家族のバックグラウンド（背景）に露骨に触れずに、我が子の力のみで英検1級が取れた、幼児英会話教室のみで1級が取れたかのように、アピールする〝性悪〟のお母様などもいらっしゃいますが、この場合も、女子校でよく見られる、「私、塾なんか通ってないのよ」と友人に嘘をつく学校の成績優秀な〝性格〟の悪い女子にそっくりに思えてなりません。

ここまで、数学検定1級と英語検定1級を、小学生の段階でゲットすべきか否か・可能か否かの流れで述べてきましたが、今や小学校の段階で、英語検定4級、3級は常識、日常茶飯事の教育抜け駆けも、不自然とは全く感じません。むしろ、小学校の段階で、高校卒業程度の英語検定2級を取らせようと指導する親御さんの存在も不自然には思われない今日この頃です。

数学検定のみがいちばん日陰者的存在で、その意識を変える工夫も必要！

これが**歴史検定**ともなると、超オタク的な歴史マニアなどの資格検定ともなり、少々マイナーなイメージを抱かれることでしょう。さらに、小学生で**漢字検定**2級をゲットするというのも少々日本語に偏りすぎた教育方針とも受け取られかねません。また、**歴史の知識や漢字の習得**

なら、親子で二人三脚的に学習する手もあるかと思います。

ところが、事が数学や**数学検定ともなると、学習の抜け駆けは、英語検定以上に困難極まることは想像に難くありません。**親自身が教えられるか否か、また、一般の習い事の塾の数と比較しても、大変な制約があるからです。ですから、**数学検定の受験など、我が子が中学生ならまだしも、小学校から始めるなど未知の領域**でしょう。

そうです。〈英語検定・漢字検定・歴史検定〉と〈数学検定〉とは、中学校から数学という教科が始まるゆえに、親御さんの中でも、一般的常識、社会通念からも、別世界の抜け駆け学習と受け取られてもいるのです。世に、算数検定などありません、よって、中学生になるまで、数学検定の〝数の字〟さえ頭の片隅にはないのです。この、**英検と数検の意識・認識のギャップこそ、実は、中等教育における、数学嫌い・数学離れの理由の一つ**であるように思えてならないのです。

前項の数学随想②でも触れたように、数学の小学校からの先取り授業、これを英語教育同様に実践しなければ、数学嫌い、数学離れを防ぐことはできないというのが私の個人的考えです。少々極論であることは認識の上で申しているまでです。

数学と英語は今の40名の集団授業では抜け駆け生徒が勝者になる！

どの科目でも同じでしょうが、集団授業、それも40名前後で行われる授業では、それが復習の場になっていなければ、今の日本、つまり、OECD加盟国の中で教育に対する公的支出が最低ランクに位置している〝金のない国〟では、真の意味で、好き、得意、そして将来への武器となる教科にはならないという至って当たり前の真実に、気付くか否かが、我が子の将来の明暗をも分けているのです。

現在の小中の公立学校の義務教育だけで成績を上げることは、国民年金（厚生年金ではありません＝私立）だけで老後を生活しなければならない70歳以上の後期高齢者と同じ運命なのです。

（2019・6・24）

英検より数検になる未来

経団連は4日（2018・12・4）、若い人材の育成と大学教育の改革に向けた提言を正式に発表した。経済のデジタル化やグローバル化が加速するなか、文系と理系の枠を超えてビッグデータや人工知能（AI）を使いこなしたり、リベラルアーツ（教養）を身につけたりする重要性を強調。「情報科学や数学、歴史、哲学などの基礎科目を全学生の必修科目とする」ことを提案した。

大学側と対話する場も近く設ける。経団連からは中西宏明会長のほか副会長らが参加する。

大学側からは国立・私立大の学長の参加を広く募る。
企業側は優秀な人材を獲得する重要性が高まっている。採用にあたって新卒や既卒、文系・理系の垣根を設けない通年採用など、多様な選択肢の必要性にも言及した。
大学側には近い将来に文理融合を進め、学部のあり方などを根本から見直すべきだと主張した。学習成果の見える化を求め、成績要件や卒業要件を厳格にすることも提案した。

（『日本経済新聞』の記事より）

経団連にしては、珍しくまっとうな発言をしています。少々理想論に走っている点は否めませんが。
この記事に刺激をうけたのか。また、企画のヒントが閃いたのか、二つの大きな雑誌でこの春、次のような企画が組まれました。一方は、バックナンバーで購読できましょうし、一方は図書館などで閲覧などできます。是非一読されることをお勧めします。

『週刊　ダイヤモンド』（2019年2月9日号）
ビジネス数学　文系でも怖くない—数学はこれからの必須教養—
・佐藤優が語る極意　中学高校の数学はこう学び直しせよ
・やっと分かった！三角関数、対数…実用数学・超入門

・トヨタ、ヤフー　ビジネス最先端で使われている数式

『中央公論』（２０１９年４月号）

特集　文系と理系がなくなる日―文理融合でＡＩに勝つ―

最近、朝日新聞の記事に次のようなものもありました。

ソニーは、新入社員の初任給を引き上げる。プログラミング言語を使いＡＩ（人工知能）などの分野で新たなサービスを開発できる人材を採用するため、大学院修了など一部の新入社員の年収を能力に応じて最高で７３０万円と、現在の５６０万円から３割程度上げる。デジタル分野での人材獲得競争が世界的に激しくなっていることが背景にある。（２０１９・６・３）

今の大学生は、猫も杓子もＴＯＥＩＣだの英検だのと、英語の勉強に勤しんでいる就活生が目に付きます。しかしこれからは、英検１級やＴＯＥＩＣのハイスコアは当然のアイテムで、数学のスキル、プログラミングやビジネス数学などが必要な時代がやってくるでしょう。しかし依然として、成毛眞氏の弁ではありませんが、「日本人の９割に英語はいらない」と同様、「日本人の９割に数学はいらない」となることも明々白々です。

エリートと真のエリートのメルクマール（目印）となるのが数学です。この点、下世話な事例

として挙げられるのが、**センター試験で数学が必須な国公立大（横浜国大・千葉大などの経済学部）と、それが不要な私立大学（ＭＡＲＣＨの経済学部）です。国立大でも、二次試験に数学が必須の東大（文Ⅱ）とそれが不要な地方の国立大との数学的知的格差・受験差別意識が潜在的にある**所以です。

　これからは、使える英語の技能のブラッシュアップを目指す学生は、プラスαで文理融合のスキルを身に付けなくてはならないのです。しかし、経団連が提言するところの、大学生に〝使える数学〟を求めては遅いのです。それは、大学生に〝使える英語〟を求めても、キャンパスで教えても手遅れのケースが多いのと同様です。**経団連の提言を実現するには、私がこの〈数学随想〉で書いたことを文科省が現実化しなければ、高嶺の花・絵に描いた餅になってしまう**ことを主張しておきます。

　大手企業は近い将来、ＴＯＥＩＣの高得点より、英検１級より、数学検定１～２級のタイトルホルダーに注目するようになるでしょうし、それが履歴書の資格欄で輝きを増す時代も近づきつつあるのです。

（２０１９・７・１）

数学随想　補遺——銀行業と数学

バブル時代のことです。早稲田や慶應の理工系の学生が、こぞって証券会社や銀行に就職する光景が非常に印象的でありました。理由は至って簡単です。日立や東芝といったメーカーに就職するよりも、大手都市銀行や証券会社に就職したほうが、給料が断然良かったからです。でもそうした彼らは、バブルが弾け、北海道拓殖銀行や山一証券が倒産する頃までには、すでに絶滅危惧種ともなっていました。

そもそも一流銀行や有名な証券会社に就職する学生は、東大法学部や一橋経済学部など、日本では受験勝者、またエリート学生でありながら、新卒で入社すれば数年間は地元の商店街などを自転車で走り回り、泥臭い営業に明け暮れていたのが実態です。霞が関のキャリア官僚が、不夜城とも呼ばれる官庁街で、民間企業の倍以上の残業を我慢して行っているメンタルと同じであります。

高収入・生活安定などを優先してなった銀行員や証券マンは、札束を回収しそれを数えて帳簿をチェックするという無機質でおもしろくもない、商業高校出身の女子事務員のほうが上手なルーティン業務に黙々と耐えて、係長、課長へと昇進していったのです。こうした銀行マン体質は今日、令和の時代、電子マネーやネット決済の時代に突入しても、まるで幕末の徳川政権のように、手をこまねいているだけで、大量人員削減（リストラ）（廃藩による浪人）を断行する策しか見いだせないようです。

１９９５年から今日に至るまで日本のＧＤＰは横ばいです。失われた10年どころではなく20年以上も経過しています。第二次安倍政権のアベノミクスは、幻想成長と呼んでおきます。国民自身に〝成長〟実感がないからです。

では、海外、特にアメリカにおけるバンカー（銀行員）はどうでしょうか？

メガバンクのエリートのほとんどは、ＭＢＡなりのタイトルホルダーです。学卒は皆無です。そうした彼らは卒業と同時に、数億から数十億の金融商品の売買から開発までを任せられます。**この点が、日本の東大卒や一橋卒のエリートと違うところです。**しかも、日本におけるバブルの崩壊（１９９０年代後半）から、２００９年のリーマンショックまでの10年以上にわたり、意外や意外、**アメリカの金融証券系の大企業は、大学の理系、それも理学部数学科のエリートをこぞって採用してきました。つまり彼らに、絶対に損をしない難解な数式を編み出させ、デリバティブやヘッジファンドに応用し、大儲けをしていた**のです。

この点が、日本の大手都市銀行の幹部の発想と決定的に違っていました。１９９７年、拓銀や山一が破綻し、大手の銀行が不良債権に苦しむ中、東大や一橋卒の若手銀行員は、中小企業の貸しはがし業務に日々追われていたのです。

いまでも、日本ではＭＢＡが金融・証券業界では軽視され、ましてや、東大や東工大の理系、それも理学部数学科の学生を率先して採用するなどといった発想は皆無でしょう。日銀の金利の高さという虎の威を借りて、利ザヤで銀行家業はなりたってきたからです。今日、金利ゼロの時代とキャッシュレス、電子マネーの時代、書店同様に銀行支店はもちろん、ＡＴＭすら昔の電話ボックスと同じ命運をたどろうとしています。

バブルの頃の日本の利敏《りざと》い（業務内容より給料優先の）理系学生が銀行や証券に就職していた行為は、愚策、先見の明なしの、近視眼的選択でもありました。それに対して、**アメリカのメガバンクが、こぞって理系の学生、それも浮世離れした理学部数学科の秀才から天才を採用していた姿勢は、賢明なる方針**でありました。それが高じて、もう学者やエコノミストでさえ把握しかねる複雑な金融商品を乱発し、これが引き金ともなりリーマンショックを招いたとも言われています。

一見文系エリートの憧れ企業でもある銀行や証券といった会社は、文系の〝優秀なる学生〟の巣窟でもあったのです。大学入試で受験数学をちょっとやって、大学でも単位取得のため経済学部や商学部で少々数学をかじった程度のエリートが、銀行経営を担ってきたのです。そこに、バブル崩壊後、欧米のメガバンクにさらなる格差をつけられてしまった大きな要因があるように思えてならないのです。その日本の金融風土は、電卓の時代に算盤を学んできなさいとか、紙幣カウンターのある時代に、手で札束の数え方を教え込むような時代錯誤経営感覚が、**理系を軽視し理詰め思考より根性論や奉公気質を優先させ**、銀行や証券をまるで氷河期に差し掛かった恐竜やマンモスのごときにしてきたように思われてならないのです。

そんななか、日本の文系学生がこぞって集まる企業風土における社会通念を覆す本が、近年出されベストセラーになりました。それは、『統計学が最強の学問である』（西内啓著）です。この本で、文系理系を問わず、数学に基盤を置く統計学の重要性に世の一般のサラリーマンは気づかれたことでしょう。

銀行業における数学というものの重要性の認識の差が、金融業における近代化の欧米と日本との格段の差として如実に現れてきているのです。

1台何千万円もするATMが電話ボックス化し、銀行自身が無用の長物になる一方、コンビニの端末、私鉄やJRの券売機がそれに変わろうとしています。

先日TBSで放映されたドラマ、福山雅治主演の『集団左遷!!』も、そうした時代の風向きを読んだサラリーマンものとしてヒットしました。

（2019・7・8）

悪のスパイラルともいえる大学入試改革

1980年代のニューアカデミズムの旗手に浅田彰という若手インテリ思想家がいました。今では放送メディアはもちろん、出版メディアにもあまり登場していません。彼が80年代中ごろ、次のような発言をしていたことが、今でも私の記憶に残っています。

「よく大学入試の改革、改革と巷では叫んでいますが、それは超理想、ユートピア的考えで、理想の入試システムなんかありえません。もしもその理想的入試とやらがあったとします。その生徒の学力、知識や知性、時にIQでもいい、そして、その生徒の性格やら人格、さらに社会性など、すべてを判断し、優劣をつけ、そして選別する入試システムなるものがあったとします。もし、その入試システムで落ちた生徒は、その後、すべてにおいてダメ人間の烙印を押されたも同然です。その後大学でも、社会でも、敗者復活戦のチャンスがすべて摘み取られ、まるで、世界恐慌後の失業者のごとく、社会の産業廃棄物的存在となり果ててしまうことでしょう」

私の思い込みと、少々の付けたしもあるやもしれませんが、このようなことを浅田氏は述べていたと思います。

時代は、恐らく1979年以前の**国公立**の**一期校と二期校**の〝**差別意識**〟を排除する目的で共通一次試験が導入され、**国公立大学にそれとはまた次元の違ったピラミッド型の格差、そして偏差値というモンスター**を生み出したことへの社会批判、そして共通一次試験というマークシート形式の問題点など、教育関係者からの指摘などが、当時でさえも受験システムの改善だ！改革だ！と声高に叫ばれ続けた、全く今と同じ風潮へのシニカルな批判として述べられたものだと思います。

ところで、**当時の浅田氏の予見ではないですが、その生徒の学力から人格、そして体力に至るまですべてを判定する入試システムは、AIの登場により、数十年後、100年後、実現するかもしれません**。中国は、現代の〝科挙〟と称して、共産党主導のAIを使った〝AI試験〟を行いかねません。事実、ソ連同様、中国の体育教育・スポーツ養成システムはその路線で金メダルを量産してきたのです。

そういうプレAI社会の夜明け前の段階として、日本でも就活の一次審査にも使われようとしています。**AIの精度が格段に上がっていけば、就活の大学生から大学入試の高校生、そして中学入試の小学生に至るまで、その対象が広がっていくやもしれません**。その選別でダメだしされた高校生や小学生は、どう自らの進路の海図・青写真を描けばいいのでしょうか?

今般の2020年度の新テスト、民間英語試験採用の〈読み・書き・話し・聞く〉の4拍子そろった試験システムなんぞは、英検について言わせてもらえば、読み100点、書き100点、話し100点、聞く100点といったように、すべて均等の配点になっています。

世の中に、絵を描くのが好きで得意な生徒がいるように、音楽が好きで得意な生徒がいます。**これは能力によるものではなく、資質によるものが大なのです**。時に環境もあるでしょう。ある意味、**努力や習慣ではどうにもならない暗黒の未知なる領域**でもあります。現場の、真の英語教師ならわかっているはずです。現場の一般論ですが、内田樹流に街場の教育論的目線でいえば、**女子は、聞く・話す英語、男子は、読み・書くに偏りがちであるという通説が厳然としてある**のです。

これは、英語の教え方や指導の仕方によるものであるといった意見もありましょうが、中学から高校にかけての思春期特有の勉学上の性差でもあるのです。進学塾における小6での成績上位者は、女子は国語、男子は算数に分布する傾向があるように、厳然とした男女による勉学上に性差としてあることを、〝それは偏見だ！〟というご意見を覚悟のうえで申しているまでです。**こうした学習上の事例は、暗記が苦手である生徒が、IQの低さによるものか、学習障害によるものか、また学習習慣によるものか、はたまた努力不足によるものかは、それらの複合的要因を見抜くことができる有能な教師なら、揺るぎない事実として得心するはずです。**

英検やTEAP、GTECなど、さまざまな民間試験を同列に採用することも含め、試験会場や複数受験の機会などでさまざまな問題や弊害が浮かび上がり、賢明なる有識者の批判の的ともなっています。

試験制度とは、その選別システムの優秀性（試験問題が優れているか否か）よりも、その公平性こそが担保されていなければならないのです。その点、共通一次からセンター試験に至るまで、日本全国一律に、同時に同じ問題を解かせるものです。記述問題を採点する主観性が入り込む余地を排除した絶対的客観性に裏打ちされたこうした従来型の必要悪的マークシート形式でもあるセンター試験というもののほうがましなのです。

それは受験生をテクニックに走らせる原因ではないか、上っ面の学習で高得点がゲットできる弱点ではないのかといった誹りを覚悟の上で申しているまでです。民主主義という政治手法が、現在のところ、いちばんましな政治システムであるのと同義であります。

近年、この民主主義が、ポピュリズムといういびつな代物へと変貌し、イギリスのEU離脱やら、トランプ政権の誕生やらの引き金ともなり、限界を迎えつつある点も指摘されています。この民主主義の手法を抹殺し、それ以上の政治システムを導入することは、今現在考えられないように、現段階のセンター試験によるマークシート形式を国公立の一次試験にし、二次試験で、記述形式による問題でさらに受験生の精査を行う以外に、現実的な入試システムはないと存じますが、いかがでありましょう。

「角《つの》を矯《た》めて牛を殺すなかれ」と、株売買の心得「まだはもうなり、もうはまだなり」の二つの俚諺を文科省の連中、いや、安倍政権に投げかけたいと思います。

なお、ここで書いたものと同じ趣旨の私なりの主張が、**２０１８年10月の弊塾コラム〈大学共通テストのアンケート調査から見えてくるもの〉**をお読みいただくと、さらに同感されるやもしれません。

（２０１９・７・８）

実学という魔物が大学から高校へと舞い降りてくる！

最近ニュースで知ったことですが、楽天の株式時価総額が1兆9千億円、ヤフーが2兆1千億円、そしてリクルートは6兆1千億円、改めて、リクルートの凄さを知った思いがしました。また、創業50年以上で、定年まで勤務した社員は数名しかいないとのこと。ほとんどは、社員時代に築き上げた人脈などを武器に独立して、自身の会社なりを立ち上げる企業風土らしい。教育実践家の藤原和博氏など、さまざまな業界で大活躍している人材を輩出する〝企業でありながらも独立を後押しするスクール〟ともいえる会社でもあるのです。副業OK、独立後押し、非日本的大企業でもあります。形は違えど、今東大生にいちばん人気の企業、マッキンゼーやボストンコンサルティングのような、将来の本当の仕事を見つけ出す踏み台のような業種でもあるのでしょう。

このリクルートを立ち上げた、東大出身の戦後最大のベンチャー企業家江副浩正が、功成り名遂げた後、自身の母校を訪れた時に吐いた言葉です。

「大学というところは、永遠に変わらないものを求める場所なんだなあ」

私が、大学時代に耳にし、その後、命題のように頭から離れなかった言葉です。

その当時、江副氏が、自身のベンチャー的精神から少々皮肉を込めて吐いた言葉だったように思われます。「私たち企業家は、永遠に変わり続けるものを追い求めるのだ」という、生きる世界が違うという意味で言われた気がします。しかし、この言葉は、平成から令和の時代、逆に私には肯定的意味として、不思議と心に響いてくるのです。

彼が目にしたものは、文系学部のゼミやら授業だったと思われます。恐らくそうだったでしょう。理系に関していえば、特に理学部などは、基礎研究で、工学・技術などの普遍的サイエンスの真理（永遠不変なる理《ことわり》）を追い求める場所なのです。80年代、90年代の、こうした基礎研究があったればこそ、２０００年から２０１９年に至るまで、自然科学系のノーベル賞受賞者の数がアメリカに次いで世界第2位になる栄誉を得たものと思われます。

数学者藤原正彦氏によると、イギリスのケンブリッジ大学（ニュートン、ダーウィン、ケインズなどを輩出）では近年まで工学部系の学部は存在しなかったとのこと。大学では、理系は理学部しか存在しなかった。英国では昔から、実学的工学部を一段低いとみなす学術的風土があるらしいのです。日本では逆です。工学部など東北大学（本多光太郎や西澤潤一など）に代表されるように、軽視されてはいません。京都大学はもちろん、湯川秀樹・朝永振一郎・福井謙一に代表されるように、理学部の総本山です。日本では、東北大学（実践）と京都大学（理論）の調和のとれた両輪で国を支えてきたのです。

近年、日本では、国に金がないのか、産学共同研究といったものが花盛りです。また私立でも、近畿大学のマグロに代表されるように、実学へとシフトしてきています。端折って言えば、アカデミックの理学部志向から工学部志向へと風向きが変わったともいえる現象です。

こうした高等教育における〝実学〟志向が、2020年度の教育大改革に象徴されてもいますが、これは**高大接続と称して、中等教育をも実学志向へと誘導する**目論見に思えてならないのです。

私がしばしば引用する三匹の子豚の譬えです。**長男・次男（工学部進学のタイプ）の藁の家・木の家**、これさえこしらえれば雨露凌げて、安心だという論理です。狼、即ち、台風や地震に見舞われたら、即、崩壊の憂き目に遭います。長期的視野で、**三男（理学部進学のタイプ）のレンガの家**をこしらえるという発想の欠如とも言えます。これが、**国語と英語の2020年度の新テスト採用に典型的に表れてもいます。**

高校の国語の教科が**論理国語（大方の高校が採用するとされる教科）という馬鹿馬鹿しい名称の代物となり**、文学作品を一切排除するという愚挙に出ました。**英語に至っては**、センター試験に代わり、〈読み・書き・話し・聞く〉をすべて均等に配点する英検やらTEAP（上智系）やら、GTEC（ベネッセ系）など、**実用性を重んじる試験へと大きく舵を切りました。**

これなどは、**穿った見方をすれば、元文科大臣下村博文の、特に英語検定協会への利益誘導による、従来の試験制度の解体殲滅策略以外の何ものでもありません。**6年から10年も英語を学んで話せないという、英語負け組・英語話す動機なき組の〝声〟を牽強付会的に強引論理で受け入れたのです。〈話す〉力を試すというたったその一点を錦の御旗として、大学入試センターという〝幕府〟を滅ぼしにかかったともいえましょう。

高等教育（大学）における実学志向、これは仕方ないとします。しかし、高校・中学という中等教育まで、実学志向のカリキュラム・システムへ誘導して採用するということに関して、特に大学入試制度変更の愚挙についてこれから考えてみたいと思います。

（2019・7・15）

現実が見えない理想主義教育

①日本の大学は、入学を易しくして、アメリカのように卒業を難しくすべきだ
②アメリカのAO入試に倣い、その生徒の勉学だけでなく、課外授業や部活動、ボランティア活動、留学経験など、あらゆる側面を判断基準にして合否を判断すべきだ
③高校の英語の授業は、英語で行うべきだ
④大学入試の英語は、話し・書く能力も加味し、４技能で行うべきだ
⑤マークシート形式だけでなく、記述形式の問題をも新テストで導入すべきだ

こうした理想論は、元文科大臣下村博文などが自著の中で述べているものを具体化した内容です。これまで嫌というほど言い古されてきた意見でもあります。理想は理想で誰もが反論できない錦の御旗です。政治家は、きれいな理想を掲げはしますが、現場にはどろどろの現実が

横たわっています。**政治家は、ただ言い出しっぺで、その取り巻きの有識者委員会が、それに理論武装して肉付けするだけです。**

それは、自由と平等という2つの理念が矛盾し、両立できない困難な現実と同様です。自由主義と資本主義の下で、不平等や格差・差別をなくそうと絶叫している政治家や社会運動家の見解と似たものがあります。その矛盾を解消しようとする努力は必要ですし、評価もしますが、政権内部にいる政治家が断行する姿の多くには、自己利益という都合のいい腹黒さが透けて見えてきます。それはトランプ大統領の存在が証明してくれてもいます。トランプ氏と安倍氏が仲が良く相性もいい理由は、似た者同士の共通点が両者を惹きつけているのかもしれません。

冒頭に挙げた①から⑤に関して総括してみます。

アジアの教育文化圏には、科挙の教育風土が連綿と生きています。国際学力テストの上位国は、シンガポールや韓国、香港が占めています。中等教育の段階での、ある意味、詰め込み教育（科挙の特性）の面目躍如でもありますが、「だから、アジア人は自然科学系ノーベル賞が取れないんだ！」と喚《わめ》きちらす教育評論家もいます。

2000年代になってから日本はアメリカに次ぐ数のノーベル賞受賞者を出しているアジアの国です。それは、母国語で高等教育が学べるからです。中国や韓国の大学生は、自然科学系学問はほとんど英語で習得し思考しています。それに、ノーベル賞級の知性の持ち主は、教育によって生まれるものではありません。

野村克也元監督（ヤクルト・阪神・楽天）が日頃語っていましたが、「そのチームの4番とエースは育てることができない」との意見と同じであります。詳しくは述べませんが、日本は、競走馬に譬えると、中等教育の場が栗東トレーニングセンターであり、高等教育の場が北海道の社台ファームなどの放牧場でもあります。

一方、アメリカはその逆です。この点①こそ、その現実を逆転することは不可能とさえ思えます。日本では、徐々に大学もトレーニングセンター的場所になりつつありますが、限界があります。そのトレーニングセンターは、アカデミズム的というより、むしろ専門学校的になりつつあるということです。これは、英語の表音文字と漢字文化圏の表意文字の違いといった要因から、男女の性差のごとき、深く、大きいひらきがあるものです。

漢字を簡略字体に豹変させてしまった現在の中国、表音文字ともいっていいハングルに統一してしまった韓国に比べ、ほとんどアジアの漢字文化圏の精随を保持し続け、ひらがな・カタカナといった和語と絶妙に、洋食のごときに融合しているのが日本語なのです。その点こそが、日本だけが、アジアで群を抜くノーベル賞受賞者を輩出している要因なのです。これは、ノーベル化学賞を受賞した白川英樹氏も指摘していることです。

今般の、文科省の英語教育政策を鑑みると、「使える英語！　話せる・書ける使える英語！」とファッショ的に推進すればするほど、日本人の思考の土台になっている日本語パラダイムが、韓国や中国の科学者に近づいていっていることを、自民党の、特に安倍政権の回りの人々は気

づいていないのでしょうか？　本当の保守とは、憲法や社会制度、道徳教育、英数国理社の教育システムを余計に変えてゆくことではありません。安倍内閣は、余計に日本語を変えてゆき、日本語パラダイムをぶち壊していこうとする、日本文化の改革者（改変者）であり、破壊者でもあり、真の保守とは到底言えません。

その手っ取り早い手段として〈使える英語主義〉〈4技能〉を試す試験を推進すればするほど、実は、地球温暖化ではありませんが、北極や南極の氷を融かしている事実を認めようとせず楽観視している政治家のように、CO_2の排出が極度の〈使える英語主義〉であり、極地の氷は、文化庁がチェックしている日本語なのです。

⑤の観点から、マークシートは悪、論述は善とした元文科大臣下村博文の御旗の下、新テストで論述形式の出題を決定したり、高校国語教科書から、実質、文学排除ともいっていい、ある意味で国語教養度格差を〝中等教育〟の段階で招来しかねない愚挙までしようとしています。それが「論理国語」という得体のしれない突然変異の不気味な科目の出現です。

安倍晋三が、真の保守か否かは、文化政策・教育政策・言語観がリトマス試験紙となって如実に表れていると思います。

数学者藤原正彦氏の寄稿論文『小学生に英語教えて国滅ぶ』（文藝春秋2018年3月号）**にしろ、英文学者渡部昇一氏の『英語の早期教育・社内公用語は百害あって一利なし』にしろ、『英語より日本語を学べ―焦眉の急は国語教育の再生だ―　竹村健一と齋藤孝の対談集』**にしろ、これらの著者は、恐らく安倍晋三は、頭が上がらない、いやむしろ、リスペクトすらしている保守派の論客であります。

こうした人々と真逆の教育政策をしているのは、穿った見方をするならば、しなくてもいい教育改革を断行したいという実績を残し、即ち自身が首相の時代、お友達文科大臣下村博文との両コンビのレガシーを残しておきたいというこざかしい心根からでしょう。

センター試験は英語や国語をベネッセに民間委託して、中曽根内閣（JR・NTT・JT…土光敏夫から委託された増税なき財政再建が主柱）・小泉内閣（郵政民営化…実は旧田中派の権力基盤の郵政省をぶっ潰すというのが本心）そして、「こんどは、私だ！」と考えた安倍内閣（ベネッセにセンター試験の一部を委託形式で払い下げ…どう考えても民間教育の中枢にベネッセコーポレーションを押しやろうとする下村氏の下心）は、何でもかんでも民営化を推し進め、教育利権絡みの善意に満ちた〝理想主義〟が日本の教育をさらなる混迷へと追いやるように思えてなりません。

（2019・11・12）

理系と文系、どうして分かれるの？ ①

NHKの『トライアングル』（2019年10月3日）という番組を興味深く見ました。テーマは、

「理系と文系どっちの道を選べばいいの？　尾崎世界観と都立西高生30人が考えた！」というものです。

まず、舞台が都立西高という東大に毎年20名以上進学する有名校を前提に番組が成り立っているということです。標準的公立高校ではないところがミソなのです。

①世界では、理系・文系なんて分かれていない!?

世界では、中等教育から高等教育に至るまで、教師は文系、理系といった括りで勉強を教えないし、生徒も文系か理系かといった意識で学んではいない。ここにも日本の常識は世界の非常識という標語が当てはまる事実が隠されていないでしょうか？

②文系は数学苦手派が、理系は国語嫌悪派が、それぞれ進むコース!?

文系・理系と進路が分かれるいちばんの要因は、はっきり言えば、数学という科目に落ちこぼれた生徒の進む先を文系と命名しているにすぎず、国語苦手、社会科目興味なしという生徒の進む先が、特に男子に多い消極的（私立）理系ともいえるでしょう。

つまり、大学進学という関門に必要とされる科目の得意・苦手、また、関心あり・関心なし、はたまた、好き・嫌いといった生徒の意識が、理系・文系という特異な教育風土を際立たせてもいる感が否めません。

③ 食生活の好き・嫌い同様に、科目の得意・苦手は、学校・教師のせい⁉

食生活において、肉系（理系）と野菜系（文系）を両方均等に摂取するというのが、管理栄養士的観点から、当然、健康上の理想形でもありますが、世の中、好みなど、生来の気質もあるでしょう、食生活に偏りが生じるのが〝人間の性《さが》〟でもあります。科目とて同じであります。**親の子育てや教育環境が左右するように、その生徒の学習環境や学校・教師の授業・教え方、教材などに大いに左右されるのが〈英数国理社〉といった科目の得意・不得意・好き・嫌いの領域です。**もちろん、生まれながらにして備わっている音楽や絵画の才能のごとく、数学やその他の科目で独自に開花する生徒もいるでしょう。数学オリンピックのメダリストなどです。しかし半数以上は、学習環境（学校・塾・教師・講師）がものをいう領域です。

この段階（中学から高校への段階）で、すでに数学が得意か苦手かといった現象は、標準的な生徒に起こる当然の帰結でありましょう。食べ物の好き嫌いと同義であります。

この西高の生徒の中に数学が苦手で、文系に進んだ生徒が出てきます。しかしほとんどの生徒は、得意不得意も理系文系関係なく、みな優等生的に「数学は大切だ」「数学は必要だ」と本心なのか狡猾な建前論なのかはわかりませんが、世の教育関係者が喜ぶような発言をしていました。

④理系と文系に高校生で分かれるのは、科目間離婚のようなもの！

先の「**数学随想**」でも書いたことですが、高校生になって理系文系に分かれる日本独自の現象を、科目間離婚に譬えました。国公立を除き、私立に関して申し上げれば、理系に行く生徒は、離婚して父子家庭になり、文系を選ぶ生徒は、離婚して母子家庭になるようなものです。そして高校生でも、超一流国公立（東大・一橋・東工大）を目指す生徒は、両親が幸福なるかな！家庭内に存在し、自然な形（欧米型）で大学生になるケースであり、標準的国公立（横国・千葉大・群馬大）を目指す生徒は、しぶしぶ数学をやったり、仕方なく国語をやっている家庭内離婚の生徒でもあります。国公立系の高校生は、ある意味、恵まれているのです。

理系でも国語や社会、文系でも数学や理科が、本来ならリベラルアーツの観点から必要なのは言わずもがなでありますが、日本では、国公立大学受験システム上、そうではありません。そうした、科目の好き嫌いを、受験マーケティング的に自己分析して生徒自ら受験するのが実態であります。さらに、それぞれの国立私立を問わず、さまざまな組合せの受験が可能となっているセンター試験システムも、日本の高校生を理系か文系かはっきり際立たせている大きな原因ともなっているのでしょう。

⑤数学が得意で大切だと吹聴する者の背後には国語という陰の強みがある！

カリスマ国語（現代文）講師の林修氏は、いちばん大切な科目は、自身が教えている国語という科目を差し置いて数学だと断言しています。東大文Ⅰに現役合格し、東進ハイスクールに初めは数学講師として採用され、その後、理系数学講師には太刀打ちできないと悟り、現代文という科目に鞍替えした経歴の持ち主です。そんな過去を考慮すれば、数学を筆頭に挙げることは、理系数学講師に、長期戦では（東進で講師としてやってゆくキャリアとして）敵わない文系数学エリート者の限界とそこから派生するコンプレックスの裏返しとしての〝数学リスペクト〟の発言としか思えません。

話がビジネス関係に脱線しますが、『**統計学が最強の学問である**』という本が近年（2013年）ベストセラーになりましたが、それを捩って言わせてもらえば、「**数学が最強の科目である**」（中学受験では算数、大学受験でも文系派でも数学が武器になる）とも断言できそうです。高校生に該当するとも言えなくもない真実でありましょう。数学が高等教育への関門（受験）で最強の武器となるからでもあります。

数学がなぜ大切か、必要かを、わかりやすく理路整然と語った人物をテレビなどで観たこともありませんし、世の高校生が納得するほど説明できる講師の書物にお目にかかったこともありません。それは、「宗教がなぜ人間には必要なのか」といった命題と同じくらい難しいテーマでもあるからです。タバコに関しての格言「わかっちゃいるけどやめられない」の逆、即ち数学に関しては「わかっちゃいるけどできない、ちんぷんかんぷん」というのが世の一般高校生の本音といったところでしょうか？

数学が嫌いで苦手な高校生に、その大切さを納得させることは、ニートや引きこもりの人間に、働く意義を説明し、社会復帰させるのと同じくらい難儀であります。**「音楽が芸術の王者」という名言（ショウペンハウエルだったか？）の援用ではありませんが、「数学が科目の王様」と言ってもいい**のは、抽象度において、音楽と数学が別格的存在でもあるからです。確かにそうです。現今の日本の大学は、国語でもなく、英語でもなく、数学がめちゃくちゃできれば、ほぼすべての一流大学の理系はもちろん、文系（早稲田の政経や慶應の経済でも）に至るまで進学できます。数学は、〝受験の魔法の杖〟のようなものです。

譬えれば、**野球チームの4番打者が数学です。得点の稼ぎ頭だからです。3番打者が英語であり、5番打者が国語であるゆえ、4番打者のみで勝利（合格）できる保証はないということわりを付け加えてのことですが。**

ある意味、**国家の文化は国語が、国家の文明という経済力の命運は数学が担っています。**モノづくり大国でもある日本の大企業の縁の下の力持ち的科目は、物理や化学であり、その下支えは数学だからです。しかし、この点、林修氏は、自身の恵まれた少年時代の恩恵を忘れています。幼年時代、そして小学校時代、祖父の日本文学大全集を読破したという読書体験、つまり幼少期に培われた国語力があったればこそ、小学校6年から受験勉強を始め（これは凡庸な小学生では不可能なことです！）、私立の名門東海中学に合格でき、その超進学校で数学が得意科目となった陰の経歴が、国語の恩恵を差し置いて、中等教育における数学第一主義という考えに染まっていった背景にあると考えられます。

この点、数学者藤原正彦氏の常日頃の名言、**「小学生で大切なのは、一に国語、二に国語、三、四がなくて五に算数。英語、パソコン、そんなのどうでもいい！」**に該当する典型的人物は、まさしく林修氏でありましょう。しかし、「親の有難さ子知らず」ではありませんが、その初等教育の国語の恩恵を忘れ、数学を一位に上げる料簡は、**小学生時代にアメリカ生活を送り、自在に英語が操れる中学生が、日本の私立公立中学校で純ジャパの仲間に、「英文法や単語の暗記なんか馬鹿らしい、不要だよ、外国人と会話していれば英語なんてできるようになるよ」というようないい加減なアドヴァイスをするに等しい、牽強付会的発言に思えてならない**のです。

最近では、教育に関して鋭くシビアな発言をしている佐藤優氏も、数学の大切さを力説しています。同感するところ大でありますが、林修氏同様に、世の高校生から大学生に至る**真のエリート生を対象にした「数学は大切だ！」論**に思えてならないのです。数学落ちこぼれ族には、「何言ってんの、このおやじ？」と愚痴りたくなるエリート論と言っておきましょう。

⑥〈世の数学落ちこぼれ文系族よ！　文系族から芸術族へと飛躍せよ！〉

『世界のエリートはなぜ「美意識」を鍛えるのか？　経営における「アート」と「サイエンス」』（山口周著）という本が2017年にベストセラーになりました。この本の主旨を、理系・文系の議論レベルに引き下げて申し上げれば、大学受験という進路・関門においては、確かに、生徒自身も意識せざるをえないもので、実は私の生徒たちにも語っていることですが、勉強上は、理系か文系のいずれかに進むことは仕方がないのです。はっきり断言できます。

〈感性・直感〉（文系的資質）と〈理性・論理〉（理系的資質）という括りで、**文系生徒には、究極の感性をブラッシュアップせよ、そして、大学生になったら、余裕のある限り数学ⅠAや数学ⅡBを統計学やプログラミングの観点から学び直すように、そして理系の生徒には、できるだけ感性を磨いたり、直感というひらめきを大切にするようういい音楽を聞いたり、絵画を見るように説いています。**

東京芸大生は、音楽にしろ絵画にしろ、感性や直感は天才的なものを持ち合わせていますが、数学なんぞは、センター試験の半分も解けないほど苦手でしょう。しかし彼ら、特に芸大（例・箭内道彦）や多摩美（例・佐藤可士和）のグラフィックデザイン科に進んだ学生などは、広告代理店や経営コンサル系会社などから引く手あまただと聞いています。**彼らの美的感性・鋭い直感・思いもよらないひらめきなどが高く評価されている**からです。

ブランディング（現代はマーケティングよりブランディングが必要）の必須の要件としてデザインという要素が、差別化の絶対要件でもあるからです。近年、マツダやシチズン（業界の4番手、2番手）が、トヨタやセイコー（業界の雄）に負けない領域は、このデザイン性にあると言っても過言ではありません。製品の性能・機能（理系）に、グローバル化の今日、製品の〝美〟（文系）が勝っている、支持されている証拠です。ここにこそ、世のエリートが〈美意識〉を鍛える淵源があるのです。

こてこての文系、受験の〝負け組〟の高校生なら、大学生になって本物の音楽や絵画ととことん向き合い、芸大生並みの感性を身に付けよと言いたいのです。超理想論ですが、自身は陶器など焼かなかった千利休、自身は絵画など描く技量はなかった岡倉天心、民芸運動の柳宗悦、彼らのように、美的感覚を大学生時代に磨きに磨けと滔々と語るのです。現代っ子には、譬えとして少々難しければ、秋元康のようなプロデュース力を身につけよとアドヴァイスするわけです。時代の空気や匂いを嗅ぎ分ける感性のようなものです。**いい音楽・素晴らしい絵画（温故知新・不易流行・Oldies but Goodies…私の好きな言葉です）などは日常生活に必須**です。

これはデジタルでは磨けません。アナログの世界なのです。生のライブや美術館に足繁く通うようにも語っています。バブル以前の早稲田の文系学生なんぞは、授業はそっちのけで、演劇や自身のサークル、音楽活動など、感性をとことん磨いていました。それに対して、今の早稲田の学生は慶應生以上に出席率が高く、高校の延長線上にあるかのごとくすべての学部で、実用英語（TOFLEやTOEIC）の単位習得カリキュラムが必須になっているといいます。大学の場が、学問の場ではなく、お勉強の教室に格下げになった感が否めません。

文化構想などという文化に寄与するかのごとき名称の学部がありますが、優れた文化なんぞは、教えて育つものではありません。ノーベル賞級の学者は教育カリキュラムから生まれたものではなく、その人の才能・資質に偶然的環境が、絶妙にミックスした賜物であります。窯から出した後で、偶然、名器が生まれる楽茶碗のようなものです。某大学の文芸学部から、**多数**の芥川賞作家や直木賞受賞者が生み出せないのと同義であります。（2019・12・3）

理系と文系、どうして分かれるの？　②

①理系（父親）と文系（母親）の父母への比喩

高校生の段階で、**私立文系に進む生徒を母子家庭に、私立理系に進む生徒を父子家庭に**擬えてみましたが、その後彼らは、大学生や社会人ともなり、早い人で、大学で数学の大切さ（父親の良さ・父親にも一理）に気づき、再度学び直そうと思う女子もいるでしょう。理工系の男子生徒では、文学や芸術の素晴らしさ（母親の良さ・母親にも一理）に気づき、人文科学系の講座など率先して履修する男子も出てくるかもしれません。

現在の日本で多数派であるのは、**離婚した後、別居している父や母のもとへ足しげく会いに行く気持ちにはならない子ども**です。思春期に、両親の不和がもとで父母のどちらかを選択せざるをえなくなったトラウマのようなものが尾を引いて、もう、父（自然科学）や母（人文科学）のもとへと会いに行くメンタルではなくなってしまっているからでしょう。

② 大学生になって、再度理系科目や文系科目に意識が向いてほしい日本の学生

そうなのです。高校時代、心理的・生理的に、あるいは能力的限界やもしれませんが、毛嫌いした数学や国語は、もう、再度学ぼうなどという意欲や意志が起きないというのが一般論でもあり、一般的通説、また人間の正直な〈性《さが》〉でもあるからです。

山口　周　慶應の哲学科から美術史学科修士へ、そして電通やボストンコンサルティングなどを経て、現在経営コンサルタントに至る……Aタイプ

田中耕一　エンジニアでスタートして、今や二度目のノーベル賞を受賞しかねない域にまでなった化学者……Bタイプ

もう理系などにオサラバしたい文系学生なら、いっそのこと、徹底的に人文科学を突き詰めて、哲学や宗教や芸術を、興味・関心の域から博識・知性へと雄飛させるひた向きさが必要（Aタイプ）です。

一方、**理系学生で、文系学問に全く興味がないならば、とことんデジタルの領域を究めればいい。真の武器（社会で食べていけるだけのツール）となるプログラミングを習得するとか、技術工学、あるいは電子工学専攻の学生なら、バイオケミカル系の分野にもつぶしが利く人間（Bタイプ）をめざすとか（その逆もありですが）理系のすそ野を広げてゆく**のも一つの手であります。

富士フイルムが、今では化粧品・医薬品の会社に生まれ変わったような改革を、個人レベルで実践すること、〝MY REVOLUTION〟をすることです。

猪子寿之　日本の絵画芸術・文化をデジタルアートとして飛躍させた……Cタイプ

福岡伸一　生物学者でありながら、フェルメールなどの絵画周辺などに造詣が深い……Dタイプ

猪子氏や福岡氏は理系のエリートで、サイエンティストでありながら、決して文化・芸術を忘れず、むしろ、その後の人生の仕事の一部、生業にすらしている人たちです。

理想を言わせてもらうならば、文系に進んだ学生でも、理系の領域で自己研鑽し、プログラミングを玄人《くろうと》裸足《はだし》なみに身に付けて、IT系のベンチャー企業を立ち上げる（SFCに比較的多い）とか、経済で必要な〈数学〉（数ⅠAから数ⅡBまで）を、再度スマホなどのアプリの一つ〝スタディー・サプリ〟で学び直すとかのひた向きさが必要です。

電車内でスマホに向き合いゲームばかりしている学生や社会人になどなってほしくないものです。理系に進んだ学生も文学や芸術を、まず趣味の領域から始め、生涯の趣味（人前で蘊蓄を披瀝できる域）ともいえる領域にまで育つような〈種〉を、大学の段階で蒔いておくのも一つの手です。

以上の事柄を集約すれば、こうです。

文系人間であっても理系分野をリスペクトし、理系人間であっても文系分野を不要・無駄などと蔑まない、こうした心の持ちよう、心的態度を、教養と呼びたいのです。

私の好きな『宮本武蔵』（吉川英治著）に出てくる名言であります。

「剣も鍬なり、鍬も剣なり。土にいて乱を忘れず、乱にいて土を忘れず」

父親の破産で尋常小学校を中退し、丁稚奉公に出された松下幸之助は、終生学びの精神を忘れない態度（「直心是道場」とも申せましょう）を持ち続けていましたが、そういう人がある意味で〈教養ある人〉ともいえるのではないでしょうか。彼の言葉、いや箴言が、〝経営の論語〟たりえている所以でもあります。

英文学者渡部昇一の最晩年の著書に**『学問こそが教養である』**がありますが、題名がそれを如実に表していないでしょうか？

教養とは、大学で「〜教養学科」や「〜リベラルアーツ学科」などに進んで、受動的に学ぶものではありません。それは小説の書き方が、「〜大学文学部文芸学科」などで学ぶものではないのと全く同じであります。文学部なり、経済学部なり、理工学部なりに在籍し、その専門性を軸足に、バスケットボールの戦術、所謂〝ピボット〟的学びを実践すべきなのです。真摯に率先して、自身に不足する未知なる知的領域を、フリーに能動的に学び続けてゆく精神、それこそ教養だと思うのですが、どうでしょうか？

（2019・12・9）

理系と文系、どうして分かれるの？③

２０１９年11月、英語４技能を試す民間資格試験の導入が見送られました。いわゆる、〈読み・書き・話し・聞く〉という側面を、公的機関であるセンター試験では限界があり無理があるので、公的機関でダメなら民間委託にするという政府方針だったものです。理想的な４技能を測れるノウハウを持つ英検協会やらベネッセなどに英語だけ〈切り売りしてしまえ〉的論理でしたが、実はベネッセに対しての、**英語と国語・数学記述形式等〈大学入試問題民間払い下げ事件〉**のようなものです。日本史を学んだ人なら苦笑するでしょうが、**明治時代の〈北海道官有物払い下げ事件〉に〈似て非なるもの〉の逆ではありませんが、〈非なるも似ている〉とさえいえないでしょうか。**

「４技能を試す試験は悪くない」「４技能を伸ばす教育は必要だ」と、このたび頓挫した英語民間試験に関してさまざまな評論家・有識者・政治家がコメントしてはいますが、私はあえて言いたい、「４技能を、学校で伸ばすなどは夢のまた夢だ」と。「いや、むしろそういうシステムを組めば組むほど、学校の英語の授業は空洞化する」、また「読み、そして少々書く授業に徹するべきである」と。

学力以外のボランティアやスポーツなど、さまざまな側面から生徒を測るアメリカ型の試験、または学力・性格・リーダーシップなどＡＯで試験する制度になればなるほど、そうした**学校**

以外での〝文化資本〟がものを言う社会になってしまうのです。**学力〝判定〟格差社会**です。**〈読む〉能力は、高校３年の段階で８割以上を確保する。そして、〈書く〉能力は６割、〈話す〉能力は３割、〈聞く〉能力は５割程度、この程度でよしとすべき**です。英語検定準１級の問題を基準にしての話であります。大学生になって、〈読み〉以外の能力を徹底的に鍛えればいい。しかし大学当局は、教師が教える能力に欠けている二〜三流大学の理工系学生で高校の段階で物理を履修してこなかった〈できそこないの学生〉には、大学教授や講師ではなく、予備校講師に来ていただいて、再度お勉強させている実態を考慮すれば、英語とておなじ現実が透けて見えてくるというものです。

さて、**英語における〈４技能〉を、高校の〈数国理社〉の４科目に擬えてみよう**と思います。仮に、英語における**読み＝数学、書く＝理科、話す＝社会、聞く＝国語としましょう。英語を除き、初等中等教育における４大科目**であります。

４技能をすべて平等に扱う今回の**英語民間資格試験（〈読み・書き・話し・聞く〉を不可解なるかな、不合理なるかな、すべて１００点満点とするシステム）**なんぞは、口やかましく、話し・書く能力も測れと下村博文元文科大臣、一部の有識者などが強要したようですが、ならば、大学というリベラルアーツを根幹とする高等教育において、**数学がちんぷんかんぷん、物理や化学の最低限度の知識すら持たない私立文系の学生がＭＡＲＣＨなどに入学してくる実態**をどうお考えでしょうか。

はたまた、**ウエストファリア条約の重要性や応仁の乱の意義などはもちろん、第一世界大戦や第二次世界大戦の原因（引き金）すらも知らないＭＡＲＣＨの理系学生（私立理系の学生は社会科の知識が私立中学の入試がマックスで、それ以降下降線を辿るのが悲しい現実でもあります）がうようよキャンパス内にいる実態**など、一部の高校教師や見識ある極少数の大学関係者しかご存じないかもしれません。

思春期の人生の進路を決めかねない大切な大学入試に、英語４技能を均等に測る、英語という科目のみ〈人質〉に取り４技能など無理やり伸ばそうという姑息な心根から、民間業者（ベネッセや英語検定協会）を潤し、そのキックバック（？）いや、**超教育改革断行英雄気取り文科大臣の独善近視眼的理想主義**が馬脚を現したといったほうが適切かもしれません。**〈安倍首相：加計学園＝下村元文科大臣：ベネッセ〉の比の関係**が想像できないでしょうか。

英語における４技能を導入するよりも、国家の急として、また一般的通念「日本の大学は入り難く、出易い」を改革するいちばん手っ取り早い手法として、高校生の段階で理系・文系を決めない教育方針・カリキュラムを導入したほうがどれほどましか！　実際、現代の大学は、四半世紀前、半世紀前に比べ断然、確実に入り易くなっているのが実態です。もちろん、出易いのは相変わらずですが。

４技能英語民間試験で高校生を〝いじめる〟くらいなら、いっそ大学入試において理系文系に関係なく、前者には国語や社会を、後者には数学や理科を入試で必須の科目にするほうがいいのです。いわば昭和時代の共通一次試験のように、数国英でそれぞれ200点、社会2科目で200点、理科2科目で200点、合計1000点満点の時代に戻せば、理系・文系なんぞとは言ってはいられなくなります。少子化社会の中で、大学経営が絶対要件となっている趨勢では、大学という存在の駅弁大学化・専門学校化・高等学校化といった時代の流れには逆らえないでしょうし、7〜8割の大学は猛反対することが目に見えています。これも、**高校生・大学〝いじめだ〟の連呼**とあいなるでしょう。

もちろん、現場の高校生も異議を唱えることでしょう（易きに流れ、学ぶ苦しさを避けようとする気質がモンスター化しています。その典型が、知らないことが、恥ずかしいとは全く思わない気質がもろにそのことを証明してもいます）。大学は、さらに強固に導入に反対するはずです、なぜならば、**〈数国社理〉を課す大学は、受験者数が激減する**ことが目に見えているからです。

5教科1000点満点から、センター試験の5教科900点（800点）、さらに、科目のアラカルト方式（レベルの低い大学の客寄せパンダ）の導入、そして私立大学のセンター試験枠の採用、最悪なのは、私立大学の入試問題の大手予備校への発注委託といった入試制度の世紀末現象が今や訪れようとしています。

ゲイツもザッカーバーグもジョブズも、ハーバード大学などの中退者です。大学が超秀才や天才を教える場ではないことは、洋の東西を問わず証明済みです。**将来研究者となる学生は話は別です。**ホリエモンこと堀江貴文にしろGAFAの創業者にしろ、実のところ、18歳という中等教育において、将来の知の〝ひな型〟がすでに形成されていたという瞠目すべき事実であります。皮肉まじりに言わせてもらえば、知のミドルゾーン以下にこそ、高等教育はその役割が必要なのかもしれません。

結論を申しましょう。英語の４技能を民間試験で試す〈姑息な入試システム〉を導入するくらいなら、そうした英語教育理想論者は、どうしてリベラルアーツの観点から、欧米の理系文系など区分けがない中等教育を見習い、高校生の段階で４技能ならぬ４大科目〈数国社理〉を義務づけないのか、必須化を取り入れないのか。つまり１９８０年代の共通一次方式に立ち返らないのか。

もしそうすれば、共通一次試験で記述試験を採点可能な受験者数に絞り込み、その残りの数千人単位に対して、二次試験で記述形式問題を課せばいいだけの話です。そうなれば、英語の、〈書く・話す〉能力も確実に、精確に測れます。数十万人単位で数学・国語の記述問題を行う不合理性・不自然性・限界など一挙に解消する、また、民間英語試験の導入など不要と思うのですが、いかがでありましょうや？

大学入試で、英語の４技能〈読み・書き・話し・聞く〉を試す方式を導入するくらいなら、どうしてすべての大学で〈数国理社〉を必須にする一昔前の共通一次方式、即ち４大科目〈数国理社〉を試すシステムにしないのか、英語という技能を中等教育に期待するより、知の総合性〈数国理社〉を優先すべきというのが、まっとうな教育改革と思われるのです。

（２０１０・12・16）

ポケトーク開発（カンブリア宮殿）を観て思ったこと①

新年（2020年）早々、**なかなかインスパイアされる番組**を見ました。テレビ東京のカンブリア宮殿の特集『次世代ビジネスの挑戦者たち①』というものです。明石家さんまのCMで有名になったポケトークの開発で、今や**自動翻訳機シェアで世界一になり、グーグル翻訳機能に比べれば格段に優っている商品**の開発者の話です。

1970年代後期、ソニーのウォークマンが世界を席捲しました。1960年代、トランジスタラジオでソニーのネームヴァリューが飛躍的に高まったあとです。この両者に共通するコンセプトは、日本独自の住環境からもたらされたとする説が大であります。

それはご存じのように、今でも一戸建て住宅のほとんどが狭小住宅で、猫の額ほどの土地に3階立てのペンシル状のものが多く、建築家安藤忠雄のデビュー作〝住吉の長屋〟など欧米人には思いつきもしないような住宅です。隈研吾の木造を主体とした建築物や、坂茂の紙を建築資材に用いる発想の建築物なども同様です。こうした、世界に冠たる日本人建築家に共通する点は、一見して日本の欠点・ハンディとされてきた要素を逆転の発想で成功した事例です。海外留学経験などなくても、いちばんル・コルビジュエの遺伝子を日本風に受け継いだともいえる丹下健三がその〈魁《さきがけ》〉と言ってもいいかと思います。

アメリカの広い邸宅に、真空管のラジオをどんと置くスペースは当然ありましょう。ですからその大型ラジオを小型化する必要性・必然性など、アメリカのメーカーにも消費者にも一切なかったのです。しかし日本は、狭い4畳半や6畳の部屋に、タンスや食器棚などを置かざるをえません。ラジオの小型化は潜在的に需要があったのです。

よって、ソニーは、半導体をラジオに取り込み、世界最小にして最良のポケットラジオの開発に成功しました。そして、この持ち運び便利なラジオを、屋外で、競馬場やら個人商店の狭い店先やらレジャーやらで大活躍させたのです。その目の付け所を、副社長盛田昭夫は、欧米に大々的にセールスし、ソニーの世界的ブランドとしての礎を作ったのです。

ウォークマンも然りです。社長井深大が、機内で好きなクラシック音楽が聴けるテープレコーダーが欲しいと社員に呟やいたことがきっかけで、開発が進みました。そして、その製品を名セールスマン盛田昭夫が、あのカラヤンに提供し、彼は、それを聴いてその音質の素晴らしさに絶賛を惜しまなかったというエピソードは有名です。この世界的カリスマをもうならせた世界最小・最軽量の音楽再生機器、ウォークマンの名前が世界にとどろいてゆきます。世界の、ソニーブランドが確立した瞬間です。その画期性・独創性にあのスティーブ・ジョブズも憧れ、影響されたと語っているほどです。

トランジスタラジオにしろウォークマンにしろ、その発想の原点は、日本の文化的・文明的なハンディが萌芽となっていることです。この視点は、ヨーロッパにしろアメリカにしろ、ビジネス上の盲点・死角となっているところです。

そしてこのポケトークの画期性は、生まれた所以も、以上のソニーの2製品と共通するものがあるということです。それは、言語の壁・言語の不自由さという文化的風土であります。

そもそもアメリカ人は、自国中心主義、英語〝中華〟思想の持ち主です。アメリカ大統領が、他の言語（フランス語やドイツ語など）を話している場面を一切見たことがありません。あの知的とされたオバマ大統領のフランス語はもちろん、インテリ弁護士でもあったヒラリー女史のドイツ語も聞いた、いや、話している場面などテレビやネットで見たことすらありません。私が、教え子にジョーク混じりに自信をつけさせてあげる意味で、「君たちの話す英語のレベルは、ブッシュ大統領の話すフランス語より数段上だぞ！」と語ることがあります。

中国ですら、国のエリート層や知識人は英語を学び流暢に話します。ビジネスや研究の世界では、母国語をあえて捨て、〈アメリカン英語スタンダード〉に合わせているのです。人口でアメリカの6倍以上もある国家の上層部が、です。韓国も当然、中国に準じます。

日本も、こうした中国や韓国を後追いする英語教育政策をしようとしています。グローバル化とは、いわば、アメリカンスタンダードの謂《いい》です。このアメリカンスタンダードとあえて口にせず、グローバル化という言葉で、「世界に取り残されるな！」と日本の英語教育に〝警鐘〟を鳴らし続けている人々が、実はアメリカ留学組の知識人や経済人なのです。

新自由主義〝居士〟の経済学者**竹中平蔵**、楽天社長の**三木谷浩史**、早稲田大学の新総長**田中愛治**、英語民間資格試験導入の急先鋒**安西祐一郎**（文科省の諮問機関である中央教育審議会会長）しかりであります。また、TEAPの実質的生みの親である上智大学教授**吉田研作**（英語教育の在り方に関する有識者委員会の中心メンバー）、その〝お弟子さん〟でもある東進ハイスクールの**安河内哲也**（上記の有識者委員会のメンバー）など、枚挙に暇がないほどです。

新春（2020年1月号）の文藝春秋の特集、「英語教育が国家を滅ぼす」の寄稿者で数学者の藤原正彦氏は、アメリカ留学もイギリス留学（イギリスの貴族などとも親交あり。この点こそがアメリカ留学組にはない最大の欠点です）もあり、その両国で研究を深めてきた方です。そして、上記の連中（竹中や三木谷など）に比べて、理系の学者でありながら、科学史の碩学村上陽一郎ほどの教養がある人物です。英語教育の本質はどうあるべきか、また、彼の指摘する現今の日本の教育方針はどれほど間違っているかが、著書『国家と教養』で雄弁に語られています。

では本題に戻るとしましょう。このポケトーク開発の必然性・蓋然性・必要性の萌芽は、アメリカ人はもちろん、ヨーロッパ人にはその土壌的精神風土というものが皆無であったという点なのであります。外国語の勉強は、正道として、〈自身がその言語に投機しなければならないという手法〉（イマージョン教育や〝英語の授業は英語のみで行う〟といったもの）が今やメインです。〈その言語を、自身に引き込み・換骨奪胎し、母国語にしてしまう手法〉（文法や構文を中心に英文和訳をするスタイル）は、邪道・亜流、時に時代遅れという意見が近年台頭してきています。

学者竹中平蔵や実業家三木谷浩史には、このポケトークの開発という発想はゼロと言ってもいいかと思います。日本人がアメリカンスタンダードに合わせるという原則の持ち主だからです。この両者はハーバード留学経験者です。知的ブルジョワは、知的庶民に〈鹿鳴館〉を強要します。マリー・アントワネットの「パンがなければ、お菓子を食べればいいじゃない」的発想で、平民を知的に睥睨《へいげい》しようとします。これは、元慶應大学塾長安西祐一郎や現在の早稲田大学総長田中愛治も同類であり同様のことがいえます。

日本における、外国語という難題《ジレンマ》、このコンプレックスを解消しようとするのが、吉田研作や安河内哲也の英語教育方針です。しかし、このポケトークの開発者、ソースネクスト社長松田憲幸氏は、日常会話（病院・サービス業（店・レストラン））程度なら、ＡＩでほぼ完璧に翻訳する機能にまで自社製品ポケトークを高めてきました。

ちょうどスティーブ・ジョブズが、マニュアルなどなくても老人でも簡単に操作できるスマホを開発したように、74言語に対応し、日常生活に支障がない程度にまで翻訳できる機能を有する製品を開発したのです。その目の付けどころには、ソニーのトランジスタラジオやウォークマンに準じるもの、いや匹敵するものがあるとさえいえます。アルファベットの言語圏からいちばん遠い極東の、ある意味、言語的不自由さの極北ともいえる不便な地理的・文化的環境にある日本人だからこそ開発できた、世界に冠たる〝カラオケ的大発明品〟でさえあります。

スマホの出現で、デスクトップ型はもちろん、ノート型パソコンの売上げまでも激減している光景は、ＥＣの台頭、また、ＳＰＡの代表格ユニクロ（ファストファッション）の出現で、デパート、スーパー、ブティックが駆逐されてゆく街並みの光景と似て非ではありません。10年以上前、街中でよく見かけたパソコンスクールなど絶滅危惧種となりました。

そうです、このポケトークがＡＩのディープラーニングにより、さらに高性能・高機能と進化した時代（数年後）には、今、中等教育で主流の〈使える英語〉〈実用英語〉（安河内哲也が唱道している英語）など、デスクトップ型のパソコンやパソコンスクールと同じ運命となるのは目に見えています。

そこで私が弊塾で指導している〈知的英語〉〈教養英語〉の出番です。ＡＩによる自動翻訳機の限界点、そこからが〈真の使える英語〉、ビジネスの究極の場面で相手をぎゃふんと言わせる〈本物の英語〉の出番であります。

私の好きな言葉を二つ挙げておきます。


「すぐに役に立つものは、すぐに役に立たなくなる」（小泉信三）

「高校時代は、小さな完成品よりも大きな未完成品を作る時代だ」（阿川弘之）

「先生、今授業で学んでいる英語表現さ、このポケトークで全部できちゃうんだけど」と言われるのが、もう近未来のことだと推測、想像できるのに、英語教育の愚策を現在の安倍政権は行おうとしているのです。これはＡＩに脅威を感じ、２０２２年度の高校の国語の教科書を、『論理国語』と『文学国語』と分ける愚策と同じものです。

あっ！　そういえば、安倍晋三（附属の成蹊大学）のお坊ちゃん時代（加計学園の理事長に出会った）もアメリカ留学でしたし、麻生太郎（附属の学習院大学）のボンボン時代もアメリカ留学（祖父の吉田茂が、孫のヤンキー英語習得にショックを受け、急遽イギリス留学に変更させたとか）でした。小泉進次郎もコロンビア大学でした（日本での中等教育（生温い附属の関東学院大学）の英語での限界点か、その後のコロンビア大学留学）。そうした留学も、〈教養英語〉として孵化していない事実は、〝セクシー発言〟で馬脚を現しました。それは一部の英語の使い手たちが指摘するところです。

拙著『英語教師は〈英語〉ができなくてもよい！』で指摘している主旨の一つを、「ユニクロ英語栄えて、オンワード英語滅ぶ」というフレーズで表現していますが、教え子の学校での〈授業スタイル〉〈授業内容〉〈テキスト・教材〉や、その学校の先生方の方針・考えを鑑みたとき、いかにそのフレーズが的を射ているか、一読すれば、ご納得いただけるはずです。

（2020・1・13）

ポケトーク開発（カンブリア宮殿）を観て思ったこと ②

① 中国では、電線のインフラが整備されていなかった、いや遅れて経済発展したことが幸い

し、置き電話の普及を通り越して、すぐ四川省などの僻地でも対応できる**携帯電話が普及**した。

②中国や韓国の紙幣は、日本に比べ数段質が低く**劣化しやすく偽造しやすいという問題点**があり、それを克服する手段として、宿命的に紙幣社会から電子マネー社会へと**日本より数段先をゆく電子決済社会が到来**した。

③1970年代前半、二度にわたる石油危機により、**中東石油産出国に依存している日本がまともに煽りを受け**、それが〝**禍を転じて福となす**〟となり、**日本に世界一の省エネ技術が誕生**した。

④1970年にアメリカ議会で制定された**マスキー法**（**1975年までに自動車の排出ガスを10分の1にまで削減しなければ米国での自動車販売を禁止するというもの。当時は不可能とされた**）に、世界中の自動車産業が震え上がった中、**本田技研工業**（**本田宗一郎**）**が、世界で初めてCVCCエンジン**（**シビック自動車**）**を開発**して、このハードルの高い排ガス基準をクリアし、世界の度肝を抜いた。

ポケトークの開発が、①から④と同じ発明における発想パラダイムの延長線上にあると指摘したいのです。

（1）日本人は、6年（大学を入れると10年）も学校で英語を学んでも、いっこうにしゃべれない。

（2）日本人は、ＴＯＥＦＬの順位が世界でも最下位に近いところにいる。北朝鮮より下位であるとまで揶揄される。
（3）日本語は世界でいちばん難しい言語であるといった神話。また、英語・仏語・独語など欧州の言語からいちばん言語構造的に遠いのが日本語であるといった思い込み・偏見などの通説がある。
（＊）欧米人、特にアメリカ人などは、率先してアジアの言語はもちろん、ヨーロッパの言語も学ぼうとしない。ただし、ヒスパニック系のアメリカ人の台頭でスペイン語は社会的にその必要性・重要性が、社会の上層部（政治家）で認識されかけてはいるようです。次のような比の関係にあります。

世界中の各国：英語＝アメリカ社会：スペイン語

以上の言語的文化背景（短所）に、技術的文明社会（長所）を積分すると、ポケトーク誕生の必然性が見えてくるのです。コンプレックスに技術の発明という係数を掛けると、プライドの誕生となる文明上の真理・法則であります。この点は人間にも当てはまります。「コンプレックスの強い人間ほどプライドが高い」（鈴木敏文）と人性論的に言われています。これは、野村克也しかり、矢沢永吉しかり、ビリギャルしかりで、コンプレックスを克服した人たちです。ま

た文化的にも該当します。楽器が持てない貧しい黒人から、アカペラ（ドゥアップ）というジャンルが誕生したのも同じであります。

日本人は、外国語、とりわけ英語を話したり聞いたりする一般的な日常会話にも不自由なため、何十年、いや半世紀以上にもわたり、「何年も英語を勉強しても全く英語が使えない」と言われ続けてきた言語的コンプレックスが刷り込まれています。しかし学校教育で駄目なら、いっそのこと、その言語文化的デメリットを解消する文明の利器を開発すればいいだけの話です。こうして**「禍を転じて福となす」**精神で、ポケトークの誕生となったのです。

このポケトークの誕生で、今やCMで有名な〝スピードラーニング〟という教材も普通の英会話スクールも淘汰されてゆく運命となるのは明白です。

AI社会の到来で、**人間の従来の仕事〈実用的英語〉**が脅かされるとよく言われていますが、その対処の方法は、**AIにできない領域〈教養的英語〉**、即ち**感情や感性といったセンスを磨くこと**（高度な文法や構文を習得すること）だと言われています。その**情緒・情感といったもの（知的英語）**を分母にする、いや土台にする**論理性（実用性）**をAIに可能にさせるのは、まだ50〜100年先となることは、さまざまな科学者が指摘しているところです。

それなのに高校生の国語の教科書を、馬鹿げた**「論理国語」（実用的英語）**と**「文学国語」（教養的英語）**に分けてしまうという愚挙を文科省が下しました。これは、〈使える英語〉というバルーンと同じ、**ポケトークでできること（日常生活に必要な英語表現）**を、わざわざ中等教育で学ばせようとすることと同じであります。

このポケトークの誕生は、大方の中学・高校で奨励されている**〈使える英語〉（本来は〝なーんちゃって〟英会話程度の代物）**が、スマホ社会における置き電話（黒電話）的存在になってゆくであろうことを、世の親御さんは弁えておかねばなりません。いや、皮肉まじりに言わせてもらえば、**このポケトークが、スマホ学習に代わり、〝英語教師〟にさえなってくる**かもしれません。

なぜなら中学校や高校では、スマホを使った学習が始まろうとしているからです。昨年報じられた学校でのスマホ解禁は、教師の劣化・授業数の限界・デジタルネイティブ化など諸々の要件が追い風となっているのです。

（2020・1・20）

ポケトーク開発（カンブリア宮殿）を観て思ったこと③

ポケトークの開発者松田憲幸氏は、大学卒業後、ＩＢＭに就職し、その後独立してパソコンのソフト会社ソースネクストを立ち上げます。そしてそのソフトの成功で、一部上場を果たします。しかしリーマンショックの煽りとスマートフォンの台頭で業績が悪化し、２０１２年赤字に転落、以降、パソコンソフト以外の方向性を模索します。それが、日頃心に抱いていた夢の翻訳機（ポケトーク）の開発となりました。

そしてその実現へと舵を切りますが、**日本での限界を実感します。その夢の翻訳機実現のキーテクノロジーが日本では見いだせなかったし手に入らなかったからです。そこでシリコンバレーに移住する決断をした**のです。

彼は瞠目するのです。シリコンバレーという場所の〈魅力・強さ〉＝磁場というものを。

ＩＴやＡＩで世界の最先端をゆくこの町には、**フェイスブックの創業者ザッカーバーグやグーグルの創業者ラリー・ペイジの自宅があるのです。アップルのスティーブ・ジョブズの自宅（今でも彼の妻子が住んでいる、庭にはリンゴの木がたくさん植えてある）も歩いて移動できる範囲内にある**という事実です。実際松田氏は、ラリー・ペイジに二度ほど会ったことがあるそうです。世界のＧＡＦＡを率いる頭脳たちが、このカリフォルニアの小さな町にひしめき合っているのです。

番組では町のハイテク商品が展示販売されているショップが映し出されていましたが、**このポケトークは店の売り上げ2位の人気商品**だそうです。その店内に、未来のスティーブ・ジョブズらしき知的な雰囲気の中学生と思しきドイツ系の少年が、このポケトークを手にとり、ドイツ語と英語の翻訳を試してその翻訳機能を絶賛していました。「グーグルの翻訳機能に比べたらパーフェクトだ！」と。

また、店内には、ある老人がいました。その老人にポケトークで経歴を質問したら、「私は、ベル研究所で実用的な半導体レーザーを初めて作った人です。オプトエレクトロニクスの創業者の一人です」と返ってきました。

そうなのです。このシリコンバレーは、このような天才がうようよ何気なく、ごく普通の庶民として生活しているのです。

松田氏の自宅でのバーベキューパーティーの場面も映し出されていました。そこには、**フェイスブックでいちばん重要な人物（技術者）**が、一緒に普通に会食している姿がありました。松田氏はこうした連中からポケトークの開発に必要な、キーテクノロジーのヒントをもらったり、その技術のアドバイスを受けたりして、その夢の翻訳機の開発に成功したのです。**日本にいては不可能なことです。だから彼は、今でも1年の3分の2はあちらで生活している**とのことです。

トヨタ自動車やパナソニックなど日本の最先端をいく大企業が、ＡＩ開発の研究拠点をシリコンバレーにおいている〝私なりのもやもや感（はっきりしない謎）〟も、この番組で氷解しました。

〈ポイント〉

- **シリコンバレーには相談する相手（無名の天才）がたくさんいる**
- **シリコンバレーでは上場するエンジニアが多い**
- **シリコンバレーはユニコーンの孵卵器である**

・シリコンバレーでは、「挑戦しないのは損だ」のメンタルが養われる

カリスマ予備校講師の林修氏が、「東大に行くいちばんの近道は何ですか？」という質問を受けて次のように答えていました。「そんなのは簡単です、東大にたくさん合格している生徒がいる学校に行けばいいだけのことです」

この林氏のコメントも、ビジネスに置き換えれば、また、東大というものを新たな技術開発というビジネスの文脈に置き換えれば、同じことがいえます。

極端な例ですが、灘や開成といった超進学校では、生の人間が、毎日教室内で、勉強のことはもちろん、趣味や知識、また将来の目標など、勉強以外の面でも刺激し合っているのでお互いに成長してゆけます。そこが〈受験刑務所〉〈佐藤優氏の用語…詳しくはグーグルなど検索してください〉と〈真の進学校〉との大きな違いでもあります。

この点、中卒で、大検を経て独学で東大生になった者、また、今流行りのN校経由で、東大生になった者、思春期の、生の人間と人間との交わりに欠けるルートで高等教育にたどりついた者とでは、その後の学び上の伸びしろが違ってくると私は言いたいのです。

今や普通となった、ブロードバンド予備校、東進のＤＶＤ授業、スマホの見放題サプリの授業、こうしたデジタルツールを通して、数学・国語・英語などを習得するケース、**それに対して、**同じ空間で、数名から数十名の生徒が、ライブ感覚でアナログチックに授業を受ける、この見

えない〝知的格差〟というものを認識できていない生徒・親御さんなどは、「ポケトークという〈夢の翻訳機〉なんて日本にいても開発できるはずだ」とうぬぼれ、思い込んでいる種族だといえます。

「人とのつながりがなければビジネスはできない」と松田氏は言います。

世界の秀才や天才の高校生が、なぜハーバード大学やイェール大学に進学するのか、その理由は、**自分にはない個性や自分以上に優秀な知性、自分以上のＩＱをもつ青年、またさまざまなジャンルのセレブの御子息との人脈をつくることが第一の目的**だと言われていることを思い出しました。**こうしたアナログ的生の知的体験こそ、その名門大学のブランディングとして光輝いている**のです。ＡＩやＩＴといった〝活火山〟の地下鉱脈といったらいいのでしょうか、いや、マグマといったらいいのでしょうか、その奥底には、人間と人間が生で話し合う磁場が存在していることを改めて認識しました。

ＡＩに象徴される世界最先端の技術は、シリコンバレーという〝学校〟に住んで初めて、多くの埋もれた無名の天才が触媒となり独創性とキーテクノロジーが融合・結実していくものだということを松田氏は実感できたのでしょう。

（2020・1・27）

リベラルアーツの雛型は高校時代に出来上がる？

「世界で輝く大学」目指す
国際化で欧米追い上げ
国内外で教員公募
文理融合で教育改善
田中愛治　早稲田大学総長寄稿
（2020年1月6日　日本経済新聞）

東工大が「未来の人類研究センター」を新設
科学技術と人　共存探る
◆守るべき価値とは
◆AI・宗教…多岐に
理系と文系　橋渡し役にセンター長に就くリベラルアーツ研究教育院（ILA）の伊藤亜紗准教授のインタヴュー
（2020年1月8日　日本経済新聞）

国立大学「文理融合」学部創設進む
AIや地域活性化＊国際的な人材育成

開設が進む文理融合型の学部

情報系	滋賀大学	データサイエンス学部	２０１７
	広島大学	情報科学部	２０１８
地域貢献型	宇都宮大学	地域デザイン科学部	２０１６
	愛媛大学	社会共創学部	２０１６
都市の未来を構想	横浜国立大	都市科学部	２０１７
その他	新潟大学	創生学部	２０１７
	九州大学	共創学部	２０１８

（２０２０年1月17日　読売新聞）

以上は、２０２０年1月の新聞（日本経済新聞・読売新聞）の教育関係の記事の見出しです。今や、高等教育、日本のアカデミズムの世界では、〈文理融合〉がちょっとしたブームらしい。なぜ「ブームらしい」といったシニカルな表現をするかといえば、一過性の改革スローガンに思えてならないからです。キラキラネームの学部、いわば、〇〇グローバル学部や国際〇〇学部、また、環境〇〇学部やら総合〇〇学部といったものがあります。リベラルなんちゃら学部まである始末です。名前負け、内実が伴わない実態は、大学関係者のみならず賢明な親御さんですら熟知しているはずです。その看板が寂れかけ、実態が馬脚を現し始めてきた矢先に、内実の変革をアピールしてきた嫌いがなくもない、それが文理融合のスローガンの正体だと思われます。

まず早稲田大学です。早稲田の理工といえば、私学でも頂点に位置していますが、**世間のイメージとしては、やはり文系です。**文系のすべての学部は、これまで数学抜き、いや、避けても合格できるルートがあり、それで入学できました。これに対して、新しく就任された田中愛治総長が、早稲田の政経にも数学ⅠAを必須とする方針を打ち出しました。その総長の決断が、早稲田のこれからの方向性を象徴しています。**果たしてうまくゆくか、私は懐疑的です。**

それに対して東工大は、古いところでは、芳賀綏や江藤淳など、また、ロジャー・パルバースなど理系バカにならないようにと、あっさりした文系教養講座の講師も据えて、理系学生の精神のバランスを保とうとするのが本学の傾向でもありました。近年では、池上彰氏を教授に招いたり、タレントのパックンこと、パトリック・ハーランが非常勤講師に、思想家東浩紀も教鞭をとっていましたし、その朋友西田亮介なども東工大でいま教鞭をとられたりしています。

これは極端ですが、オウム真理教に入信するようなばかエリート理系学生を予防したり、また将来的に、サイエンスとリベラルアーツの結晶体的天才、スティーブ・ジョブズのような〈柔らかい知〉を育むという意味もあるでしょう。こうした傾向が近年顕著になってきています。それが、リベラルアーツ研究教育院（ＩＬＡ）の立ち上げに結びついたのでしょう。

このＩＬＡに新たな教員として、中島岳志教授（政治学）、若松英輔教授（人間文化論）、磯崎憲一郎教授（文学）が加わるとのこと。これも、デジタル化やＳＮＳ社会が進展してゆくなか、**茨の道を行くがごときに思われなくもない。**

こうした早稲田や東工大の大学改革が、地方の国立大学にまで波及している様は、ある意味、大学の生き残り策ともいえましょう。いやそれが大学当時者たちの本音でありましょう。

そもそもアメリカの大学は、４年間、リベラルアーツを学ぶといいます。そしてその後、法律面ならロー・スクールへ、経営ならビジネス・スクールへと大学院に進学して、その専門性に磨きをかけるのです。一方、日本では、法学部やら経営学部やら文学部やら、いかにもその専門性を学んできましたよとアピールしているかのような学士の称号を得ます。しかし**その学部で学んだことは、高校生が独学で学べる知識に毛が生えた程度のもの**であります。東大の文Ⅱ（経済学部）を出ても、アナウンサーや公務員に進む女子もいれば、早稲田の法学部を出てユニクロに就職する男子もいるのです。

こうした学生は、その学部の表面的な知識をゼミ形式にお勉強してレポートを提出し単位をもらい、キャンパス以外では全く本も自主的には読まず、アルバイトに明け暮れて約３年間を過ごし、最後の１年は就職活動に費やします。そして努力８割でなんとかなった大学受験という関門とは異質の、努力ではどうにもならない世界（企業の世界・社会人の世界）にぶち当たるのです（理系はほとんどが院に進むため事情が大いに違ってきます）。

その最後の１年で、「**もうちょっと勉強しておけばよかった**」「**もっといろいろな本を読んで**

おけばよかった」「もっと専門（自身の専攻する学問）以外にも講座を受講しておけばよかった」等々さまざまな後悔の念に囚われるものです。運良く希望の会社・職業に就けたとしても、「あの大学時代、英語をもっと勉強しておけばよかった」「もう少し教養を高めておけばよかった」「経営学部だったんだから、もっとビジネス関係の本を読んでおけばよかった」「あの資格取っておけばよかった」などと、さまざまな悔恨の念にも囚われる人がほとんどではないでしょうか。

実は、大学の学部で学ぶ教科・講座などをだしやヒントにして、前向きに知の世界に足を踏み入れ、独自に考え・悩み、さまざまな本を読んだ学生こそが、その後、社会人としての海図（知のチャート・社会をサバイバルしてゆけるツールのようなもの）を手に入れられるのです。

大学改革に成功した大学の一つに、秋田国際教養大学があります。公立、しかも秋田の超田舎、それも全寮制という必要条件に、中嶋嶺雄というカリスマ学長（理事長）が率先して陣頭指揮を執り、自身の理念にぶれなかったという十分条件があったればこそ、おまけに文系大学という狭い条件も却って追い風となり成功したものと思われます。

地方の公立・国立大学が、この国際教養大学を真似して文系学部の改革を行ってもなかなか成功の日の目を見ないのは、ＳＦＣのＡＯ入試を二番煎じ、三番煎じに真似しても成功しなかったのと同義であります。ユニクロのＳＰＡ（製造小売業方式）をスーパーのイオンやデパートの高島屋がマネしても、最初にやった存在には敵わないというビジネス上の真理・法則と似たも

のがあるのです。

ここにおいても、西部邁の〈「適応」を専らとするは進歩なき進化である〉の俚諺が当てはまります。

アメリカの4年生大学のリベラルアーツ方式を、私学の雄早稲田、国立理系の雄東工大、これらが行っているからといって、MARCH以下レベルの私大、存廃の危機に立たされている国公立の大学が同じようなことを行っても、成功確率は50%以下といったらいいでしょうか。

なぜならば、そうした大学は、「大学経営先にありき、それにつじつま合わせの大学改革という美名のリベラルアーツを標榜している」ようにしか見えないからです。安倍首相の加計学園設置の答弁の心根、即ち、〈お友達の加計孝太郎に獣医学部を作ってあげよう、その理由は、あとからなんとでもこしらえられる〉と同じ論法です。

ビジネスの世界でも、「どうやって売上げを上げるか、伸ばすか、どうやったら利益がでるか」、そこに汲々としていると行き詰まります。「どうやったらお客様が喜ぶか、欲しいものは何か、利益は二の次に考えて、時に損しても消費者の信頼を得ること最優先」、これこそがビジネスの定石です。「大学改革!」と標榜している学校は、なんだか泡沫サービス業の高等教育バージョンに思えてならないのです。

「真のリベラルアーツ教育を大学で実践します」と言うのなら、高校の時点で、文系なら英語・国語の他に、歴史・地理・政経などの最低限度は習得する。理系なら、英語・数学の他に、物理・

化学・生物などの最低限度の知識を身に付けてキャンパスに足を踏み入れるべきなのです。大学も、それをチェックする入試制度にすべきなのです。２科目入試など論外です。センター試験だけで合格を出す大学もブラックです。

大学生になって、高校で学んできていない真っ白な教科（科目）を新たに学ぶ殊勝な心構えが芽生えないのは、幼児期・幼稚園期に好き勝手に育てられたら、小学校に入っても、集団生活の中でのマナーやエチケットが身に付かずもう手遅れであったという教育的事例に思いを馳せれば、同じことなのです。

６歳までの躾というものがどれほど大切であるか。中等教育（中学・高校）の段階で、知的鍛錬・修練といった〝知の躾〟（嫌いなもの、苦手なものでも一応学んでおかねばといった高邁なる精神）を植え付けておかなければ、その後の高等教育（大学・社会）の〈知の伸びしろ〉が皆無となってしまうのです。

やはり、いくら「大学でリベラルアーツだ！」「一般教養だ！」「文理融合だ！」と標榜しても、その学ぼうとするひた向きさは、高校時代にすでにできあがっているものなのです。それは、灘・開成の秀才・天才が、ある意味、中学受験の勉強で〝前頭前野〟が耕されていたという至って驚くにあたらない事実と全く同じことなのです。

（2020・2・10）

リベラルアーツの源泉

佐藤　武蔵（私立の中高一貫校）の教育は、必ずしも高偏差値大学に行かなくても、**武蔵で6年間勉強していた内容でおおよその基礎はできているから**、どの大学に行っても活躍できる場はあって、社会に出てからもさらに活躍することができる。**伸びしろがあるから、逆に言えば、大学はどこでも大丈夫**だということなんです。

それから、武蔵では東大合格者数が大学入試センター試験導入の年（1990年）からがたっと減っている。武蔵の生徒は2次試験では点数が取れる。でもセンター試験の点数がとれない。それで東大合格者が減ったのだと思います。**ただし、生徒たちの持っている底力は相当ある。**

でも、**あの教育はなかなかまねできない。どうしてかというと、中高一貫校ですから、中学入試の段階で、相当に読解力、国語力のある生徒を最初からとっているから、そもそも読めばわかるという生徒たちなんです。**ただし、そういう生徒に長い人生を考えて、どういう教育を施すかという問題は重要です。大学に入って終わりというわけにはいきませんから。

竹内　確かにこのところ、**企業も大学名より高校名を聞くことがある**と言いますね。ある意味、**地頭の良さはそちらの方がわかる**から、大学だったら、頑張って勉強して浪人もできるわけだけど、高校入試はほぼ現役だから。それに近頃は、推薦やAO入試で入学する人が多くなったから、基礎学力の程度が分からないこともある。

（『大学の問題　問題の大学』竹内洋×佐藤優　時事通信社１３３～１３４頁）

教育経済学者中室牧子氏も『「学力」の経済学』の中で述べられていたかと思うのですが、**教育投資に対する費用対効果は、大学よりも断然幼児期に大であるといいます。**中学受験を控えてサピックスや日能研などから〈真の中高一貫校（進学校）〉に合格される少年少女は、小学校低学年、幼稚園・保育園から**5歳から8歳くらいまでの時点で、公文式に通っていたり、母親が独自に読み・書きを教えたり、また、父親（例…芦田愛菜の父）が率先して読書習慣の中に我が子を置いているといいます。**

つまり、幼児期に学びの心得・基本姿勢といったものを確立していた者が多いのです。**この年齢一桁の段階で、学びの基本・根幹を確立していれば、学級崩壊している公立小学校に進もうと、公立中学校の問題校に通おうと、少々問題の教師に習おうと、教科の独学的勉強で、ある程度自らの進むべき方向性への努力の淵源を養える**ものなのです。難関大学へ進んでも、夢・目標・目的が実現するものなのです。だから、**幼児教育無償化ではなく、幼児教育義務化へ国家予算を投じるほうが、大学教育無償化などより断然、国民の〝知的品質〟向上には有益**なのです。

竹内　それに関してですが、私は随分前から**学部3年制を提案**しています。**イギリスは**医学部や工学部を除けばだいたいは**3年制**です。イギリス人に言わせると、**アメリカは中等教育が貧困だから大学は4年必要だけれども、イギリスは中等教育が充実しているから3年でよい**のだと。

(『大学の問題　問題の大学』竹内洋×佐藤優　時事通信社51頁)

野球に関していえば、高校生のレベルだと、若干日本のほうが上です。大学生ともなるとレベルは拮抗します。それがプロ野球になると、完璧にアメリカに負けてしまいます。これは、勉学に関してもいえることです。開成の校長柳沢幸雄氏(ハーバードでも教鞭をとられていた方)も語っていましたが、**日本の高校生は知的レベルでは世界一**だと。それが、**大学になると日米が逆転してしまうのです。これは完全に大学の責任です。この大学の責任を、高校にも転嫁させようという姑息な方針が高大接続教育**だと、日頃から私はブログなどで政府を批判してきました。

日本の高校は、アメリカのハイスクールとは別物なのです。むしろ、フランスのリセ、ドイツのギムナジウム、そしてイギリスのパブリックスクールに近いものなのです。

戦前の旧制中学・旧制高校は、ある意味ヨーロッパの真似でした。それが戦後、大学のシステムをアメリカ化し、それに不自然なように、GHQが高校、中学と改革を断行しました。**〈木に竹を接ぐ〉改革**だったのです。これに似た失敗政策を、グローバリズムの名の下で、高大接続という美名の下、行われようとするその象徴が、今般の大学入学共通テストという**〈鵺《ぬえ》なる化け物的試験〉**であります。マークシート形式に論述形式を導入し、公的試験に英語にもさまざまな資格系民間試験の英語を取り入れる、まさに**〈鵺的テスト〉**に国民・学校・高校生が拒否感を露わにしたのは当然であります。

日本の大学は、正直、3年で足りるというのが本筋・正当というものです。実際、ほとんどの学生は3年間で単位を取り、4年生ではゼミだけという学生が多いでしょう。4年生の段階では、就活に時間を取られ、キャンパスにはほとんど足を踏み入れられないのが実態です。

実は、この無駄な1年とは、戦後就活のために存在していたシステムで、勉学のためにあるのではなく、そもそも4年間で習得する講座（科目）が、3年で得られるための〈ゆるい制度〉だったのです。サイズがMでちょうどぴったりのセーターやジャケットなのに、わざわざLを身にまとったただぶだぶの状態の見栄えが悪い姿、それこそ日本の4年生大学のカリキュラムだったのです。この点を竹内氏は指摘しているのだと思います。

（2020・2・17）

「適応」を専らにするのは「進歩なき進化」である（西部 邁）

戦後教育改革の分岐点といえば、1979年から実施された共通一次試験というものでしょ

う。それまでの旧一期校と二期校の差別・格差を解消するとの目論見でありましたが、実際は、**偏差値という尺度ともいえるモンスターの登場**、そして**5教科7科目1000点満点という、ある種生徒にオールラウンドプレーヤーを求める試験の出現**となりました。それらが引きがねとなり、私立大学の人気が急上昇、そして地方の地味な国立大学よりも、MARCHはもちろんのこと、日東駒専レベルの大学の方が偏差値が高いという、今の学生には信じられない受験状況を招いたのです。

そもそも、そうした事態を引きおこすことは、ある意味予想されてもいました。人性論的にむべなるかな、**人は安きに流れるという心の摂理に従ったまでのこと**だからです。しかし少子化が進み、大学側の大勢が教育よりも経営に重きをおく姿勢に変わり、自身での入試問題作成能力を欠く私大が出てきたことが追い風ともなりました。文科省は共通一次試験をセンター試験へと衣替えし、共通一次試験以上に大勢の受験生を集め、科目数も国公立で減らしたばかりではなく、私大受験生にはアラカルト方式を採用する公的試験が〈つまみ食いの存在〉になり果てたのが1990年代の末の頃であります。公的試験の世紀末現象とも申せましょう。

共通一次試験やセンター試験の初期までは、ある意味で、それが**必要最低限の教養をチェックする試験、それに短時間で問題を処理する情報処理能力を試す試験**でもありました。その第一関門をクリアした受験生のみが、二次試験という筆記主体の記述形式の考える問題でふるいにかけられる運命でもあったのです。国公立の入試スタイルに関しては、この方式が**準理想で**

もあったといえましょう。

入試問題に関しては、共通一次試験（センター試験）、私大で多いマークシート形式プラス記述形式のミックス問題、そして国公立の二次試験で採用されている記述形式問題、このように3種類に分けられます。

共通一次にしろセンターにしろ、このマークシート形式の問題は数十万人規模で行われるため、客観性第一にせざるを得ぬ事情もあるのでしょうが、私個人が現場高校生を臨床に、この国民的行事とも冬の風物詩ともいえる試験を分析すれば、**短時間で問題を素早く、的確に処理する情報処理能力を試しているとしか考えられないものです。恐らく、あと10分、英数国に関して時間が増やされたら、平均点は、10点から20点前後上がる**ことは確かであると断言できる代物なのです。

そうなのです。センター（共通一次）試験は、その受験生の考える力など判別できるものではないとはっきり言えるのです。

ある意味（誤解がないように！）ＩＱに近い資質が求められる〝時間に追われるひっかけ問題的試験〟に、そもそも記述形式を国語や数学に取り込むなどは、国家の自動車免許試験問題の全マークシートに記述形式を取り入れるに等しいバカげた行為であると断言できます。

そこが私が、**今般の頓挫した大学入学共通テストなるものを、鵺的〝化け物〟試験と命名した所以**なのです。まるで水中を魚のように泳げ、鳥のように空も飛べ、なおかつ馬のごときに陸を疾駆する能力がある生き物を求めているように思えて仕方がないのです。民間に委託することになった4技能を求める英語試験に関しても同様です。

昭和の終わりに始まった共通一次試験は5教科7科目1000点を国公立を目指す受験生に必須とするものでした。そして、二次の記述試験でさばき切れない人数になった場合、一次の点数で足切りなどを行い、二次で記述形式の問題に受験生を立ち向かわせればそれで済む話なのです。どうして、こんな単純明快な最善策を文科省はなし崩し的に瓦解させてきたのか。

英語に関しても、時々思い浮かぶことがあるのです。「もし昭和の時代の英語教育を、令和の時代に中等教育で行っていたならば……」という夢想です。

昭和時代、公立中学は少々違っていましたが、公立高校ではまず文法と読解、そして少々の英作文の授業のみでした。英会話の時間もなければリスニングの時間も皆無でした。**今では、学校では音読やらコミュニケーション主体の授業に様変わりしています。文法は、刺身のつま程度、ほとんどが、習うより慣れろ形式の授業に変貌しています。**副教材やらそれに付随した参考書を生徒に与え、自宅学習させている傾向大であります。**授業というものの〝手抜き〟とさえいえるような有様です。**

極論ながら申し上げると、**文法や構文に基づいた読解など、塾や予備校からスマホサプリに至るまで、アウトソーシング（外部委託）しているような教育光景が浮かび上がってもきます。**

学校英語教育の空洞化、学校授業の骨粗鬆症的〝文法・読解〟栄養不足症状が出てきています。

もし、文法ガチガチ、読解ガチガチの昭和の授業を、平成から令和の時代に現場で行っていたなら、むしろパソコンやスマホのＳＮＳという時代に、生徒自らが音声系の英語の勉学に励んでいたであろうというのが、私の妄想的仮定です。

今の中高生は、英語の発音能力や物おじせずに外国人に話しかける気質では昭和の頃に比べ隔世の感があります。しかし、その英語の土台が脆弱であることは否定できません。

それは、バブル時代に建てられたマンションのほうが、バブル崩壊後の平成後期に建てられたマンションよりも地震などに対する強度などで勝っている点に共通するものがあるといえそうです。バブルの頃は、資金もふんだんにあり、建築資材に糸目をつけず最良のものを用いていたといいます。それに対して平成時代のマンションは、表面的にさまざまな設備を備え、いかにもモダンなデザインのものが増えましたが、その資材や設計には、昭和末期に比べ相当質の劣るものが多いという話を不動産関係の方から以前聞いたことがあります。昭和の高校生、平成の高校生、この両者は、まさにそのマンションの比喩にも該当すると思われるのです。

政府は、教育改革と称し、特に入試制度を改悪してきたのです。先が見えない時代、模範となるべき教育モデルが世界にはもうなくなり、情報と経済のグローバル化という文明の津波に怯えて変えなくてもよいものを変えて以前よりも事態を悪化させる文科省・政府の方針は、亡国の端緒でさえあるのです。

もし昭和の高校生がタイムスリップし、この令和の時代にやってきたら、自身でSNSの文明の利器を最大限活用し、英語ができて使える大学生へと変貌すると思うのは私の妄想でありましょうか？「へえ！　令和っていう時代は、パソコンやスマホで英会話も学べ、発音もよくなるぞ！　なんて便利な世の中だ！　あれ、参考書や問題集、単語集もなんて素晴らしいものが書店に並んでいるんだ！　こうしたツールで、よし！　国内留学だ！」と快哉を叫ぶことでしょう。

それに対して平成末期の高校生が、共通一次試験の昭和の教室にタイムスリップしたとすれば、「何なの？　この英語の授業？　文法ってこんなに細かくやらなきゃいけないわけ？　超複雑！　まるで、数学、いや古文の授業みたい！　わけわかんない！　読解って？　英文和訳？　私の平成の授業ではこんなに几帳面な和訳、求められなかったわ、意味さえわかれば自然な訳なんて必要なかったのに…ったくもう大変な時代に来たもんだわ！」と愚痴る女子高校生が大勢を占めるのではないでしょうか？

こうしたSF小説まがいの時空を超えた高校生の交換留学なるものがあったならば、多分、私がここで述べた呟きが昭和の高校生、そして平成末期の高校生から吐かれることはほぼ間違いないと思います。

（2020・3・30）

姉（英語）と妹（数学）を差別するバカ親（文科省）

日頃、間欠泉のように脳裏に浮かんでくることを、はっきりと捉えて語ってみたいと思います。**科目における兄弟差別**のようなことです。

まず一つは大学入試で、２０１９年末に大いにメディアを賑わした英語の4技能を測る民間試験導入の件であります。世は、使える英語だの、書く・話す能力の向上も必要だのと教育のすべての科目において**英語だけを目玉商品であるかのように、また親の敵であるかのごとくターゲット**にしてきました。

世の軽薄な親御さんにいちばん受けがいいのがこの英語という科目なのです。愚昧なる大衆の意識に、ぺらぺら信仰があるからでしょう。**社会に出て使えるような英語を教えるという、実用主義幻想をいちばん抱かせやすい科目**であることが絶好の〝バカな大衆を釣る餌（政治家の甘い言葉）〟となっているのです。

センター試験における3大主要科目の内、数学、国語に関しても記述式の導入が図られましたが、頓挫しました。思い描く理想像と現実のギャップ（階段の段差）で躓いたも同然です。テレビなどで目にする観光地の美味とされる食物が、実際はたいして旨くもなかった経験に近いものがあります。「観光地に旨いものなし」と、グルメ賢者が吐く言葉を彷彿とさせます。

余談ですが、海老名サービスエリアの48時間で世界一の数を売り上げたギネス公認のメロンパンなんぞ、そんなに旨いとも思われませんが、東名高速道路の一期一会的気持ちでドライバーの関心を引き、つい衝動買いしてしまう消費者心理がまさしくそれでありましょう。

3年間の高校時代のカリキュラム、授業スタイル、シラバスなどに対する文科省から現場へのチェックも抜け落ち、厳格な指導も手薄で二の次にされたまま、中等教育の結果を測る〈関所〉ともいえる大学入試のみを改革して、そこから現場が自主的に授業をやってください方式の教育手法で果たして、教育改革などできるでしょうか。

そもそも英語に関しては、やたらと「英語改革だ！」「従来の英語教育ではダメだ！」とわめき散らす文科省（首謀者は下村博文）や一部の有識者は、これまで数学の現場指導は超弛い、超生ぬるい放任主義、現場高校生は数学ができなくて仕方ない的態度でやってきました。それは、共通一次からセンター試験へ、そして、私大も参加するアラカルト方式に変更してからというもの、英語はリスニングを課す方向へ、しかし、**数学は国公立では、取っても取らなくてもいいような数学軽視の方向へと受験界が全面的に大きく舵をきり、なおかつ、現場の高校では、MARCHから早慶上智レベルの文系私大への合格実績最優先主義でした。**

しかも、**数学の落ちこぼれ組容認主義（まず英語ができる、そして国語もまあまあ、そういう生徒は日本史や世界史の特訓で有名私大へ押し込む主義）は、早くて高校1年、遅くても高校2年の段階で〝数学におさらばできる〟学校のカリキュラムが今やまかり通る時代になっています。**

理系、数学資質の劣化した高校生に異議を申し立てる人が、今や極少数派となりつつあります。

近年、佐藤優氏などから、こうした、特に中高一貫校の数学離れ生徒と数学軽視学校への批判がなされていますが、現場と生徒、そして親御さんは、地球温暖化の環境問題同様に、ほとんど〝知らぬ顔の半兵衛〟で、〈自分だけは別に数学なんか学ばなくてもいいや的根性〉なのか危機感が全くありません。ましてや文科省が、理系文系にかかわりなく、すべての高校生に数学を高校2年まで（できれば高校3年まで）は必須にする方針を打ち出さない態度では、こうした風潮に歯止めはかからないこと必定でしょう。

英語教育、英語入試に関して文科省は、現場高校教師のレベルアップについて口うるさく指導してきますが、数学教育の存在意義、数学教育の大切さや質の向上、数学入試の改善などに関しては一切口を挟みません。それは同じ兄弟でも、兄（英語）には口うるさく〝勉強しなさい〟とわめき散らすにもかかわらず、弟（数学）には〝勉強しろ〟だの〝実力をつけなさい〟など一切干渉してこない気質がいびつに偏った母親のようです。

英語に4技能の理想を求めるのなら、せめて数学に関しても、〝理系文系関係なく、数学ⅡBまでの履修を〟と義務付ける方針を、どうして文科省は打ち出さないのか？

英語ができない生徒に対しては、世間はその理由を学校のカリキュラムや学校の先生に押し付けます。教え方がまずい、カリキュラムが悪いとやり玉にあげます。しかし数学に関しては、学校の授業の質や先生の教え方が批判されることはまずありません。生徒自身は、「俺には数学

のセンスねぇや！」とか、その親御さんは「数学ができなくても、私立の有名大学は英国社で入れるわ！」と心中思っているはずです。数学に関しては、自身の数学能力に関して自己批判に回るのです。数学の教師が、自身の教え子が現場で落ちこぼれても、放課後に補習するとか、個別指導するとか聞いたことはまずありません。数学の敗軍の将は、個別塾や予備校などに救いの手を求めるのです。しかし数学に関しては、英語や古文ほど力が急上昇する事例《こと》はまれです。

つまり、高校の授業で数学に関しては復活する生徒は極極少数派なのです。

こうした実態を、文科省は、どうお考えなのか？

姉（英語）にばかり、あれこれ身だしなみ、言葉遣い、立ち居振舞いなど口うるさく躾ける母親は、一方では、髪を染めギャル語を話し、人前で傍若無人に振る舞う妹（数学）に一切干渉しない母親、これが文科省というバカ親なのです。姉（英語）には、東大理科Ⅲ類（読み・聞く・話し・読むという4技能）を目指しなさいとやかましく指導しながらも、妹（数学）は不良仲間と午前零時過ぎまで遊び惚けて、喫煙飲酒をも放任し、高校中退もいいとわないバカ親の教育方針が、まさしく文科省の数学という科目への態度といってもいいのです。

〈高校現場の数学教育無能力〉の実態、大学当局の、〈馬鹿でもいいからいらっしゃい的商い主義〉、さらに〈科目のコスパ思想をもつ有名私大志向〉の高校生、これらが数学離れのいちばんの病根であります。

平成学生のコスパ学習気質（**受験で出ないもの、不要な科目はあえて勉強しないメンタル**）、〝名ばかり進学校〟ともいえる高校の合格実績第一主義（**数学が全くダメでも有名大学に押し込んじゃえ根性**）、そして、少子化によって大学経営維持が焦眉の急の危機感（**おバカちゃんでもそれなりに面倒を見て就職のお世話をしてあげます的サービス精神**）、これら**教育界の複合汚染**こそ、数学軽視の淵源でもあります。

数学落ちこぼれ、数学嫌い、数学放棄、数学できなくてもいい主義、数学など自校の生徒に無理して教える必要もないという方針、「数学なんてできなくても、そんな科目は将来君たちは必要ない職種に就くのだから問題ありませんよ」的高校の空気感、これらが、妹でもある数学という立ち位置をどんどん狭め、劣化させ、ひいては日本の国力（いびつな家庭崩壊：妹がぐれて家族がばらばらとなる悲劇のファミリー）を脆弱なものにしているのです。

数学軽視の社会的風潮は、〈透き通った悪〉（ジャン・ボードリヤール）なのです。

（2020・4・6）

数学リテラシーが高校1年からしぼむ日本

以下は、村田治関西学院大学学長による日本経済新聞（2020年3月9日）への寄稿文（一部抜粋）です。

高校の文・理コース分け　労働生産性　低迷の要因に

読解力、数学、科学の3つのリテラシーの中で、これから世界において特に重要とされるのが**数学リテラシー**である。昨年3月、経済産業省が発表した報告書「数理資本主義の時代」において、「第4次産業革命を主導し、さらにその限界を超えて先に進むために、どうしても欠かすことのできない科学が3つある。それは、**第一に数学、第二に数学、そして第三に数学である！**」とうたわれている。

また、昨年6月に統合イノベーション戦略推進会議の報告書「AI戦略2019」が発表されたが、**人工知能（AI）や情報科学の理解には微分、線形代数、統計学の数学能力が欠かせない**といわれている。

（中略）

なぜ、わが国のPISAの数学スコアがトップクラスにありながら、労働生産性成長率は下位にあるのだろうか。**この謎を解く鍵はPISAの実施年齢にある**と考えられる。PISAは高校1年生が対象となる。従って、高校1年までは、わが国の数学リテラシーはOECD加盟国でトップクラスであることは間違いない。

だが、多くの高校は早ければ2年生、遅くとも3年生になると文系と理系にコースを分ける。2013年3月の国立教育研究所「中学校・高等学校における理系選択に関する研究最終報告書」によると、**高校3年生全体に占める理系コースの比率は約22％**である。

また文部科学省の「15年度公立高等学校における教育課程の編成・実施状況調査」によると、**数学Ⅲを履修している生徒の割合は21・6％**にすぎない。さらに19年度「学校基本調査」によると、**大学で理学、工学、農学、医・薬学などを専攻する理系学生の割合は全体の約26％**である。

高校1年生段階まではOECD加盟国でトップクラスの数学リテラシーを誇っていたわが国の高校生は、その後、文系と理系のコース分けによって、80％近くが数学を学ばなくなってしまう。このため、十分な数学リテラシーを伴った人的資源の蓄積が進まず、わが国経済において技術進歩やイノベーションが起こりにくく労働生産性上昇率が鈍化していると推察される。

一刻も早く、高校段階での理系と文系のコース別編成を止め、すべての生徒が数学Ⅲまで学べるようにすべきだと考える。さらに、ＡＩの理解に必要な微分が数Ⅲの範囲であることを考慮すると、現在の高校段階での文理の区別を止めることは喫緊の課題である。そのためには、初等・中等教育の段階から数学それ自体の面白さを生徒に伝える工夫も必要となる。

※中略の部分は、さまざまなデータに基づく、日本のＰＩＳＡによる数学リテラシーが、世界の中で

もそこそこ上位にいる実例を述べている箇所です。

数学者の藤原正彦氏の名言に、「小学校時代に大切なのは、**一に国語、二に国語、三、四がなくて、五に算数。英語、パソコン、そんなのどうでもいい！**」があるが、これを援用、敷衍して述べさせていただくと、「**中等教育**（あえて申せば中学時代）に大切なのは、**一に数学、二に数学、三、四がなくて五に英語、それも、中学時代に最低でも数学ⅠAまでは終わらせておくこと！**」となる。これは、先の〝**数学随想**〟でも詳しく語っているので、その論拠はここではあえて申し上げません。

今、**中等教育で改革が必要なのは、英語教育なんぞではなく数学教育なのです**。何度も申し上げますが、英語教育の欠点をあげつらい、世間、政府、そして学校現場から英語教師へと批判の強風が、雨あられとなって吹き付けはしますが、**数学教育への批判**となると、**無風状態です**。凪の状態の日本の数学教育が大海のどこかしらへ漂流してしまう、その行き着く先には誰もが知らぬ顔の半兵衛です。今、**使える英語教育の方針に突き進んでいるのなら、むしろそれは、タイタニック号が氷山へ向かって航行しているようなものです**。これは、英文学者阿部公彦氏が舌鋒鋭く指摘している点でもあります。

その一方、**現在の日本の数学教育は、凪の海、いやサルガッソー**（船の墓場）**に留まっているとしか考えられません。これぞ最悪の「日本の常識は世界の非常識」でもあります。アルコー**

ルランプ上の石綿に載っているビーカーの中の茹で蛙状態にあるともいえるのが、日本の数学教育なのです。（2020・4・13）

私大単願〈英国数〉で受験する女子生徒の実像

これから述べることは、弊塾における生徒を対象とした狭いフォーマットを基に語る狭い範囲内での一般論であることを前提にお読みいただければ幸いです。

そもそも私立文系の受験生は、英国社と英国数の3科目で受験する方がほぼ8割以上でしょう。それも、**英国社の組合せが6割強**であるのは確かです。もちろん国公立が第一志望で、私大が滑り止めの生徒も含んでいますが、**純粋に私大単願での英国数の受験生に関しての話**であります。私の経験則ではありますが、私大単願で英国数で受験して早稲田か上智あたりに合格する文系女子生徒に関しての、私の経験則です。この**私大単願における英国数受験生、それも女子高校生**という諸条件に該当するタイプをこれから申し上げたいのです。

英国数で受験する女子受験生には、大方、中高一貫校、そして学校の勉強を几帳面にこなしてきた、〝箱入り娘〟的お嬢様タイプが多いのです。そして、強いて申し上げれば、小学校から高校まである中高一貫の進学校が多い傾向にあります。**田園調布雙葉、横浜雙葉、湘南白百合、**

森村学園といったところでしょうか。

そうしたお嬢様的イメージの強い、それも比較的裕福に育てられてきて何不自由なく生きてきた、ある意味、性格が良く素直でまじめといったキャラの女子が、英国数受験生となる傾向が非常に多いということです。

こうした環境で育ってきた彼女たちは、勉強へのモチベーションも低くはなく成績も決して悪くはない、そのため算数から数学への移行過程でも蹴躓くこともなく、また数学だけは、個人塾や家庭教師でセイフティーネットも敷かれてあり、比較的苦手科目にはならなかったというわけです。そのため受験科目で数学を選択する道を、自然と選ぶという運命とあいなるのです。

そうした〝お勉強族〟の彼女たちは、特に日本史や世界史という科目には比較的興味がなく前向きに学ぼうとしません。つまりモチベーションが湧いてこないというのが〈私の偏見〉でもあります。つまり歴史音痴が非常に多い傾向にもあるといえるのです。

ここで横道に逸れます。**〝裕福〟で育ってきた生徒は日常が楽しいし、不満とは言えない毎日を送っています。よって歴史よりも地理、地理（世界を旅行する感覚でいるのかも？）よりも〝数学〟（数学がクイズやゲームのような頭の体操と捉えられてもいる）へと、興味の対象がずれてゆくもの**なのです。

歴史とは、さまざまな人間模様が生みだす〝不幸〟の記録でもあり、その因果関係こそ歴史のミソです。そのミソが彼女たちには理解不能、いや想像力が及ばないといったら言い過ぎかもしれませんが、そうした〝難解なる不幸〟のストーリーでもある〈人類の教訓〉に彼女らの意識は向かないのです。

　裕福なる部族は、現実に留まっていた方が心地良い、あえて不幸の記録ともいえる人類の過去への遡行などという行為は、苦痛の学習でしかないのです。よって、**中高一貫校の、それもお嬢様系の学校に通っている受験生は、社会（日本史や世界史）よりも数学を選択する傾向が高いというのが**、私見的一般論なのです。もちろん、小学校のない横浜共立という中高一貫校から数学で早稲田に合格するタイプもありますが、その女子生徒のキャラも概ね以上に申し上げたタイプを逸脱するものではないと思われます。

　こうしたタイプの生徒の問題点を指摘してみると、歴史偏差値が低く、小学校で当然知っておくべき日本史の知識が相当に欠落しているという事実です。また、中学受験で進学校に入った中学3年生ですら、12歳の冬をマックスに、日能研や四谷大塚で必死に暗記した歴史の知識が忘却の彼方へと雲散霧消しているのです。

　この点は男子生徒にも大いに当てはまりますが、**高校生になって、その揺り戻し、いわば再学習への意気というものが、女子にはあまり芽生えてはこないので、さして苦手意識もなく成績も悪くない数学という科目へと靡いてゆく**のです。それに、小学校時代に学んだ歴史へのモチベーションなど湧くはずもなく、政治・経済はもちろんのこと、倫理・社会という思想系の科目への興味も当然ながら湧かないのです。

これはリサーチしてみればという仮定での話ですが、大学受験において、英国数で受験する女子生徒は、教養テレビ番組などほとんど観てはいないのではないでしょうか。バラエティーやお笑い番組のみを見て、大河ドラマは当然、ＮＨＫの『歴史秘話ヒストリア』『先人たちの底力　知恵泉』『１００分de名著』（教え子に勧めはするがほとんど悲しい哉、観てはいない！）といった教養番組も観ていないことは明白です。現に弊塾の教室で臨床的に実証済みです。

では、大学受験での英国数〝理想系〟受験生組に関して、教養という面での、科目での延長戦ともいえる大学における彼女らのキャンパス授業風景なるものを語ってみたいと思います。

世における、数学重視の教育トレンドに乗った〈数学受験組ともいえる大学生〉ともなりながら、その数学をベースに貴重なる講義で、Ｃ言語を学ぶとかプログラミングを極めるとか、今流行りの統計学をかじってみるとか一切しないのです。そうした受験数学をベースにし、ワンステップアップした態度も向学心ももたず、**せっかくの数学という武器を錆び付かせているどころか、放棄してしまっている学生がほとんどなのです。**

数学選択で上智大学外国語学部に進んだ女子生徒は多くいて、英語やスペイン語などは極めはしますが、数学系のスキルを磨き上げた生徒は皆無です。早稲田にしてもそうです。文学部や文化構想学部はもちろんのこと、商学部でさえも、公認会計士など資格を得ようとする生徒は仕方なくそれに必要な商業数学を学びはしますが、女子学生で私の知る限り、プログラミングなど数学を飛躍させて社会人として武器にまでブラッシュアップさせた人は見当たりません。

私の教え子が〝おめでたいバカ〟だとは思わないでください。**これこそが令和時代の女子学生の最大公約数的〝姿〟なのです。**

数学で早稲女やソフィエンヌになった彼女たちは、当然ながら、新書や文庫といった教養書の類とは無縁の生活を送ります。もともと歴史や地理、政治や思想（倫理）を、興味なく回避してきた気質の部族です。当然、大学の履修科目内での参考文献程度はつまみ食いしてレポートを提出し単位をもらいます。まるで高校時代と同じ〝お勉強〟が続いているのです。前向きに、講義やゼミで言及された書籍を読んだり、思想家を調べたりなど当然しません。しかし語学だけは、お勉強の延長戦上でＴＯＥＩＣなどにいそしむのです。

結論を言います。私立単願〝英国数〟受験生女子の概要です。

せっかく数学を標準以上に身に着けたのに、宝の持ち腐れなんてもんじゃない、キャンパスへ通う道端に捨てさるという〝超もったいない行為〟をしています。そもそも歴史などの教養系の下支えをしている歴史や地理や政治といった高校時代の科目を身に着けてこなかったのは、幸せな家庭・学習環境にいたからでしょう。興味が湧くものといえば、ＴＤＬやらファッション、アイドル、韓流、お笑い程度で、プライベートの時間を知的側面の構築に充てるなどの頭は露ほどもない。高校で学んだ日本史や世界史などの知の周辺を再度、大学生の身になってから徘徊する気持ちすら湧かない。さらには、せっかく大学受験で教養英語を読める英語力が身に付きながら、実用英語・資格系英語のみで頭をいっぱいにして、政治・経済系の英語、いわばジャーナリズムなどの時事問題を英語で前向きに読む行為にまで結びつけない〈ミーハー英語〉どまりとなる悲しい現実があるのです。

【補記】女子校生と歴史の因果関係私論

歴女になる中学生や高校生は、現実に何らかの〝不満〟を抱いているか、自身の現実生活なりが〝不幸〟である〝宿命〟を背負っているというのが、私の個人的見解です。詳しく述べませんが、女優の杏さんなどはその典型ではないでしょうか？　彼女なりのコンプレックスや人に言えない家庭的悩みが彼女を歴史へと駆り立てているというのが私の見解です。

事実、彼女のお子さんたちには、普通ならアメリカ人の語学家庭教師なりをつけるのが一般的です。木村拓哉夫妻のように、インターナショナルスクールへ通わせるなどがその典型です。しかし杏さんは、我が子に、今最も売れっ子の歴史学者磯田道史氏を家庭教師につけているくらい、歴史への異常なる愛着心をもっていらっしゃる有名人です。

（2020・4・21）

私大単願〈英国社〉で受験する生徒の将来像

前項は私立単願、英国数で受験する、特に女子生徒に関しての概括論でしたが、ここでは、

私立単願でいちばん多い、英国社、それも日本史（世界史）に限定して語ってみたいと思います。

この英国社の受験生は、恐らくは**積極的日本史（世界史）派とは決していえない部族でありましょう。早くて高校1年、遅くても高校2年で数学に挫折したか、または数学よりも日本史（世界史）でのほうが模擬試験などで高得点が望めると判断した生徒たち**であることは確かです。数学がそんなに苦手でなければ、一応、国公立受験組に進んでいるはずです。たとえば一橋とは言わないまでも、横浜国大か千葉大といった国立を第一志望にするはずです。

彼らはセンター試験という数学ⅡBまでを要する公的試験を回避しているのです。**初めから、英国社といった3科目集中勉強の道を選んだほうが、最低でもMARCH、もしかしたら早慶上智あたりに手が届くのではないかといった淡い期待を胸に、暗記系科目の道を選択する**のが、大方の**英国社の受験生心理**というものです。

この英国社の受験生で、「社」を選択した心理には2タイプあると考えられます。一つは、消極的日本史（世界史）派であります。つまり、〝**国公立あきらめ派**〟とも申せましょう。**数学がダメで、仕方なく日本史という暗記主体で凌げる道を選択した生徒**です。日本史にはそもそもあまり興味も湧かない種族であります。こうした種族は、学校はもちろんのこと、予備校や塾において、日本史なり世界史をカリスマ講師に学んだとしても、その日本史（世界史）の知識を教養として認識できぬ人々でもあるのです。

端折っていえば、**歴史を、因果関係でできている線としての物語ではなく、点としてしか考**

えていない暗記ものと捉えている傾向が大であります。彼ら彼女らは、せっかく知的なフック（知の目覚めのようなもの）を高校3年時に身に着けながらも、その後、大学に進んでそれを使える武器・社会人としての教養にまでステップアップしようとする人が残念ながら皆無なのです。これは、私の経験則で申しているまでです。「いや、私の教え子の中にはその後、進んで新書など読み込み、驚くほどの知性ある大学生・社会人となっている教え子が多数いる」と豪語される教師・講師も当然いることを前提にお話ししているまでです。これは何度も言いますが、私個人の経験内での一般論です。

それに対してもう一方は、**積極的日本史（世界史）派**という種族がいます。数学はそこそこできるが、その数学をあえて捨て、安全な英国社の道を選んだ生徒であります。プチ歴女、準歴史オタクともいえるようなタイプの受験生です。**もともと歴史というものに興味・関心があり、人間ドラマともいえる歴史のストーリー性というものと受験暗記科目とを絶妙にリンクさせて、その科目が趣味の延長線上でもあるかのように、すいすいと頭に入ってくる種族**でもあります。残念なことに、こうした部族であってさえも、大学入学後、中等教育で学んだ歴史という科目を高等教育の段階で人生の知的たしなみとして深めようという殊勝な心を持ち合わせている大学生は、あえて申し上げれば少数派なのです。

当然、高校時代に日本史が大好きで前向きに興味をもったし点数もいいけれど、そのモチベーションをキャンパスライフで維持している学生はいたって少ないものです。これは、小学生時代、中学受験で、歴史をおもしろおかしく習った12歳の少年少女が、中高一貫校に入るや、その知識や興味が薄らいでゆくのと相似関係にあるといえそうです。初等教育、中等教育、高等教育の3段階の過程の中で、前段階の知的関心・興味が消え失せてしまっているのではないかと疑いたくなる悲しい日本の教育風土が浮かび上がってもきます。

文科省が高大接続教育を高らかに謳おうが、私立校が中高一貫教育と偉そうに宣伝しようとも、また、地方自治体が小中接続義務教育を実験的に試みようが、そのリンクはものの見事に綻びてしまう現実がある、それこそが日本の教育の最大の問題点なのです。

数学を捨てた身の上なのだから、いっそ日本史受験組なら、それを教養としての日本史へ高めてもいいし、大学の文学部の講義に率先して出席して世界史を学び直す高邁なる精神をもってもいいのではないでしょうか。世界史組もまた、その逆がいえます。**せっかく高校時代に築き上げた知の構築物をさらなる高みへと増築する健気な学びの精神、もう一棟知的建築物を築き上げげんとする気概**をどうしてもたないのか? 本当に惜しいことです。

「梯子の頂上に登る勇気は貴い、さらにそこから降りてきて、再び登り返す勇気を持つ者はさらに貴い」

（速水御舟）

いずれにしろ、**日本史（世界史）消極派にしろ積極派にしろ、惜しいことかな、大学という高**

等教育の段階と接続してはいないという悲しい現実があるようです。

ある意味で、受験英語という、究極の〝難解英語〟を通過儀礼（イニシエーション）として経てきたにもかかわらず、それをさらなる高みにまでブラッシュアップしてやろうとする〈高邁なる英語道〉に踏み出し、それを踏み台にして英語と親族関係にもある欧州言語（仏語・独語・伊語・西語など）を第二外国語として身に着けよう、そして英語レベルにまで極めようなどといった健気な語学精神が欠落しているのでしょう。

そんな〈学習心象風景〉は、生徒自身に責任があるのか、大学当局にあるのか、はたまた時代の空気にあるものなのかは不明ですが、恐らくは、すべてが複合的に絡み合っていることは確かでありましょう。

書店では、やたらと〈教養〉というキーワードのつく自己研鑽書やハウツー本が、山のように平積みにされている光景を目にしますが、それは高等教育で「もっと勉強をしておけばよかった！」といった後悔の念をもつ社会人がいかに多いかを物語るもので、その心象風景としての鏡とも言えるのではないでしょうか。

中公新書の『応仁の乱』や『承久の乱』、『観応の擾乱』といったプチ学術的書が驚くほどのベストセラーとなっているのが、その証拠でもあります。また、「プレジデント」、「東洋経済」、「ダイヤモンド」といったビジネス雑誌における〝英語○○〟といった謳い文句の特集がいかに多いかも同様です。

現代では、大学生や新人社会人の段階では、自己の資質や気質など自己分析できぬものです。入社後早くて数年、遅くて10年前後、それくらいしてやっと自己の天職・個性・適性・真の好きなことがはっきりしてくるものです。これは、とりわけ文系に進んだ方に該当することです。

個人的見解ではありますが、高校生の段階で毎学期の初め、将来への知的な学びのオリエンテーションなる講義を設け、「どうしてこの科目を学ぶのか?」「この科目が将来自身にどういう位置づけになるのか?」といった見地で語り合い議論し合い、教師も熱く語るような試みも必要ではないかと思うのですが……。「いや、効果なしでしょう!」と冷淡に反論される方も当然いることを前提に述べているまでです。

（2020・4・27）

アフターコロナの教育原風景

アフターコロナの教育界というものを予想してみたい。いや、見えてくると言ったほうが適切かもしれません。日頃メディアで報じられていることが気にかかって仕方がないからです。

テレビ番組などでは、従来の出演者やレギュラーのタレントがネット中継やらスカイプで出演しています。当然、ソーシャル・ディスタンスの風潮にある世論の模範生として、テレビ業界で実行されてもいるのでしょう。「人との接触をなるべく避けるように」との政府の警告の実践例の典型です。

もちろん教育界においても、学校は休校、塾も休講、その代わりオンライン授業が〈仕方なく花盛り〉といったところです。

紙の教材を郵送してくる学校もあれば、ネット配信される学校の先生の映像を自宅で観るように指導している学校もあり、その両者のミックスも当然あります。

塾・予備校にしても、大手から中堅に至るまで、ほぼネットによる映像授業に切り替わってきています。東進予備校（教室に来てDVDを観る形式のもの）や河合塾マナビス（映像授業形式のもの）などは教室ががらんとしていると聞いています。教室に足を運んでまで映像授業を生徒は見ません。自習室すら閑散としているそうです。

経済評論家須田慎一郎氏は、先日、朝のラジオ番組で、日本のオンライン教育の後進性を批判していました。「アメリカと比較して、日本はこのような事態になってタブレット端末やオンラインによる授業の整備が全く整っていない、あたふた状況だ！」と日本の教育インフラの整備のなさを突いていました。彼の口調からは、日本は学校も塾もこれからはすべて映像授業に移行するのが正しいと言わんばかりの口ぶりでした。

実は**彼の指摘は、日本のPISAなどの国際テストへの点数の〝いまいち度〟を改善・修復する方策としては正しいが、日本の青少年の真の学力（国力の下支えともなる学生の知力）を伸ばすか否かの点ではなはだ疑問です。**今般の非常時にかこつけて、即、教育のデジタル化がこれからの喫緊の課題なのだという理屈を短絡的に主張する点こそ、以前、橋下徹元大阪府知事から「勉強の足りないジャーナリスト」と揶揄された所以でもあります。

では、**タブレット端末やパソコンによる映像授業とやらのもたらす負の側面**とは何か。

最近、国際政治学者の三浦瑠麗氏が、「新型コロナウイルスは、格差社会をさらに広げる」と発言していた点を援用して、教育に当てはめてみましょう。

人との接触が〝禁じられ〟て、数メートルの間隔を空けて活動すること、また屋外にはなるべく出ないこと、不要不急の場合を除き自宅にいること、即ち、Stay Home が世の中の標語となっているこのご時世、**必然的に学校や塾などは、ネット配信の映像授業を取らざるをえない**情勢です。こうした映像授業を自宅で観る（自宅学習）ことの、誰も指摘しないマイナスの側面を語ってみたい。

日頃、教室内で生の授業を受ける従来のスタイルの場合、やる気のある生徒とやる気のない生徒に分けられます。やる気のある生徒は、授業で不明なところやわからない箇所があれば、放課後、学校の先生や塾の講師に個別に質問することもできました。**やる気があればそれをフォローするのは、アナログの手法、もしくはきめの細かさが求められていた対面教育です。**

やる気のない生徒でも、放課後、塾や予備校に足を運び、そのブースなり小教室で同じ空間の中、ある程度の緊張感の空気の中、必然的に勉強モードへとスイッチオンすることになっていたはずです。そうした**〝学校ではやる気がないながらも塾ではやる気スイッチが入る〟種族が、**

今やこのコロナ禍で絶滅しかけている点を指摘する者は一人としていないようです。学力の向上よりも〝身の安全〟が優先されるので、自宅学習も仕方ないでしょうけれど。

今般の教育界、学校や塾・予備校も含め、自宅学習を余儀なくされる風潮から、これまで、

①学校だけの授業で力がついたタイプ

②学校だけでは不十分で塾でそれをアナログ形式で補っていたタイプ

③学校の授業はそもそもやる気が出ず、塾の場が真剣勝負であったタイプ

④学校の授業で全く理解ができず、塾の恩恵でかろうじて勉学についてゆけたタイプ

⑤学校の授業なんてチンプンカンプン、やる気すらない、しかも、塾の授業すら効果が薄いタイプ

の5つに分けられた生徒のうち、コロナ禍社会がもたらしたオンライン教育や自宅学習といった方式で実力が付く生徒は、はっきり言って、**①のタイプ**のみでしょう。それ以外の生徒は、自宅の画像授業で学力など身に付きはしないと断言できます。

数学がいちばんいい例でしょう。

高校1年で数学が苦手な生徒は、大手予備校のカリスマ講師による〝高校数学、超基礎、わかりやすすぎる！〟と銘打たれた講義を聞いても、ほぼ8～9割は数学のアリ地獄からは抜け

出せはしません。はっきりと断言できます。小規模の10名前後の授業を聞いても効果薄といったところでしょうか。数学という科目は、特に数学ⅠA以上ともなれば、一対一の対面形式で、鉛筆片手に、紙の上でこうでもないああでもないと説明を受けなければ決して得意とはならない科目でもあるのです。この点、家庭教師のトライが全面閉校となっている事態では、②以下のタイプの生徒は学力崩壊のゾーンに入ったと推察されます。

話は飛びますが、タブレット授業やオンライン授業などのデジタル授業というものは、高等教育、中等教育、初等教育と年齢が下がるにしたがって効果がないというのが私の持論です。むしろ教育上逆効果ですらあります。2歳以上6歳未満でスマホ育児なる風潮が世を席捲しかけてはいますが、これと同義です。脳の発育が飛躍的に進化進歩する12歳近辺までの生徒にとっては、鉛筆で手を動かし、目の前の黒板を観て、フリーハンドで図形などの問題を解く行為こそ貴いのです。タブレット端末で、指ですっときれいな図形が描けてしまうデジタル数学教育など、百害あって一利なしとさえいえます。

この度のコロナ禍による自宅学習でいちばん影響を受けるのは、サピックスや日能研の10歳から12歳にかけての中学受験の少年少女たちでしょう。無論、翠嵐や湘南などのナンバー校を目指す湘南ゼミナールや臨海セミナーの中学生も学力的に影響を受けるとみられます。さらに、早稲田アカデミーやハイステップから早稲田高等学院や慶應付属高校を目指す中学生も、数学や英語などは中途半端な学力で本番に臨まざるをえなくなる可能性が低くないでしょう。

こうした小学生や中学生は、中高一貫の進学校や優秀な高校へ進んだとしても、**「今年度は学力が低い生徒たちだ、そういえば、ゆとり世代をもじってコロナ世代とでもいおうか！」とその学校の教師に学力が疑問視されかねない事態を招く可能性もありますが、そんな将来像はどの教育関係者からも聞かれません。**もちろん今は、そんなことを言っている悠長な事態ではありませんが。

しかしこのコロナ禍が過ぎ去ったあと、日本の教育界は、ほぼ全般にわたりオンライン教育オンリー、デジタル授業旋風という末恐ろしい授業光景が遠くに見えてきて仕方がないのです。東日本大震災のあとの、東北の陸前高田や女川といった港町の、もはや従来の活気が戻らない閑散とした漁村風景と同じ運命をたどるのではないかと危惧されます。町の安全第一主義により、無駄な予算をつぎ込んで、海がまったく見えない巨大な防潮堤を築き、あの美しいリアス式海岸の港町の光景が失われてゆくのと全く同じ運命を感じないわけにはいきません。**〝デジタルという巨大な防潮堤〟が、生徒と教師（講師）の間に成立しているえも言われぬ教育的アナログの魅力を奪いかねない事態が目の前にきている**ことを忘れないでいただきたい。

世界遺産のＤＶＤを観ること、好きなアーティストのライブ映像をネットで観ること、演劇や歌舞伎などをネット配信で観ること……確かにコロナ禍のご時世には、癒し、気休め、ストレス解消、等々に貢献してもくれるでしょう。しかし一年後、二年後、このパンデミックの大津波のあと、マチュピチュやアンコールワットへの旅行者が激減するとか、ライブや芝居への需要が減るとは、当然ながら考えられません。

生の授業、対面授業、教室の授業、個別指導、こうした形式の教育が、数年後、姿を消している日本であれば、日本はもはや、産業二流国から三流国へ、さらにステップダウンすること間違いないと断言しておきます。

前項（35頁）「スーパースターのＤＶＤと二流元プロ野球選手の直接指導」をお読みくだされば、本項の内容が杞憂ではないことを確信されるはずです。

（２０２０・４・28）

数学落伍者の生き方の流儀

『余はいかにしてキリスト教徒となりしか』（内村鑑三）

『我等なぜキリスト教徒となりし乎』（安岡章太郎・井上洋治）

『余は如何にしてナショナリストとなりし乎』（福田和也）

以上の名著にちなみ、僭越ながら、私は、日ごろ書き損じている駄文、青春勉学記なるものを密かに書き溜めてもいますが、その題名こそ、次のようなものと決めています。

『余は如何にして数学落伍者となりし乎』（露木康仁）

数学落伍者は、落伍者なりに、公的には言いづらい、心に秘めた個人的な大義名分というものがあるものです。

作家の曽野綾子は、「二次方程式がなくても生きてこられた」、「二次方程式など社会へ出ても何の役にも立たないので、このようなものは追放すべきた」と発言しました。その夫は、作家にして教育課程審議会会長を務められたこともある三浦朱門でしたが、この発言が引きがねとなったかどうかは不明としても、その翌年、中学過程の〝二次方程式の解の公式〟は必須ではなくなったという経緯があります。

また近年、**橋下徹元大阪府知事は、「三角関数は生きてゆくために絶対に必要不可欠な知識じゃない」と発言**したことで世間（ネット社会）をにぎわしました。

英語学者で通訳者でもある鳥飼玖美子立教大学名誉教授は、「自慢じゃないですが、私は算数から数学までまるでダメなんです。でも、けっして学校の教え方が悪かったからとは言いません。自分が悪かったと思いますね」（『英語コンプレックス粉砕宣言』より）とも発言しています。

三浦夫妻という、ある意味、知的・文系的保守派として自民党の文教政策に影響力のあるお二方の発言など、日ごろ賛同するところ大ではありますが、やはりどうも保守の文化人止まりで、保守の教養人とまで言いきれない面があるように思います。そこが藤原正彦氏や渡部昇一氏との決定的な違いです。**文化人とは、ある意味、政治色に染まった〝教養人〟**と言ってもいいでしょう。極論すれば、政治という魔物によって、知の面が〝下半身麻痺〟となった部族と言ったら言い過ぎでしょうか。

橋下徹氏も、日ごろの発言は過激なものながら、ある意味、自民党よりまっとうな保守の側面は有しています。しかし大阪市の教育行政で、全国学力調査の結果、政令指定都市で最下位になったことを受け、そこからの脱却を模索する手法として、教師の評価や教師同士の競い合いといった、新自由主義的手法を取り入れるなど、教育の側面では、経済的効率第一主義で貫こうとする弱点が垣間見えてもきます。そうした手法が、教育現場では逆効果であることがわかっていらっしゃらないようです。

その点、紅野謙介氏は、「〝ゆとり〟がほんとうに必要なのは教員である」とも語っています。**橋下徹氏や教員免許更新制度を取り入れた安倍晋三などは、教育というものの根幹が全くわかってはいない**ようです。橋下氏はお子さんが7人もいらっしゃる、しかもその子育ては、すべて妻まかせで、「父親としては失格のパパだ」と公言までしています。安倍首相はお子さんがいらっしゃらない。こうした男族が、教育というものの舵取りを誤らせるのです。

さすがに、英語教育改革の保守派でもある鳥飼氏は謙虚です。自己の数学の弱点を他者、即ち、社会・学校・教師のせいにはせず、自己の責任と規定している点です。しかも、数学など必要ないとも言ってはいません。政治的発言は一切しない英語学者でもある鳥飼氏の発言スタンスこそ、真の保守というものの証でしょう。保守であるかどうかは、憲法問題や日韓関係における発言で滲み出るものとばかりは言い切れません。

右に挙げた方々は、作家にしろ、政治家にしろ、英語学者にしろ、非数学のジャンルでは、人後に落ちぬほどその道を極めた人士で、非理系の領域に関しては、その分野の第一人者にまで上り詰めた方々です。

「勇ましいものはいつでも滑稽だ」――小林秀雄

人間の機微を絶妙に描く文章力は、数学とは一切関係ないかもしれません。山本周五郎しかり、藤沢周平しかり、司馬遼太郎しかり。また、人間のどろどろとした欲望うごめく政界でのし上がった田中角栄などは、人たらしの天才でした。彼は、高校数学などとは無縁でしたが、数字の天才でした。その愛弟子、竹下登も同様です。また高名なる英文学者にして博識の人でもあった渡部昇一などは、数学にかかわりない部族のプライドともいえる〈文系の流儀〉を自著でとことん説いていました。

もし令和のデジタルの浮世において、数学という嗜みを手にした人間、理系であれば当然、国立大学へ進学する際に数学ⅡＢまで齧った人間を、まあ一流とし、そうでない人間を二流と規定したところで、**北斗の拳の原作者、武論尊氏の著書『下流の生き方』**の中の名言を引用するとしましょう。

「上流に行きたいと思うから負けるんだよ。下流なら下流の意地で下流に生きてみろ」

学歴的基準で申し上げれば、この「上流」を、数学がある程度わかるくらいに学んできた〝一流〟に、「下流」を、この文脈で数学とは疎遠であった〝二流〟に準えることができるでしょう。

数学を捨てた部族は、こうした武論尊氏のような覚悟がなさすぎるのです。

数学がダメならダメの覚悟をもち、極論ながら、渡部昇一氏のように徹底的に非理系の王道を歩み、ぴか一の教養人・知識人・英文学者などになってやろうとする気概というものが、一般人にはないのです。

「一流は無理でも、〝超二流〟にはなれる」——野村克也

これで成功した野村の教え子がまさしく宮本慎也であり、稲葉篤紀です。かれらは、ヤクルトに入団した時点で、将来2000本安打以上を打ち、名球会に入る逸材になろうなどと誰が予想したでしょうか。古田敦也を加えると、野村の愛弟子が3人も名球会に入るなど、野村はやはり指導者としては名監督中の名監督ともいえる所以です。

数学を捨てるには、それなりの覚悟をもって捨ててほしいものです。芸大を目指す音楽家や画家の卵は、数学など眼中にないほど、自らの技能の鍛錬に日夜勤しみます。まるで甲子園に出場し、その後、プロのドラフトにかかることを夢見て学業は二の次、三の次で、練習に明け暮れる高校球児がごときです。しかし**野球の名門校でも、文武両道を求められる学校もあります。それこそが、文系であっても、数学を捨てないといった教育的理念と通底しています。〈言うは易し、行うは難し〉でもある理想的〝エリート〟の道でもあります。**

この文武両道こそ、教育上の真理「文理融合」と見事にダブって見えてきます。

よく耳にする進学校で強調される文武両道は、ある意味、武がダメならいざというときは文でも生けていけるように、といった人生上の保険的謂といったら語弊がありますが、だいたいその程度で言われているに過ぎません。野村流に言えば、「アスリートである前に、立派な人間たれ」です。長嶋・王クラスのアスリートなら〝武〟のみで人生が生きてもいけるでしょう。しかし、野村級以下の素質の人間は〝文〟も身に着けなくてはならないということです。芸大を首席で卒業した音楽家や画家は、数学など一生無縁であってもかまわないということです。

箱根駅伝に一切無縁で、スポーツに特科した学部をもたず、かつて一般受験で江川卓を落とした慶應大学の姿勢に、文武両道の匂いを感じ取ることができます。また文系でも、経済学部や商学部の入試で大方数学が必要とされてきた慶應大学の入試へのスタンスといったものは、文理融合の基本とさえいってもいいものです。早稲田大学が、政治経済学部で中途半端に数学IAのみを必須にしたところで、江戸幕府の徳川慶喜の大政奉還（辞官納地をしていない！）程度の〝近代化〟にしかなりはしません。実質は、西欧レベルの近代化などとは程遠い、つまり中途半端な文理融合とさえ言ってもいいものでしょう。

成毛眞氏の『日本人の9割に英語はいらない』の題名を、敢えて拝借するならば、

『日本人の7割に数学はいらない』

ということになるでしょうか。ただし、高校数学に関してでありますが（前項「数学随想」をお読みいただければ、私の数学観をご理解いただけると思います）。

（2020・5・4）

9月入学は亡国への一里塚①

9月入学がどうして駄目なのか？ 誰も言わないから私が言う！

9月入学が、今般のコロナ禍によって、白熱した議論の対象となっているようですが、**天邪鬼・臍曲がり居士の私**としては、まず9月入学など、論外と申しあげておきたい。

そもそも**教育とは、3分の2が文化なのか、それとも3分の2が文明の範疇に入るものなのか、どちらに軸足を置くべきなのか、**それを問うてみたいのです。

まず、グローバル化という国際基準の土俵に引きずり込んで、世界の8割が9月入学だから、日本人も留学しやすく、海外の優秀な人材も、大学はもちろん企業にも流入しやすくなる——というまるで楽天やユニクロの企業の論理で、教育を俎上にあげています。それこそが効率性・合理性といった視点のみでものごとを考える、いわば文明に軸足を置いたものです。

まず、早稲田の国際教養学部の話をするとしましょう。

この学部は入学して初めてわかることらしいのですが、**学生に関して、3層構造のカーストがあるようです。最上部は欧米系からの留学生が占め、中間層は帰国子女が母集団の階層、そして最下層が純ジャパともいわれる12歳から英語を学び始めて、背伸びしてこの学部に入った部族**だということです。

授業中でも、トランプ大統領をいじったり批判したりするジョークや皮肉などで、留学生や帰国子女がどっと笑うなか、この純ジャパの連中は、どうして爆笑しているのかもわからず、顔を引きつらせてもらい笑いせざるを得ぬ有様とも聞いています。**日本人が、この日本という国にあって、授業でいちばん肩身の狭い思いをしている皮肉な光景、**果たして、これを是とすべき授業スタイルと言えるのでしょうか。

次に上智大学を例に挙げましょう。

この上智大学、早稲田慶應上智という括りで、受験偏差値ではMARCHの上にランクされてはいますが、この偏差値の内実は、**留学生と帰国子女によって相当高い下駄をはかせてもらっ**

ているというのが、正直なところ、正鵠を射た見方といえましょう。

純ジャパのみであれば、あれほどの偏差値をはじき出すことは不可能といっていいです。でも正直、英語ネイティヴに近づこう、追いつきたいといったモチベーションが、日本人のソフィエンヌに英語猛勉強へと駆り立ててもいて、それがまた上智の個性でもあります。

さて、ここで本題に入るとしましょう。

グローバルスタンダードと称して、日本人が海外に留学しやすくなるとか、海外の留学生が日本に来やすくなるなどといった薄っぺらい論理、尾木ママこと教育評論家尾木直樹（「教育のベルリンの壁を壊す時よ！」と報知新聞4月30日付で叫んでいました）や東京都知事小池百合子などの「9月入学大賛成」に日本中のほとんどの、文化というものを、教育の何たるかを存ぜぬ無知蒙昧なる輩が靡いている有様です。

そもそも9月入学にしたところで、どれほどの数、割合の高校生や大学生が海外留学するでしょうか。近年、日本の学生の留学比率は右肩下がりであり内向きでもあります。**日刊スポーツのアンケート調査によれば、40歳台から年齢が下がるに従い、9月入学反対が激増しています。**

ニッカン緊急アンケート

「9月入学制」10代以下反対77%

1. 10代 **反対１１５人** 賛成30人 １４８人中
2. 20代 **反対61人** 賛成20人 83人中
3. 30代 **反対88人** 賛成31人 １２６人中
4. 40代 **反対１４１人** 賛成１１０人 ２６１人中
5. 50代 反対78人 **賛成１０２人** １８８人中
6. 60代 反対14人 **賛成54人** 72人中
7. 70代 反対10人 **賛成28人** 40人中

（日刊スポーツ　２０２０年4月30日付）

この分布だと、少年少女から青年にかけて、9月入学に関して保守的であるのは、私には不思議でもなんでもありません。バブル体験者の50代以上が9月入学賛成というのは、ある意味当然かもしれないと思います。

仮に9月入学にしたところで、**単刀直入に申し上げれば、一・五流から二流程度のアジア人学生か、ある意味、変り者・独特のキャラの欧米人学生しか日本に留学してこないのは明々白々**です。英語が自在に話せるアジア人なら、第一志望はアメリカ、第二志望はイギリス、そして、**この両国に行けなかったお茶のでがらし族やビールのいちばん搾りならぬ二番搾りの学生が日本に来る**のです。

また欧米人で、わざわざ日本語を身に着けて来日する若者など少数派であり、理系学生が日本の一流大学でサイエンス（大切な基礎研究の特許手前の知識のようなもの）を習得して、日本語は会話程度で帰国するのが関の山です。

中国のエリートがわざわざアメリカのハーバードやエール大学に留学し、一旦グーグルやアップルに就職してある程度の技術的ノウハウを身につけ、中国本国へ持ち帰り、ファーウェイなどの研究者となる、いわゆる〝ウミガメ〟族にとって第二の美味しい国ともなってしまうのです。

スパイ天国とも揶揄される日本ですから、ＮＥＣや日立においても十二分にあり得ることです。**大学研究の最高機密レベルの知的財産が骨の髄までしゃぶりつくされ、数十年後、純粋日本人学生が英語でしか高等教育を学べなくなって中途半端なエンジニアを輩出することになり、二流の外国人が日本の大企業に就職するようになる事態**を誰も予見していません。９月入学による文明的側面の危険性を指摘する者がいないのです。

私は、数学者藤原正彦氏とほぼいつも意見を同じくするのですが、日本の常識は世界の非常識、世界の常識は日本の非常識であってもかまわない論者です。近代の日本の歴史を少しでも齧っていれば、グローバルスタンダードに合わせれば合わせるほど、日本の国益は損なわれ、いわば国際化の負の側面が際立ってしまう点に気づくはずです。

近年では、**世界基準により、非正規社員の激増と格差社会をもたらした〝新自由主義というウイルス〟の流入**が記憶に新しい。小泉構造改革です。**浜口雄幸内閣が金解禁によって世界恐**

慌という〝ウイルス〟を吸い込み、昭和恐慌（悪性インフル）という重篤の病に日本を陥れたのと似ていはしまいか。そういえば、浜口内閣の逓信大臣は純一郎の祖父小泉又次郎でした。何か皮肉めいた運命を感じます。

グローバル化といえば大衆には聞こえがいいですが、日本国民はいつもグローバル化の貧乏くじを引かされてきたのです。大企業では山一証券、北海道拓殖銀行、そして東芝やシャープが記憶に新しい。**「バカな大将、敵より怖い」という人生上の摂理を証明**しているようです。

もし9月入学などを断行すれば（憲法改正と同様に実現不可能に近いと思いますが）、**馬鹿な日本の高校生・大学生は教育システム上（英語でやる授業が増える！など）さらに馬鹿になり、二流の留学生が日本のキャンパスで大手を振って、日本人の税金で賄われている研究施設の恩恵を大いに受け、日本の基礎研究のおいしいところを〝中国のウミガメ族〟のごとく自国にもっていかれる**羽目となることに、誰も警鐘を鳴らしません。

「そもそも日本の東大は明治時代9月入学だった」と、いともしたり顔で、令和の「このコロナ禍をモーメンタム（小池百合子のカタカナ日本語の真骨頂！（笑））として実現すべきだ」と主張する教育白痴知事が多い中、**明治の東大と今の東大では時代背景や東大生の立ち位置やエリート度（青雲の志とノーブレスオブリージュ）が雲泥の差であることを指摘する者も少ない。**ただ、昔と今を比較して短絡的意見を吐いているにすぎません。

明治時代の東大生には、国を背負ってゆく使命感があり、数人に一人はヨーロッパ留学を希望する超優秀な青年であったことを付け加えておきます。また、女子の帝大生など存在せず、必死に西洋に追いつき追い越せの時代でもあったことを引き合いに出して、9月入学はおかしくない、不自然ではないという論陣を張る浅薄なる知識人すらいます。

以前、東大が9月入学を模索し、その他一部の大学も追随しようとしたが頓挫した経緯があります。これは、大学の世界ランキングで、東大が36位だの京大が65位など、早慶でさえ100位以内にランキングされていない、**こうした事情が、9月大学入学モーメンタム（勢い・弾み）となったことは明らかです**。

もし日本の大学のランキングを、こうした9月入学という後追い・見てくれグローバルスタンダードに合わせたら、東大京大早慶などの大学は、恐らくランキングは上がるでしょうが、内実、早稲田の国際教養学部、上智大学の外国語学部のように〝**見てくれランキングアップ**〟**の運命**とあいなるでしょう。あるいは大分県にある立命館アジア太平洋大学に近いものになるかもしれません。

バブル時代、ダイエーのカリスマ経営者が、「売上げ（＝大学の世界ランキング）はすべてを癒やす！」と豪語し、進軍ラッパを吹きながらの薄利多売で、結局はダイエー帝国を崩壊へと導いたのと同じ運命を、9月入学は日本の高等教育にもたらしかねません。はっきり言わせてもらいます。**9月入学は文明国日本の崩壊への一里塚**であると。

また、明治の大蔵省の年度の会計が、1月から3月に国家の予算を編成する都合上、コメ、いわゆる農家の収穫を基準に、学校も4月入学になった（明治の半ば）という経緯を持ち出したり、大蔵省の予算編成の都合に合わせて、本来の欧米基準（9月入学）を二の次にして4月入学となった時代背景を挙げるなどして、9月入学を不自然ではないとする論陣を張る評論家もいます。

しかし**4月入学こそ、日本文化そのものの遺伝子を象徴しています。日本の原風景でもある、野山を背景にした水田の風景、今では貴重となった美しい棚田の光景、井上陽水の名曲〝少年時代〟から連想される夏のあの懐かしい光景、これぞ日本を象徴するものです。横山大観の富士山を描いた日本画を挙げるまでもなく、川合玉堂の日本古来の自然の風景画という文化を象徴する精神性を根絶やしにするに等しいのが9月入学でもあります。**

ここでは深くは触れませんが、天皇家、日本の皇室などはすべて、農業、稲作を遺伝子として、日本の伝統を支え、築き上げてもきたのです（明治以降の慣習ともされるがあえて踏み込みません）。

4月入学は、最も日本らしい文化的風習・習俗であり、教育制度などでは決してありません。

世界では、中国、北朝鮮、アフリカの途上国でさえ、文明の尺度、いわば政治・経済の〝度量衡〟は西暦です。しかし中国は、新正月、春節と称する新年の始まりは1月1～3日ではありません。文化は別物として存在しています。日本人も同様です。よく教え子に「クリスマスまでの一週間と正月までの一週間では、どっちのほうが心和む？　安らぐ？　好き？」と聞きますが、「師走の最後の正月までの数日がいい！」と答えてくる生徒が大半です。これが、日刊スポーツのアンケートの10代から30代の若者が反旗を翻した無意識なる拒否反応であり、彼らの遺伝子が疼いた拒絶反応ともいっていいものでしょう。

正月とお盆、そして何より、日本における4月入学という制度は、稲作文化を背景とした日本人の生活リズムに依拠した風俗・習慣ともなっているものです。制度ではなく文化であるとはっきり言っておきます。

9月入学の国々では、日本ほど四季の移ろいへの美意識を持ち合わせてはいないことでしょう。新入生・新社会人が、桜を背に校門をくぐり、先輩や上司と上野恩賜公園で酒を酌み交わす――これが文化です。桜（さくら）が散る頃、五月（さつき）、五月雨（さみだれ）が来る、そして早乙女（さおとめ）が水田に稲を植え付ける。

ある説ですが、その**さ**という接頭語の意味は、本来は**神**であるそうです。**さ**が住まうクラ（仮の住い）、それが**さ**くらであり、**さ**がおられる季節、それが**さ**つきであり、**さ**が暴れる行為、それが**さ**みだれです。田植えの季節、**さ**にお仕えする女、それが**さ**おとめという。新暦の4月、5月は、さくらから稲作へと連綿と続いてゆく、その年度の新たなる日本文化の、象徴的、特別な季節なのです。

4月入学、4月新年度、これは、受験生がその前の寒い1月から2月末までに体験する心寒い勉学と、ある意味シンクロする、街並みと心象風景がマッチする情緒というものが日本人の内面にはあります。これが真夏の暑い季節、受験生以外、Tシャツ姿の先輩・後輩が、海山にレジャーに明け暮れている光景を目にしたら、受験鬱患者が倍増、社会問題化しかねないと考えるのは私の杞憂でしょうか。それは、受験期の12月から2月にかけて、受験生以外の両親や兄弟が、旅行やレジャーなどに明け暮れていたら、心の沈みようの程度といったら尋常ではないのと同義です。

9月入学は、精神衛生上決して良くないのです。現代の若者は、本能的に、そうしたことを嫌悪しています。4月入学が、教育と文化の両面で、遺伝子として定着した証でもあります。

そして物理的、科学的根拠からも9月入学を否定したい。

今や地球温暖化で、日本のみならず、7月から8月にかけては猛暑です。それだけではなく、異常気象で、記憶に新しい2019年台風19号など、50年、100年に一度の天災が数年ごとに起こりかねません。こうした事態ともなれば、冬の受験シーズンに大雪で、電車やバスなどの交通網が麻痺する程度の事態ではなくなります。

弊塾の生徒に、「夏にクーラーがない生活と、冬に暖房がない生活だと、どちらが嫌ですか？耐えられないですか？」と質問すると、彼らは一様に、ほとんどが「クーラーがない生活のほうが嫌だ！」と応じます。当たり前です。真冬の寒い中でもヒートテックを着て、手袋をはめ、ダウンジャケットで身を包めば、寒い室内でも却って頭が冴えて勉強がはかどりますが、真夏の猛暑の室内で、もしクーラーがなければ、頭がぼ〜っとして勉強など手につかないでしょう。

また、真冬の寒い部屋でも、頭から布団毛布をかぶって眠ることは可能でも、真夏の超暑い部屋では、クーラーがなければ寝付けません。こうして夏は睡眠不足となり、食欲も進まず、冷たい麺類ばかりで体力を落とし、健康まで害する羽目となりますが、真冬は、軽い風邪かちょっとしたインフル程度で済みます。**風邪などは予防如何で何とかなりますが、暑さは予防のしようがありません。**

ここにおいても、今議論されている、勉強のオンラインやタブレットの有無による教育上のデジタルディバイドと同様に、エアコンのあるなしの学習環境によるクーラーディバイドなる不平等が生じかねません。余談ながら、ヒートテックはあるがクールテックなる衣料品がないのが致命的ですね。

東京オリンピックが、猛暑の夏ではなく前回の1964年同様、秋オリンピックにするのが本来の理想であり、アスリートファーストの視点からは筋でもあります。しかしIOCへの放映権料などが絡み、アメリカファーストの都合で東京オリンピックが真夏の開催となりました。

これと同様のことが、日本の9月入学にも当てはまるのです。本来日本では4月こそ、文化的、習慣的、さまざまな見地から都合がいいのです。しかし、アメリカンスタンダードに合わせようとする愚挙、これに異議を唱えようとはしないマスコミや知識人がなんと多いことでしょう。呆れてものも言えません!

比喩として少々飛躍しますが、フランスのパリにはソフトドリンク、特に缶コーヒーなどの自動販売機は一切置かれていません。法律で禁じられているからです。フランスのカフェの文化を守るためです。本来なら、消費者ファーストで便利な自販機を設置し、手ごろで便利な缶コーヒーを街角に置くのがグローバルスタンダードというものでしょう。しかしそれに反対し、文明の象徴としての缶コーヒーを否定し、**文化の象徴でもあるカフェという店舗を保護しているのです。**

教育にもこうした目線が必要ですが、合理主義、効率主義、経済第一主義といったイデオロギーに染まった政治家・教育者・知識人がなんと多いことでしょうか！　ある本の題名を彼らに送りましょう。

「便利は人を不幸にする」

この逆説を真理として認識し、心にわきまえているか否かが、真の教養人であるかどうかの試金石でもあります。

何度も申し上げます。今般の9月入学は、昨2019年に中止となった英語4技能を試す民間試験以上に国益を損なうものだと。恐らく、頓挫するのは明らかです。今回、この9月入学に賛同を示した日本中の知事、教育評論家、知識人の名前を忘れないでおきましょう。

（2020・5・11）

9月入学は亡国への一里塚②

9月入学がどうして駄目なのか？

9月入学の間接的弊害とはどういうものかを語ってみたい。

縦長の日本列島はほとんどの県が海に面し、3分の2が山岳地帯で占められています。こうした日本の風土から生み出される四季の豊かさ、稲作から生まれた水田の光景などの諸条件が、日本人の気質に典型的な〝もののあわれ〟を生み出したといっても過言ではありません。**この海彦・山彦伝説ではないですが、彼らが住まう国で稲作という生活サイクルによって規定されたものこそが、日本人の精神構造**でもあるのです。

明治の初期、太陰暦を太陽暦に変更しましたが、正月やお盆、お彼岸などはクリスマスと共存してもきました。そして、桜が列島全体を北上し、撩乱と色づく3月末から5月初旬、ほぼそれと軌を一にするように新年度が始まります。別れと出会いの季節を国民の花、桜が短いながらも、優しく見守ってくれるのです。

自然豊かな海や山、そして田植の季節に、桜が新年度のゴーサイン（新たな年の船出）を出します。**これこそ日本人のメンタルを養ってきた淵源です。これを、グローバルスタンダードと称し、コロナ禍を大義名分に、火事場の騒動で〝文化の大革命〟を引き起こす政治家（知事）など、国**

を愛しているのか否か、真の母国愛が試されることになるでしょう。

そもそもコロナ休校で、授業日数が足りないとなればこの機を利用して、いっそのこと、〈9月入学の令和維新だ！〉と宣言したのが村井嘉浩宮城県知事でしたが、防衛大学校上がりのわりには、真の愛国心がないと言わざるをえません。**愛国心とは、なにも防衛や安保といった蛮勇の文明的側面ではなく、情緒的な文化的側面を優先し重んじる精神です。大和心《やまとごころ》とは、武勇的な精神ではなく、和歌などににじみ出ている、むしろ〝めめしい〟精神のことであると保守派の守護神小林秀雄も述べています。**

谷内六郎、原田泰司の絵画に、どれほど日本人はある種の名状しがたい郷愁といったものを感じるか。

中田喜直の作曲した「夏の思い出」「ちいさい秋みつけた」「雪の降るまちを」や、その父中田章の作曲した「早春賦」など、日本の廻りゆく季節のBGMとして日本人の遺伝子をどれほどこれまで和ませ、癒やしてくれたことでしょう。

中島みゆきの「春なのに」や松任谷由実の「春よ、来い」にしても、桜と別れ、出会い、悲哀といった人生のさまざまなる情景を歌い上げた歌謡曲・ポップス、フォークから童謡に至るまで、名曲がどれほどたくさんあることでしょう。これからも、3月から4月にかけての人生の分岐点をモチーフにした名曲が続々と生まれてくることでしょう。4月入学のみならず4月新年度の、日本の音楽文化への多大なる影響は計り知れません。ちなみに、昔私が高校生だったころ、竹内まりやのヒット曲「September」の世界が理解不十分であったのは、日本の教育システムが4月入学であったことに起因しています。

こうした4月新年度を人生の舞台とした名曲への共感が、これから先、9月入学などに変更されようものなら、平成末から令和にかけての若者が、昭和演歌の名曲、「津軽海峡冬景色」「北の宿から」「舟唄」などの心象風景が理解できないようになり、「ママ、これ（森山直太朗やコブクロやケツメイシなどの〝さくら〟や〝桜〟の名曲）がどうしていい曲なの？」といった言葉を吐く、時代背景に無知なために感性も鈍感な子供たちを生み出しかねません。昭和・平成の名曲が、〝古典（平安時代の和歌のような）〟となりかねないでしょう。

東京のタワーマンションで育ち、自然豊かな野山に一切無縁で育った〝デジタルネイティブチルドレン〟、いわばゲームの世界とTDLやUSJのレジャー施設のみで心弾ませる少年少女を生みだしかねない空恐ろしい将来の日本を想像するのは私の取り越し苦労でしょうか？

もし9月入学にしたなら、加速度的に、日本人の感受性・共感力・繊細さといった美徳を消滅へと導き、こうした〈4月入学という制度と音楽文化の幸福なる共存〉という状況に見られるような、よき文化の伝統の消滅を招来しかねません。

私は何度も強調したい。**初等教育（幼稚園から小学校）は文化が5分の4、中学時代は文化が3分の2、高校時代は文化が2分の1、そして大学時代は文化は3分の1、こうした比率で教育を認識しなくてはならないのです。**

生涯にわたる親友の濃密度がこれを証明してもいます。これは、アナログの重要度とも比例しています。**アナログは、ある意味感性を育み、デジタルは知性を磨き上げる。**これを忘れて、大学入学は9月だから、高校入学も9月、そして中学入学も9月と、今般の9月入学案がファシズムのように受け入れられでもしたら、これは、文化としての教育に癒やしがたい禍根を残し、国家、国民の美徳の消滅ともなりかねません。**今や盛んに喧伝されている教育ツール、いわゆるオンライン教育は、中学生や小学生にはまったく効果がない、いやあまり効果がないと言っておきます。効果があるのは、ゲーム脳、デジタルタイプの少年少女たちでしょう。**

コロナが収束したら、即刻、こんなデジタル教育は中断すべきであると主張しておきます。恐らくこうした意見は超少数派であることを前提に言っているまでです。**大学生ともなれば、オンライン教育にしても弊害は少ないでしょう。理由は簡単です。20歳前後ともなれば感受性が鈍り感性も枯れ始める。**「早く読まないと大人になっちゃう」というのは、ある出版社の文庫本のコピーですが、漱石、芥川、太宰、三島などの文豪の名作は、少年少女時代に読まねばならぬ必須のアイテムなのです。

文学とは、感性を磨き、感受性の耐久年数を増やす効果があります。知性とは、歳をとるに従い磨かれてゆきますし、知識も増えてゆくものですが、感性は萎びてゆくのが人生上の摂理です。歳をとると音楽を聴かなくなるのは、ある意味、その典型といってもいい。知性は仕事でも磨けますが、感性は仕事で摩耗されてゆくのが私の持論です。だから音楽や絵画などの芸

術を通して自助努力で磨いてゆくしかないのです。古典的名作は、歳をとってから読んでも効果がないのです。

私が何度も引用する数学者藤原正彦氏の名言に、「小学生に必要なのは、1に国語、2に国語、3、4がなくて5に算数。パソコン、英語、そんなのどうでもいい！」がありますが、これぞ、教育とは文明ではなく、文化に基軸を置いてなされるべき論の鉄則です。

巷でよく耳にする、小学生からキッザニアで職業体験、中学生から株のデイトレードの学習などは、モノ好きな親が勝手にやればいいだけのことで、世の中が率先して奨励するべき教育ではないと、天邪鬼居士の私としては主張しておきたい。**これぞ、移民で成立している、弱肉強食が背後にあるアメリカ流教育以外の何物でもない**からです。

天才数学者岡潔の言葉、「数学は情緒にある」を敷衍すると、「論理とは情緒にある」となります。これを飛躍ととるか真実ととるか、それが真の教養人・知識人・教育者であるか否かの分かれ目でもあります。

これがわからぬ文科省の輩が、高校生の国語の教科書を「文学国語」「論理国語」と股裂き状態にする愚挙にでたのです。学びの真理、王道を理解していない大勢の知事や教育評論家尾木直樹氏などは、宮城県知事村井嘉浩の9月入学案に浅慮的付和雷同しました。コロナ禍の火事場で、どさくさ紛れの表層的グローバル論を提案したものの昨年頓挫した英語民間試験の導入や、国語・数学の記述問題の採用のごとく、コロナへの国民の恐怖心が収束してゆくのに比例して、9月入学案は消滅してゆくこと間違いなしと言っておきましょう。そこまで日本人は馬鹿ではないと信じています。

三島由紀夫が『文化防衛論』の中で天皇を基軸に置きましたが、私はあえて主張します。4月入学を『文化防衛論』の基軸に捉えたいと。

明治期に雛形のできた文明の側面に入る政治・経済・教育制度のシステムが、第二次世界大戦ですべてアメリカ型になっても、実は4月新年度、4月入学という慣例を、幸いなるかな、GHQは素通りしました。その文化的慣習が存続したからこそ、日本人の豊かな感受性・感性が損なわれずに済んだのです。9月入学など断行したなら、日本文化、野山を背景にした水田、棚田の光景、川合玉堂の日本らしい野山の風景や向井潤吉の描く古民家への共感、谷内六郎や原田泰治のメルヘンチックな絵画への思い入れ、こうした情景へと誘う**日本文化に根差した郷愁感、つまり〝もののあはれ〟**を自ら放棄する行為となることだけははっきり断言しておきます。

今やポスト林修とさえ言ってもいい、超売れっ子歴史学者磯田道史氏の『「司馬遼太郎」で学ぶ日本史』の中で語られている一節を取りあげ、締めとします。

司馬遼太郎が最晩年、大阪書籍という教科書会社から「小学生の子どもたちにメッセージを書いてください」という依頼を受けて書いた〝二十一世紀に生きる君たちへ〟という短いエッセイについて磯田氏は次のように評しています。

司馬さんがこどもたちに伝えたかった主旨は、おそらく日本人の最も優れた特徴である「共感力」を伸ばすことだったと思います。司馬さんのこの文章内の言葉で言えば、「いたわり」です。他人の痛みを自分の痛みと感じること――どうしたら相手は辛いだろう、どうしたら相手は喜ぶだろうといった、相手を慮《おもんばか》る心が日本人は非常に発達していることを司馬さんは指摘します。

（2020・5・11）

学ぶ意志ありきの〝性善説〟に立ったオンライン教育論

人は学ぶという意志・向上心があるという教育上の〝性善説〟ありきでことが進んでいるようです。今般のオンライン教育推進の風潮が過剰になっていることには違和感を感じます。このコロナ禍を〝絶好の機会〟にと、デジタル・ネット系シンパの学者や教育評論家が、したり顔で「教育における遠隔教育が、これから絶対に必要だ！」とわめきちらしているのです。

コロナ禍以前も、すでに私学と公立間では当然、私学間でも公立間でもすでに凸凹のデジタル格差が存在していました。遠隔授業は、英米に20年は遅れを取っているそうです。今から、けちな政府に莫大な国家予算で英米並みにオンライン授業のインフラを整えることを求めるのは、今から日本が、GAFA並みのグローバル企業を生み出す国家政策に踏み出すに等しい愚挙とさえ思えます。コロナ禍で、教育というものの文化的背景を考慮した理性的判断ができないのでしょう。

そもそも、**弁護士を目指す社会人**は、猛烈なる動機で、伊藤塾（弁護士予備校）のオンライン授業をうけています。また、**学費の一部をアルバイトなどで賄い、必死で大学を卒業しようとしている学生**の、オンライン授業の態度・姿勢は、社会人のそれには及びもしないが、微熱ながらあたたかい動機というものが感じられます。

これに対して、**準義務教育ともなっている高校生や義務教育である中学生・小学生**には、オンライン授業の学びへの温度差（熱いから冷たいまで）というものが存在している現実があることを指摘しておきたい。学費の何たるか、どれほどありがたい中等教育の機関に通わせてもらっているか、その恩恵に無感覚な子供たちでもあります。

弊塾では、生徒に、オンライン授業に自宅でどう対処しているのか、質問します。すると、2倍速や早送りで、適当に観ていることが判明します。宿題画像を〝学習〟したことにして、終了ボタンをクリックしている者が意外と多い。ただしこれは、弊塾の生徒をもとにしての意見であることを断っておきます。

したがって紙の教材を送られてきても、まるで夏休みの宿題プリントのように、頭は3割程度稼働するのみで、深く考えることもなく、ただ〝事務処理学習〟のような無機質な学習行為ともなっているのが実状です。これは今までやってきた内容の復習の範疇です。

それに対して、予習のための課題すら出している私立の学校もあります。こんな予習タイプの自宅学習など、少々英語や数学ができになり、教える時間、暇がある親御さんでなければ対処のしようがありません。

以上が、コロナ休校での家庭学習というものの陰の面・死角です。

では、これからポストコロナの世の中で推進されかねない、オンライン教育の盲点とやらを申し上げましょう。

大まかに単純化して区分すると、以下のようなタイプの学びの生徒像が浮かび上がってきます。

①　5分の1　学校の授業で十分理解できる、しかも、自宅学習がきちんとできる
②　5分の1　学校の授業で十分理解できる、しかし、自宅学習が意志的にできない
③　5分の1　学校の授業では教室内という拘束があるため、しぶしぶ50分授業に出ているが、そこそこ理解ができている、しかし自宅学習する意思など当然ない
④　5分の1　学校の授業では理解不十分で、しかも自宅学習しても理解不十分、当然、やる気もなし
⑤　5分の1　学校の授業ではやる気もなし、当然授業は理解不能、しかも自宅学習など何するものぞと全くしない

こうした、学校内の現状を考慮のうえで、オンライン教育論を展開しなければなりません。

ところがすべてがすべて、生徒全員にやる気があって学びたいという学びの〈性善説〉に立って、それを前提にしての〈オンライン教育是認論〉が現在展開されているようなのです。

一般のネット、ユーチューブなどで活躍されているオンライン教育推進派（IT系会社に関与する知識人＝夏野剛・堀江貴文など）が論拠としているのは、自身の将来の目的・目標がしっかりあり、学校の部活や課外活動などウザく思う超個性派少年少女で成功しているデジタルオンライン授業です。それを成功例・将来のモデルケースのように挙げて、牽強付会的にアピールしているのです。〝デジタル教育翼賛会〟のように思えて仕方がありません。

カドカワが主催するN高校の事例を挙げるまでもなく、紀平梨花のようなアスリートが通うタイプ、集団生活になじめないタイプ、デジタルネイティブタイプ、好きなことのみやりたい（eスポーツのゲーマーを目指すとか）タイプ等々個性豊かな少年少女を対象としたオンライン教育の手法・利点など、〈陽の側面〉のみを強調して、これこそが、コロナ禍にみまわれている現代の教育状況を克服し突破する、将来の教育ツールとしてベストであるかのごとく、悠然とアピールされている点には誰も反論できないかもしれません。コロナの恐怖から、〈対面授業＝悪〉論が吹き荒れている今、アナログ派は劣勢に立たされています。

こうした種族の10代の若者は、自身の夢・目標・仕事など、ある程度はっきりしていて、ある意味、勉学は二の次、高卒の資格さえ得られればそれでよしとする人々です。部活も教室内の交友関係も二の次です。それに対して、ごく普通の7割から8割の生徒は、将来像などはっきりしてはいません。教室に足を踏み入れて、何とかしぶしぶ出席し、赤点回避で卒業できればそれでよし。また、マシな部類ではあるが、定期テストでそこそこの点数をゲットし、指定校推薦やAO入試で、そこそこ満足のゆく大学に滑り込めれば御の字なのです。

このような思春期の、学びの心が揺れ動く少年少女たちに、そもそもすべてがすべてオンライン教育を施したところで、どれだけの効果があるといえるのか？ まず問題提起してみましょう。

すべての子どもに、タブレット1台といった理想的な、一種学びの平等を絶対是とする方針なんぞは、イージスアショア2基を山口県と秋田県に配備するのと同じくらい税金の無駄であると言っておきましょう。学ぶ機会の平等を声高に叫ぶ教育共産主義者と、北朝鮮ミサイルの恐怖を煽って国民の生命第一主義を唱える似非愛国主義者の反論は覚悟で言っているのです。

仮に、仮想の世界のことであると何度もお断りしよう。もし仮に、日本全国の小学校から高校まで、日本でいちばん進んでいる私立校の完全なる欧米並みのオンラインシステムが、一瞬にして日本中津々浦々まで実現したとしましょう。

まずは前記の**①のみの生徒**しかオンライン授業は効果なし、またN高校に登録している資質の生徒にしか、デジタル授業なるものは効果なしと、はっきり断言しておきます。

②のタイプは、学校で理解できた内容を、自律心の欠如か親の規律の弛さか、自宅での誘惑（ゲームやユーチューブ）が多いのか、自宅で復習なり反復演習なりができない種族です。**こうした少年少女たちは、放課後、塾・予備校で学ばざるを得ない環境に慣れきっています。**ここにこそ、世にいう〈塾歴社会〉の一面が垣間見られます。**こうした規律・自律といった〝学びのコア〟を有しない生徒**は、塾であれ予備校であれ、外発的・強制的空間ともいっていい教室内でなければ、学びのスイッチが入りません。よって**②のタイプ**は、オンライン教育もほとんど効果なしと言っておきましょう。

③のタイプも②のタイプに準じます。アナログ的〈教室という物理的・肉体的拘束〉というものが、最低限、彼らの学びの意欲を担保しています。そして、授業内では何とか教師の説明も理解できています。しかし**彼らは、放課後の自宅や塾という場がなければ、当然のごとく、〈リードを外された躾のなっていないペットの犬〉のように、主人（教師や親）が苦労して捕まえにゆく羽目となります。**オンライン授業という手法は、自身を律する学びの心的態度を有しないそんな子供たちには効果薄とだけは言っておきましょう。アマゾンの原住民にパソコンを与えるに等しい政策であると誰も口にしないのは、世の大バッシングを受けかねないからです。**ビートたけしの「赤信号、みんなで渡れば怖くない（車の方で止まってくれる）！」ではないですが、「コロナ禍、理想論（人命第一＝リモート教育）を唱えれば怖くない（非難されない）！」ということでしょう。**

④と⑤のタイプに関しては、そもそも論ではありませんが、**オンライン教育やタブレットでの授業、デジタルツールの教え方では、砂漠で稲を育てるに等しい**とだけは言っておきます。**④と⑤の生徒に、リモート授業で勉強を教えるのは、〝木に縁りて魚を求む〟**がごとしと断言できます。それほど無駄な行為です。しかし教育とは、文化的側面からは、無駄を覚悟でしなくてはならないのは、国家防衛における軍隊（自衛隊）と同じ要件であることは弁解しておきましょう。ここが、〝教育環境整備共産主義者〟とわずかながら意見の同意をみる点です。弁解ながら申し上げておきます。

実は、**④や⑤のタイプの生徒**のためにこそ、税金で、ハイテク機器のタブレットなどではなく、生身の教師の待遇改善、環境整備、人員の増加、こうした要件を優先させねばならないのです。ゆとりのある（金銭的にも時間的にも）教師は、質やスキルも向上し、**④や⑤のタイプ**だけでなく、**②や③**のタイプの生徒たちも、優秀な教師が多数いればいるほど、**①のタイプ**のゾーンに格上げ可能ともなります。

教育におけるデジタル機器信仰は、学校（初等・中等教育）というトポス以外が、今やすべてIT社会（スマホが常識＝アマゾン帝国）となり、ビジネスの論理（効率性最優先）で、学校を裁断しています。〝半分軸足を文化に置いた教育〟というものを、ないがしろにしている節が大いにあるのです。

タブレットの導入やオンライン教育の推進が、ステルス戦闘機の導入やイージスアショアの設置とダブって見えてしまうのは、私の思考的幻覚症状でしょうか？

ハイテク教育機器より生身の教師の待遇改善こそが優先されるべきは、莫大な防衛費をイージスアショアにつぎ込むより、自衛官の待遇改善に向けたほうが結局は長い目で見たとき、自国防衛にとっても国益ともなるのと同じ理屈です。これは私の素人的個人的見解にすぎませんが、自衛隊の憲法記載という〝花〟以前に、まず自衛隊員の〝実〟を優先させるべきでしょう。

今の自民党の政治家は、軍事安保や教育安保とは何かが、おわかりになっているのでしょうか？　コロナ禍後、数十年、今度は干魃や異常気象などで、必ずや地球レベルの食糧危機が襲ってくるでしょう。そのときはもう、外国がマスクを、消毒液を、ワクチンを売ってくれないというレベルではなくなります。食糧安保が浮上するのです。日本国の食糧自給率を考えれば、近い将来、地球規模で食糧難が到来したときのうすら寒い日本の未来像が見えてきてなりません。軍事安保にしろ、食糧安保にしろ、教育安保にしろ、本末転倒の深慮なき政策ばかりが目に付く現在の日本の政治家たちです。

（2020・5・19）

2月休校要請は学徒出陣に同じ！

「ポストコロナはオンライン授業に大きく舵を切らねばならない」だって？　バカも休み休み言

えと言いたい。

奈良時代、鑑真和上の命を賭した来日、遣唐使の命がけの留学、〝虎穴に入らずんば虎子を得ず〟ではないが、やや無鉄砲な言い方をさせてもらえば、「危険を避けようとすればするほど危険なことはない、それが今の状況である」という逆説的真実が、世の政治家は仕方がないとしても、教育面における学校関係者は認識できないでいるようです。今や教育を取り巻く状況が〈生命第一主義〉で思考停止状態になっている点を、さすがにわかっているのは、藤井聡氏や三浦瑠麗氏など少数です。

人間とはどういう生き物で、子供の学ぶ深層心理がどんなものかさえもわからずに、コロナ恐怖の幻想（これぞ医学的慎重さ優先の扇動・集団心理）をだしに、オンライン教育ばかりを主張する政府・マスコミ・知識人に問題提起をしたい。

「人はパンのみにて生きるにあらず」をもじり、「子供はオンライン教育のみにて成長するにあらず」「青少年もデジタル教育のみで学ぶにあらず」と。教育に関しては「角を矯めて牛を殺すなかれ」と。

ある劇作家が語っていたが、「アフターコロナの世の中、人間のみが生きおおせて、そのあとの世の中が、芸術も文化もサブカルも、超庶民的な歓楽街も一切消滅した社会であったとしたら、それはどうであろうか？」と。

農薬の怖さに警鐘を鳴らした『沈黙の春』（レイチェル・カーソン著）という本があったが、〈沈

黙の春〉ならぬ、アフターコロナの社会は、〈沈黙の街〉ともなりかねないのでしょうか。

クラシックのコンサートやロックのライブもない。演劇や歌舞伎、そして映画も観ることがかなわない。美術館や博物館の数も半減し、ネット予約で当選した極少数者しか入館できない。新宿のゴールデン街や横浜の野毛の飲み屋街も消滅している。数年後、十年後、こんな時代が、アフターコロナの社会で続いたとしたならば、どうでしょうか？

「いや大丈夫！　ネットやDVDなどで娯楽を味わえばいいし、モノはアマゾンで注文し、自宅で飲酒すればいい。子供には、ヴァーチャルリアリティの眼鏡をかけさせてディズニーランドを仮想体験させればいい！」といった〈デジタル馬鹿〉が増殖しているようですが、**こうした連中こそ実は、〈コロナの敗北者〉なのです。誰も言わないから私が言いましょう。《真のコロナへの勝利》は、《ビフォーコロナの世の中に戻すこと》**であると。

実験主体の理系の学生、体育系の学生、音大系の学生は、ポストコロナの、デジタル、オンライン教育と喧伝されている世の中になったならば、果たしていかなる存在、いかなる立ち位置となるでしょうか？

70代以上の方と比較すると断然死ぬ確率の低い、小学生から高校生に至るまでの初等・中等教育に関して申し上げると、命と教育とを冷静に、理性的に天秤にもかけられないのが、**新型コロナウイルス感染症対策専門家会議の意見を鵜呑みにしかできない安倍首相です。彼自身で判断できず、2020年の2月に休校要請を行った判断が、私には東条英機内閣の〝亡国の判断〟**

である学徒出陣に、ダブって見えてきてしまいます。

今般の休校措置は、ある意味、誤判断であったとはっきり言わせてもらいます！　子供の命第一、勉強は第二、勉強は取り戻せるが、命は取り戻せない。こうした、首相でも凡人でも少々お目出たい奴でも吐ける、〈倫理的仮面を被った論理〉で、今回の教育的悲劇がもたらされたといってもいいでしょう。

これが教育界を〈泥沼状態〉にし、そして馬鹿らしくも愚かしくも、〈9月入学という亡国の案〉までが浮上するきっかけとなったのです。危険を避ければ、それがどれほどのものを失うか、その智慧（≠知恵。禅的意味合いである！）というものが欠落している指導者です。これは、教員免許更新制度から近年の下村博文指導の下で頓挫した新テスト全般に至るまで、すべてがすべて、ミッドウェー海戦から硫黄島の戦いまでの帝国陸軍の戦法が無残なる失敗（敗戦）に終わったことと同様です。危険な状況下において、真の意味での知的、冷静な損得勘定という算段ができぬリーダーであることは、アベノマスクで証明済みです。

学徒出陣とは、学生の勉学は二の次、三の次とし、国家存亡の危機に際して、鬼畜米英との戦いで大学生を戦場へと駆り立てたものです。〝国家の死と君たちの勉学はどちらが大切か！国の命、国体護持がまず第一であろう！〟といった論理でいかに多くの若者が学び半ばにして戦場で散っていったことでしょうか。彼らは、心で涙していたに違いありません。

令和の国難コロナ禍を大義名分として、人命第一（子供の命がまず第一）と称して、国中が誰一人NOとも言えず、国中が一斉休校となったのが、2月の休校措置でした。空気は学徒出陣のときと全く同じでした。どこかの私立の校長か理事長あたりが、それに反旗を翻してもよかったのに、誰一人いなかったのは、残念なことだったのか仕方がなかったのか判断は留保しておきます。

アメリカと戦い、日本の国体を死守しようとするその勇猛なるバカ精神は、コロナと戦い、何が何でも子供の命を守る、勉学は二の次でいいといった浅はかな思考と重なって見えてきます。これを暴論と見る人を前提に語っているのです。コロナ禍に飲み込まれた安倍の判断は、戦前の東条の思考レベルの低さにダブって見えます。令和の小学生や中学生が、どれほど、教室内で泣く光景がテレビに映しだされたことでしょうか。高野連が発表した夏の甲子園中止も「欲しがりません、勝つまでは！」の精神にダブって見えてきてしまうのです。

教育は別もの、線引きして判断してくださいとは、口が裂けても言えないし、また、そうした大局観も持ち合わせていない指導者たちです。安倍首相以下、西村康稔新型コロナ対策担当大臣、加藤勝信厚労大臣の面々を洗脳している、コロナ禍でメディアに登場している感染専門家三羽烏を挙げておきましょう。尾身茂（文春砲の標的にされている人）、西浦博（8割おじさんとして有名になり、帝国陸軍大本営発表のスポークスマンに重なって見える人物）、岡田晴恵（デビ夫人から超毛嫌いされている人）の、人命第一原則居士・大姉の面々です。

（2020・5・25）

9月入学制度は鹿鳴館の夜会！

以前、日本車の海外進出に圧倒されて、アメ車の販売実績が振るわなかった時代がありました。日米貿易摩擦で日本車がやり玉に挙がった頃です。日本の貿易黒字の原因が、日本車の優秀性にあることにその理由を見つけられず、いや目をつぶりたいのが本音であったのでしょう、日本車バッシングの嵐が米議会でも吹き荒れていた懐かしい時代のことです。GM、クライスラー、フォードといったアメリカ自動車会社の一部の首脳に、**「売れない最大の理由は、左ハンドルが原因だ。日本と同じ右ハンドルにして日本に売り込めば商機が見いだせる」**と発言する者までいました。相当お目出度い幹部の発言でしたが、日本の政治家や自動車会社の連中は当時、鼻で嘲笑っていたことでしょう。

さて、9月入学は頓挫しましたが、この**9月入学信奉者**が、依然として多数世の中にいらっしゃるので、その〝**鹿鳴館主義者**〟に論題を投げかけるとしましょう。

インドはそもそも日本同様に4月入学です。それなのにアメリカのIT企業の中枢はもとより、一流大学にも高い比率で在籍していることは厳然たる事実です。インドにおいては、**英語という言語が準母国語**であり、**数学教育の先進国**でもあることが、4月入学でありながらも、アメリカなどに優秀な人材を送り出す淵源ともなっているからです。しかし、アメリカや欧州から、最先端の技術を学びにアジアの途上国へと留学する若者は皆無です。この点、中国も同様です。世界最先端の技術を中国に学びにくる、アメリカやヨーロッパの留学生の話など全く耳にしません。この点をまず頭に置いていただきたい。

日本人の場合、英語が堪能な学生は、自然科学はもちろん、社会科学から人文科学に至るまで留学する人は大勢います。片やアメリカ人の場合、**日本語が堪能で日本に留学する人は、人文科学は当然いるであろうが社会科学は比率的に少なく、ましてや日本に世界最先端のサイエンスを学びに来るという学生は、あまり聞いたことがありません。**端折っていえば、**日本の文化（アニメなど）は心惹かれるが、文明（サイエンス）には、知的誘惑心が疼かないということでもあるのでしょうか。**

アメリカ人で、日本のメディアで名が知れ渡っている人物といえば、ドナルド・キーン、ロバート・キャンベル、デーブ・スペクター、お笑いのパトリック・ハーランといった文系人間ばかりです。厚切りジェイソンは、理系でありながらも、ビジネスで日本に来た人ですし、理系で来日し、日本で活躍されている有名人（知識人やタレント）は、数学者のピーター・フランクル（ハンガリー出身）くらいしか、寡聞にして思い浮かびません。

これほど自然科学系でのメディアでの有名人が少ない状況を鑑みても、欧米からの大学生レベルの留学生は、これから日本の国力が右肩下がりの趨勢の中では、まず見込み薄と言ってもいいでしょう。

バブル以前、世界に名が轟きわたっていた日本の大企業がすっかり影をひそめた令和の時代、そして、少子化で大学が経営第一、教育第二、研究第三という位置づけで〝サービス企業化〟しているなかにあっては、**海外の優秀な学生**には日本の〝駅弁大学（懐かしい言葉）〟は足元を見透かされている感も否めません。

こんな状況下、形ばかりの9月入学にしたところで、明治の元勲井上馨による欧化政策同様、名ばかり制度となるのは必定でしょう。「9月入学は、教育の開国だ！」「教育のグローバルスタンダードへ！」などといった勇猛な大合唱が続き、4月入学は、因襲、頑迷なる時代遅れの教育の〝非関税障壁〟ともいわんばかり論調が最近まで続いていましたが、4月入学制度を変えることが、そもそも憲法改正以上、天皇制廃止以下の可能性で、ほぼ不可能であることに、世の政治家もお気づきになったのではないでしょうか。

9月入学論が沸き起こった背景からは、大学入学共通テストにおける〈英語民間試験の採用〉と〈国語・数学の記述問題の導入〉と同じような超浅はかで表層的な構図が透けて見えてくるようです。

「風が吹けば桶屋が儲かる」と同じ論法が、〈9月入学論噴出〉や〈英語民間資格系試験の採用決定〉の背後にあるのだと思います。

いちばん浅薄、いや馬鹿らしい論拠は、「9月入学にすれば、海外の優秀な学生が来日し、日本の学生も海外に留学しやすくなる」というものでした。これは、〝小学校から英語を始めれば、英語がしゃべれる日本人が増える〟とか、〝使える英語を中等教育で中心に据えれば、皆、英検

やらTOEICの勉強に勤しみ、外国人と渡り合える英語が身につく〟といった主張と同根のものです。

形式的な、制度における名ばかり9月入学にしたところで、高校から大学にかけてのインド人の学生ほども、**英語を必要とはしない環境**に置かれている島国、さらに**数学教育の重要性が置き去りにされたまま**、プログラミングだのに教育メディアがうつつを抜かし、教育機関では小学校から声高に叫ばれている本末転倒な日本。内実を伴わずして何が9月入学（開国・不平等条約解消）実現だというのでしょうか。

おつむの弱い、性格も悪い、しかも器量も悪いときた女子大生が、せめてもの（多額の＝相当の法改正が必要）**美容整形をして、そこそこの顔立ちにし、ぶりっ子して必死にTOEICのお勉強をして800点台を手にし、名ばかり短期留学までして一流企業の内定と、将来有望な彼氏を手中に収めようという姑息な根性と同じものを、今般の9月入学制度導入者に見る思いがしました。そもそも、コロナ禍による学校休校の授業数の不足を9月入学で解消しようなどとは、《火事場のバカ改革》というほかありません。**

「前広にさまざまな選択肢を検討したい」（安倍首相）

「大きな選択肢の一つだと思っている」（萩生田文科大臣）

「思い切って考えるタイミングだ」（村井宮城県知事）

「9月がグローバルスタンダード。私は長年9月論者です」（小池東京都知事）
「実現させるなら今、長年あった教育の『ベルリンの壁』を壊す時よ」（尾木直樹）

安倍首相や萩生田文科大臣は、一見、多数の意見を聞き入れ、考慮に値すると、いかにもグローバリズムに理解ありげなそぶりをポーズしてみせてはいますが、正直、自身のゆるぎない断固とした信念に基づいた意見が吐けない証拠がこのコメントに滲み出ています。

安倍首相には、〝ショックドクトリン〟で、〈9月入学〉を自身の政治的レガシーに危うくされるところでしたが、自民党内に意外にも反対意見が多いとのことで、9月入学を事案から外した模様です。安倍氏自身の判断ではないようですね。

2021年度から実施される最悪の大学入学共通テスト（別名、センター試験擬《もどき》）なるものは、グローバルスタンダードというものを教育に持ち込み、自身の教育業界とのコネクションを強める魂胆で下村博文元文科大臣が安倍首相に要請したものですが、安倍首相は、自身の教育的レガシーになると踏んだのでしょう、それが決定となりました。

今回のコロナ騒動の渦中で、新型コロナウイルス感染症対策専門家会議の意見を聞き入れて独断と短慮による〈2月休校要請〉を決定したのと同じ経緯を、大学入試改革にも感じずにはいられません。なぜなら、この専門家会議の議事録が残っていないことが、先日騒ぎになったことからも、英語民間試験の導入の経緯と瓜二つといえるからです。

今回の9月入学論議で、浅慮の政治家、舶来モノ好きの政治家、外部の文明文化的視点でしか内部の文明文化を概観できず、教育的大局観も持ち合わせていない知事、評論家がいかに多くいたかを改めて勉強させてもらった気がします。

〈鹿鳴館の夜会〉に出席できる（＝9月入学の恩恵に浴する大学）のは、爵位を有する国立の東大京大公爵、東工大東北大侯爵、その他旧帝大伯爵、そして、早稲田慶應子爵、MARCH男爵といったご歴々のみです。鹿鳴館がある今の日比谷公園外では、ちょんまげ姿の男性や着物に島田結いの女性が歩き、人力車が江戸の名残をとどめる木造長屋の細い路地を走り去ってゆく……ちょうど小林清親や川瀬巴水の浮世絵の世界でもあります。

（2020・6・1）

オンライン授業幻想に目覚めるとき ―2021

理想主義の代価は、過去になった時点で、それが大きな負債となって返ってきます。安易なる、恐怖に駆り立てられた理想主義は、ある意味、思考停止と同じです。

・勉強よりも命の方が大切！
・経済より命の方が重要！

・アナログよりデジタルの方が優る！

この３つの命題に異議を唱えたいと思います。

医療の専門家に対しては、政治家や経済人、教育者は何も異議を唱えられません。命の御旗には反旗が掲げられませんし、人命主義というミカドには、誰しも逆賊にはなりたがりません。以前、「人命は地球より重い」と言って連合赤軍の人質を解放した日本の首相がいました。ダッカ日航機ハイジャック事件でのことです。

社会では、テレワークだのリモートワークだの、大手のホワイトカラーの職種のみ適用可能な手法を、中小企業や対面を必要とするサービス業にまで強要するコロナ旋風が吹き荒れています。一方教育界では、オンライン授業と称して、ソーシャルディスタンスの適用による20人授業、それによる週3日登校となりましたが、その後、教育の負の遺産となって返ってくることに誰も異議を唱えられず、またその〝弊害〟への警鐘をも鳴らせず、この半年一年は続いてゆくことでしょう。

かつてサンフランシスコ講和条約の締結の際、日本の世論が全面講和か単独講和かで割れました。また岸内閣の時代、新安保改定で、新安保反対の闘争が日本中に吹き荒れました。30万人もの人がデモに参加した異常事態でした。理想と現実の認識の正邪が、その後、吉田や岸の慧眼としてはっきりしました。しかし、岸の結んだ日米安保も賞味期限を過ぎたのか、今や対米追従のデッドロックとしてトランプ・安倍ゴルフ外交としていびつな形で浮上してきています。

遣唐使という、難破による死をも覚悟して留学生となった勇気ある賢者がいました。もし死を恐れ、当時世界最先端の中国文化・アジア文明というものを吸収しようという気概がなければ、恐らく平安時代の文化、そしてその後の日本国の文化・文明の発展はおぼつかなかったことでしょう。遣唐使が、ある意味、長いスパンで見れば福澤諭吉の西欧体験の端緒ともなっていたといえます。

私のもっとも好きな言葉の一つ、「危険を避けようとすればするほど危険なことはない」を挙げておきましょう。織田信長の桶狭間の戦い然り、島津義弘の関ヶ原の合戦での敵陣中央突破然りです。

この逆説の反対の真実は「急がば回れ」で、これもまた真理です。**この2つの箴言を融合すると、ビル・ゲイツの名言、禅的な言葉、「慎重に焦れ！」にぶち当たります。これが、令和の時代の今、政治家から教育関係者に至るまで、玩味できていないようです。**

さて、令和2年、コロナ禍が教育界をオンライン授業一辺倒へと舵を切らせました。これはデジタルによる、リモート・ラーニング、テレ・スタディと呼んでもいいものでしょう。この用語を用いると、オンライン授業の負の側面が浮かび上がってもきます。レイプを暴行という当たり障りのない言葉でメディアが報じるのと同じ、手前勝手な表記でもあります。

本年度の、高校合格実績、大学合格実績が、果たして見ものです。「へぇ〜！この高校、こんなにMARCHの合格者を減らしたんだ！」「あれ、この高校、意外と有名大学の合格者を増や

しているじゃん！」等々です。この合格実績の浮き沈みは、オンライン授業の充実度に関係すると私は考えていません。むしろどれほど早く、対面授業、40人学級、ビフォーコロナの授業スタイルに学校当局が戻したか否か、回帰したか否かで決まると予想しています。〝リモートワークやオンライン授業〟へ、〝三密回避から週3日授業という授業日数不足事態〟へ、社会や大人に依拠する掟を、学校や子供・少年少女へ適用する愚挙にいち早く気づいた学校・塾関係者が、教育のジャンルの勝ち組になると断言します。五か条の御誓文ではないですが、英精塾の三か条の理念というものを挙げさせていただきます。

「文科省からの指導とは真逆のことをやる」→オンライン授業軽視、無視！
「教科書から遠く離れて、教科書をある意味無視して教授をする」
「国の方針など一切考慮せず、科目を教える」→ソーシャルディスタンス・三密を無視！

これらを、コロナ禍の時代の中で貫徹する所存でいます（そもそも密状態のない個人塾です）。

話は変わりますが、ハリウッド映画には大型客船の沈没をテーマとした「ポセイドン・アドベンチャー」「タイタニック」など多数あります。こうした沈没船の生存者は、おおむね避難を誘導するその船舶の乗務員や係員などの責任者・権威者に導かれた者たちではありませんでした。彼らは海の藻屑となる運命でした。助かったのは、むしろ自身で考え、行動し、判断した少数の乗客で、その顚末（ストーリー）はあまりに有名です。女優の岸恵子が空襲の最中、「防空壕に入れ！」の声を無視して生き延びたエピソードも印象的です。

令和3年、もしオリンピックが開催されていれば、その時、賢明なる学校では、40人学級で対面授業、教師のあのバカげたフェイスシールドなど一切なく、多分、生徒のマスク着用さえない授業光景となることを私は予見しています。そのときこそ、令和2年の安倍首相による2月末の休校要請がいかに間違っていたかが証明されるでしょう。太平洋戦争における学徒出陣のごとく、日本中の一斉休校措置が、どれほど不要不急ならぬ無用無駄な選択であったかに気づくときでもあります。

「コロナ自粛の教育的判断は、ゆとり教育の遠回りと同じ〝負の轍〟を踏んでいたのだ！」と、後世語り継がれていくのではないでしょうか。

余談ですが、もし私が、某私立中高一貫校の校長か理事長であれば、来年度の募集要項には、次のような内容をアピールするキャッチコピーを目立つように記載するでしょう。自校の理念・方針が一致する親御さんを事前に選別する手段にもなると思います。

自校は、コロナ対策としてオンライン授業は、すでに一切しておりません。
自校は、三密やソーシャルディスタンスに過剰なまでにはこだわってはいません。

自校は、世の中のコロナ対策の基準とは距離をおいて学園運営をしております。

自校は、マスク着用、消毒液の設置、手洗いの奨励など必要最低限は実施しております。

「非常識だ！」「とんでもない学校だ！」という声は覚悟のうえです。

（2020・6・22）

学校とは〝託児所〟であり〝拘置所〟である！

最近では、週刊誌でビートたけしの発言が少々往年の鋭さに欠ける、切れ味が鈍ってきているなどと揶揄されているようです。それも仕方なし、年齢には勝てないものです。最近、若い女性と再婚し、〝世田谷ベース（自宅）〟と放送局とを行き来するだけの、〝芸能界の仙人〟所ジョージの幸せな家庭生活に憧れの念を吐露するところも、数十年前、「理想的芸人は浅草の仲見世の商店街で深夜野垂れ死にしているものだ」と語っていた芸人虚無主義、芸人破滅主義といったものが一切ない好好爺カリスマ芸人となってしまっている感が否めません。

ところで、もし20年前のビートたけしが今のコロナ禍のご時世にいたらどうでしょう。そう仮定したうえで話をしましょう。

平成以降、ある意味、昭和の末期もそうでしたが、実は、義務教育の小学校から中学校にかけての教育機関は、勉学（科目）を教えることは二の次だったと断言してもいいでしょう。まず第一に、社会に出る以前の、思春期までの託児所的機関であったということです。

小学校は幼稚園・保育園の延長で、親が朝8時から夕方4時まで自身の生活を自在にするために、12歳以前の子どもを預かっておく施設であったということです。そのおまけで勉学や集団生活の社会性を身に着けるという実態は、口が裂けても文科省は口にはできませんでした。実の機能は、親が会社勤め、自営業の商店の経営に専念するため、その付随として読み書き算盤やその他の教科を教えるというものでした。

次に、中学校は、ちょうど難しい思春期ともダブってくる都合上、朝の8時から夕方4時、さらには、完全に両親が在宅している時間帯でもある6時近辺まで部活動を義務付けて、少年少女を拘束する機関でした。親が不在の昼間、不良にならないように、不良仲間と交わらないように、歓楽街や巷の公園などで飲酒や煙草はもちろんのこと、未成年として不都合・不適切な行動・行為を予防するためにも、鉄筋コンクリートの〝拘置所〟に入所させておくというのが文科省の〝本音の掟〟でした。私服だと世間の大人が社会人（高卒で働いている場合）か中学生か判別できない都合上、学ランやセーラー服などの制服を義務付けてもいました。ちょうど脱走した囚人が、縞模様の刑務服を着用させられているように、十代のど真ん中の年齢の少年少女だとすぐ判別できるようにしていたのです。

高校生ともなれば、法律上、義務教育ではありません。よって、学校関係者は、校則によっては退学・停学など自在にできるものの、やはりその親は、準義務教育という社会通念（世間体）に合わせるだけでなく不良化の予防的機関として、中学校の延長線上で我が子をどこかしらの高校に所属させて通わせていたのです。勉強に無関心、部活もしない、名ばかり高卒の資格だけを目当てに中等教育の後半を終了したいと思う少年少女が、渋谷や原宿などの歓楽街を制服姿で、お化粧までして闊歩する光景はあまりに有名です。しかし何とか、朝8時から夕方4時くらいまでは、〝よくない行為〟に予防線を張られて、〝拘置所〟から外へは出られない立場にいるというわけです。

このように、現在の日本の小学校から高校までの〝学校というシステム〟（M・フーコー流にいえば監視機関）を概観してみると、太宰治の名言「子供より親が大事、と思いたい」（『桜桃』）ではありませんが、実は親の仕事、生活の都合で我が子を学校という教育機関に通学させていたともいえます。これは、逆説的真実であり、建前と本音の観点から、特に尾木ママこと、教育評論家尾木直樹氏などの教育理想主義者からは、「何をバカなこと言ってんのよ！　もってのほかよ～！」と反論されること必定でしょう。

こうした、特に義務教育、とりわけ〈公立の小学校から中学校＝朝8時から午後4時までの不良化予防の〝拘置所〟〉説という観点は、文科省の現場放り投げ・現場任せ流指導でブラック職場化した学校の実態からも証明されています。生徒に科目を教えるための仕込み作業・下準備すらできないことからも、当局から学校現場には、〈勉学は二の次でOK〉というお触書が出されているのも同然です。こう考えれば、学校側の不十分な教え方、不満足な教材、そして生徒の理解不能・理解不十分の結果、塾や予備校といった私的教育機関、つまり教育産業の繁栄をもたらしたのも当然の帰結といえるでしょう。

さて本題に入るとしましょう。今般のコロナ禍によって、オンライン授業の必要性、自活学習の強要、プリントなどによる予習・復習の大量の課題などが大きな議論となりました。両親が共働きの家庭、子どもの勉強など教える能力のない父親や母親、さらに、自営業（飲食業など）がコロナの影響で自粛営業を迫られている家庭はとりわけ大変だったでしょう。リモートワークで自宅仕事、サービス業ならソーシャルディスタンスや三密などの強制のため休業状態、非正規社員で自宅待機を強いられている母親や父親は、一斉休校により自宅に我が子と一日中一緒にいる羽目になるなど、家族内のストレスや軋轢や不和なども多くなって、時にＤＶなどが起きてしまうのも自明のことに思えます。

このコロナ禍でのオンライン授業の不備で、双方向型オンライン授業が可能な割合が５％に過ぎない現実、学校でのタブレットやパソコンの普及率の低さ、こうした教育インフラの未発達の諸事情から〈教育格差〉がやたら声高に叫ばれています。

また、教育科目の進度の遅れ、授業時間の不足などを盾（言い訳）に、社会的屁理屈として、これまで学校で本来勉強などする意志もテンションも低かった者（親・生徒）が、これ見よがしに「子どもたちに勉強の機会を！」（父兄の声）、「まともに、教科を教えてほしい！」（生徒の声）とやたらに騒ぎ立てています。

特に親の発言が滑稽でなりません。子ども自身は、「ああ、勉強を教室でしたいな」と懐かしんでいるのが本音であり、本心からまじめに勉強したいと思っている少年少女は、少数派です。部活動や集団生活を懐かしんでいるのであり、親と24時間自宅にいることに飽き飽きしている気持ちを、「早く登校して、〝教室で〟みんなと勉強したい」と言い繕っているに過ぎないのです。

何度も言いますが、学校とは現代の日本では、少しでも〝社会的悪〟に染まらないための、親から離れた場所にある隔離施設であり、その付随機能として勉強を教えているにすぎない場です。これは極論であり、逆張りの教育観であることを自覚しての謂でもあります。

親も親で、テレワークにより、24時間自宅で仕事をする羽目ともなれば、通勤時間という皮肉なる〝運動時間〟を失い、肥満体質、非健康的生活を送ることにもなるでしょう。また、人間的な生の付き合いといったものも失われ、感情の機微に鈍感なる社会人の増殖をもたらすことにもなりそうです。

実際、テレワークを行っている企業は、この日本にどれだけあるでしょう。また、どれほどの割合でサラリーマンがいるでしょう。本当に、ポストコロナの時代、令和3年以降、すべてにおいてリモートワークに切り替えてゆく社会になるのでしょうか。もしなるとすれば、それは、ソフトバンクや楽天などのＩＴの波に乗っているグローバル化が絶対のＩＴ系企業のことでしょう。しかし実態として、パソコンのみで自宅作業ができる職種・業務といったものがどれほどの経済を回す原動力となっているでしょう。

一部のＩＴ系企業はこのコロナ禍も乗り切れるかもしれませんが、はっきり言って、テレワークの不可能な小売業やサービス業は、いちばんの煽りをうけて気息奄々《きそくえんえん》というのが実情です。

この文脈で学校教育というものを考えてみたいのですが、義務教育の段階で、生徒を三層化に分類してみましょう。

第一の上層部は、学校は、勉強するものだという自覚が強い生徒の母集団。

第二の中間層は、学校は、仕方なく義務教育だから通学しているのだといった気持ちの生徒の母集団。

第三の最下層は、本来なら行きたくない、勉強はしたくないといった感情で学校に来ている生徒の母集団。

小学校から中学校（時に高校も）にかけての生徒たちは、この３種類に分類できるものと考えられます。上層部の生徒は、テレワークを行っても業務に支障なしのビジネスマンと同じです。

実は、中間層と最下層の生徒の親たちの一部が口うるさく、コロナ禍による授業の不十分、教育格差をわめきちらしているのです。しかしその子どもたちは、勉強のテンションは低いのが実態です。その第二から第三層にわたる親たちが、自宅での子どもの面倒や少々の勉強の補修義務をウザいと考え、政府や世の中の教育システムに刃を向けているのです。託児所兼寺子屋式、教育的〝拘置所〟が機能不全状態になっていることに業を煮やして、コロナ禍による教育格差や勉強の遅れなどを言いはやしている風潮をひしひしと感じます。

こうした口うるさい親たちは、従来、学校という〝学習の面〟の教育機関にどれほど異議を唱え、改革を求めてきたでしょうか。この期に及んで、自宅学習という状況になるや、手のひらを反すように、〝勉強！ 授業！ 教育格差！ 授業日数不足！〟など、やんややんやの大騒ぎです。実はこの絶叫の裏の声は、まさしく24時間自宅待機の子どもへの不満、自身のストレス蓄積の鬱憤なのです。なにも勉強の遅れが不安・不満なのではなく、自宅で〈勉強機能〉と〈託児所機能〉も背負わなければならなくなった現実への不安・不満なのです。事実、最上層部の子どもの親は、コロナ禍の中、マイペースの涼しい顔で我が子の勉学を見守っているはずです。

つまり、コロナ禍の休校要請のいちばんの〝悪〟とは、勉学の遅れにあるのではなく、3分の2以上の家庭が、学校の〈託児所兼寺子屋機能〉をおっかぶせられた〈ことの顚末〉にあると、ビートたけしの生霊が〝乗り移った〟私の目には映った次第です。

ひと言余計なことを言ってはネットが荒れる社会学者古市憲寿氏が提言している『保育園義務教育化』も、ある意味、以上の論の延長線にあるものと言えます。

（2020・6・29）

オフィスにGood-byeできても、教室にGood-byeはできない！

Rethinking the MBA in the coronavirus era
オンライン教育の限界　米ビジネススクールへの入学　二の足踏む留学生

教育のオンライン化が進む一方、海外留学の分野では問題も浮上しています。最先端の経営学を学ぶため世界中から多くの留学生が集まる米国ビジネススクールを、コロナ禍が直撃しているのです。経営学修士（MBA）号の取得に高い学費を払うのは、将来につながる人脈作りも見込んでのことなので、オンライン講義に切り替わった入学をためらう人が増えているといいます。ビザの発給停止も重なり、留学生が来なくなった名門大学は頭を抱えています。

（AsahiWeekly　Sunday, June 14, 2020）

前に「デジタルはアナログには勝てない」と述べましたが、そのデジタルの虚妄、限界、教育上の負の側面が、この記事でも指摘されています。そうなのです。トヨタやパナソニックが自身の最先端の研究所を、シリコンバレーにわざわざ置いている最大の理由も、現地に住む、世界の、埋もれた、無名の、飛躍前の、ジョブズのような天才に出会えるから、また、生の出会いから何らかのヒント・助言がもらえるからです。そうした知的空間のあそび・余裕といった〝無駄〟を僥倖とすることが最大の理由だったのです。

これと同義で、欧米の、特に**アメリカの大学に入学する陰の理由が、オンライン教育で消滅してしまった大学側や学生側のジレンマ、即ち〈高等教育の学びの危機〉**についての特集でも取り上げられていました。

これはインターナショナルな、ハイレベルの高等教育機関においてのオンライン授業の弊害でもありますが、大学におけるオンライン授業の弊害は、わが国日本でも潜在的にあって、これからもますます顕在化してくるでしょう。そう思ってもいた矢先、毎日新聞に次のような記事が掲載されていました。

遠隔化は大学の危機
授業の合間にある学び
私語もサボリも教員との対話

という見出しです。そのポイントを次に引用しますが、まさにオンライン授業の急所というものを突いたものです。

キャンパスに学生が通う意味を、鈴木謙介関西学院大準教授（社会学）は、「裏のカリキュラム」

という言葉で表す。授業（＝表のカリキュラム）だけが大学ではない。サークルや寮、研究室などに世代や興味の近い人間が出入りして長時間を過ごす場でもある。学生は、そこでの交流による学びという「裏のカリキュラム」も「履修」する。学外のアルバイトや社会活動なども「裏のカリキュラム」だろう。社会人には難しい「モラトリアム」な時間が、授業とともに学生を育ててきた。

しかも近年の文系は、グループワークなどで学生同士のコミュニケーションを積極的に授業へ取り入れてきた。

「授業準備のスペースで雑談し、準備後一緒に食事へ行くなどの『裏のカリキュラム』を生む仕組みに、大学として価値を見いだし、設備投資してきた」（鈴木准教授）

もっと言えば、正規の授業も「裏のカリキュラム」的な要素と地続きだった。対面授業で、学生は論議や質問だけでなく、私語や居眠り、サボりすら込みで教員と対話してきた。鈴木准教授は「文系の大学教育は、たとえば学生が90分間、マルクスについて聞こえる空間にぼんやりと身を置き、『そういえば、俺のバイト先でも……』と連想するようなことも含めたものだった。遠隔授業だと、知識を正確に学ばせる以上の広がりが持ちにくい」と話す。

言い換えると、国立大法人化（２００４年）当時の京都大学学長だった尾池和夫・京都芸術大学学長のこの言葉になる。「大学教育は五感すべてを使うもの。遠隔授業は二感（視覚と聴覚）しか使えない」。近年の大学改革は、「裏のカリキュラム」につながる「無駄」を省き、授業を「ば

ら売り」して知識を教え込む場へと大学を転換させてきた面がある。遠隔授業は完成形にも見える。だが尾池学長は、「大学は、学生が卒業後も新しい技術や事態に対応する力、言い換えれば、生涯学習を可能にする力を養う場」とも話した。二感だけの大学に、生涯にわたる学習力を養う余地はあるだろうか。

（毎日新聞2020年6月24日　鈴木英生　専門記者の記事の一部より）

これは、効率主義・成果主義の究極が求められる企業社会が掲げる将来像、今流にいえば〈理想形〉を、高等教育の文系の場であてはめようとするものでしょう。

テレワークやらリモートワークやらが盛んに叫ばれてはいますが、コロナ以前のサラリーマン社会では、アフターファイブの同僚や上司との飲み会、家庭の空気に嫌気がさし、会社を息抜きの場としているお父さんサラリーマンもいました。通勤時間を〝電車ジム〟と考えて、最低限度の運動でなんとか健康維持をしている中年サラリーマンもいました。家庭だけでは息が詰まる、ストレスがたまる、運動不足になるからと会社に行き、部下である今の若者の心理や女子社員の考えていることをオフィスで感じ取り、自身も人間的成長をしてきたビジネスマンも少なくなかったはずです。

そうした、諸々の社会人としての〝ハレ〟と〝ケ〟の両面があったればこそ、日本の働くお父さん連中は、何とか定年まで勤め上げることもできたのです。

マッキンゼーやらボストンコンサルティングやら外資系コンサルタント会社に勤めるエリートビジネスマンは、大方、30歳前後で辞めるそうです。年収は高いが、緊張の連続の毎日、無駄の許されぬ日常に精神と肉体が悲鳴を上げるからだともいわれています。そういえばアメリカのエリートビジネスマンは、40歳代でリタイアして、その後の引退生活を、あの大橋巨泉のごとく謳歌するのもわかるような気がします。

マッキンゼーの社員は、F1のレーシングカーのハンドルのようなものです。それに対して**一般的日本のサラリーマンは、市販の自動車のハンドル**のようなものです。前者（アメリカのエリートビジネスマン）の生活には**あそびが全くない**。それに対して後者（日本の標準的サラリーマン）のハンドルは**あそびがある程度必要**、むしろ、**大いに必要**であるということです。

大学にしろ会社にしろ、これから100％を目標にリモート化、オンライン化が進めば進むほど、効率性や結果の数値のみに目がゆく、非人間的な社会というものが到来するでしょう。リモートワークと称して、無駄が一切許されぬ〝オンライン版「モダンタイムス」（チャップリンの名作映画）〟の時代が来やしないか危惧する限りです。

グーグルやアップルの本社には、社員が職場でリラックスして遊べ、余計なことを考えられてユニークな発想が思わず浮かんでくるような空間がいたるところにあります。また、そうした、世界に冠たる一流企業の社員は、我が子に初等教育の段階でデジタル器具には一切触れさせない教育方針であるとも聞きます。

オンライン化がすべてに行き渡ったとき初めて、オフィスやキャンパスの教室の良さといったものが、この日本で顧みられるでしょう。そのときは、新型コロナウイルスのワクチンがすでに開発されていることを望むばかりです。

アマゾンでネットサーフィンをしながら書籍を購入する愚行と、大型書店や専門書店で書物を渉猟して購入する慧行とが区別できない政治家が、このコロナ禍の日本を舵取りしているのです。

（2020・7・7）

コンテンツがあってのツールでしょうが！

朝日新聞の記事「深耕―新型コロナ　オンライン　学べるもの」から一部抜粋いたします。

親が「先生」は限界あり

市井紗耶香さん　タレント　モーニング娘の元メンバー

公立の高校、中学校、小学校、そして保育園に通う4人の子どもがいます。約3か月の休校期間は、家が「学校」、私は「先生」でした。

学校は基本的に紙ベースで、オンライン授業はほとんどありませんでした。授業動画の配信や、ダウンロードして利用する課題が少しあっただけです。

（中略）

メディアで先進的な学校が紹介されるたびに、「うちは遅れているのではないか」という不安がありました。「せめて」と参考書を買いにいくと、近所の書店では品切れ。多くの家庭の焦りの象徴のように見えました。

（中略）

何よりきつかったのは、まだ習っていない単元を、私が教えなければならなかったことです。これまで宿題といっても学校で勉強したことだったのに、休校期間は私が「先生」にならなければいけない。

（中略）

親が家にいられない家庭もあるでしょう。また子どもが小さければ、留守番をしてオンライン授業を受けることは現実的ではありません。そういう一つひとつの課題をきちんとすくい上げて、取り残される子どもがでないようにしてほしいと思います。

（朝日新聞　２０２０年７月３日付）

市井さんのご意見が、まさしく、世のお母さん方の最大公約数にして最小公倍数的感想ではないかと思います。

テレビに映し出される、某私立学校の〝素晴らしい〟オンライン授業や双方向型先端的授業など、一般の公立学校や大方の私立学校でさえなされてはいないのが実状です。弊塾の生徒にも聞くのですが、まったく放り投げの〝自主的予習〟、そして今までのわかり切った項目・内容の〝ドリル的復習〟のみというのがコロナ禍の現実で、まさしく市井ママの弁が言い表してもくれています。

特に、各自未履修の項目を、自宅学習、それも〝プリントのみでやりなさい〟〝予習をやってきなさい〟的自宅学習を課す学校は、無責任千万とさえいえます。この点、マスコミは、日本のデジタル化、オンライン化の教育面への立ち遅れを猛批判してはいますが、それらは教育というツールのみの範疇には収まり切らないものがあるのです。

もしもという仮定での話です。世界最先端レベルのオンライン授業が日本の津々浦々まで整備されたとしても、そのコンテンツ、即ち授業内容やら、授業スタイル、授業手法が、従来のままであれば、自宅のリビングで、生徒はあくびをして、退屈さながら、〝内職〟するのが落ちでしょう。教室の空気と何も変わらず、授業スタイルはハイテクというツールを用い、一見して進化しているように見えはするものの、進歩などせず、教育の退化とあいなる成れの果てが想像できます。

コロナ禍をこれ幸いに、20人学級の実現も教師の増員も、さらに教師の待遇改善についても、誰も言い出しません。イージス・アショア導入の論理と同じであります。数千億円もする〝イージス・アショア〟というタブレット端末を支給するのと同じで、オンライン授業のインフラ整備などに税金を費やすくらいなら、欧米並みに20人未満の授業スタイルを確立、実現することが先決です。

欧米では、まずこの20人学級の前提があり、そしてオンライン授業の充実を実現していますが、日本は逆です。政府は、オンライン授業の実現、タブレット端末の支給、このツールさえ実現すれば、コロナ禍のような災厄が将来また訪れたとしても、〈盤石、安心だ〉という方針にうつつを抜かしている無能集団です。「実用英語主義の民間試験を大学入試に導入すれば、高校生は、皆英語ができるようになるはずだ」といった論理と全く同じです。底の浅い思考しかできないのは、政府のみならず、マスコミや新聞も同様です。

まず先決なのは、アナログの、教室でのライブ授業の充実、さらに教師の職場環境の改善と生徒の学習環境の向上、そして20人学級の実現です。そうです、欧米並みに授業を行える学習環境の整備ができて初めて、オンライン授業の改革へ舵をきるのが本義だと思われるのですが、いかがでありましょうや？

コンテンツは置き去り、ツールさえ**整備すれば教育が改善されるなどと考えるのは、性格最悪、教養ゼロ、知性欠如、しかし見た目のルックスさえよければ男性にもてる、女性にもてる、そう考えて結婚するバカップル夫婦が離婚する成れの果てと同じものが、初等・中等教育にタブ**

レット端末の導入を急ぐ政府の方針とダブって見えてきてしまうのです。

（2020・7・14）

企業というもの、学校というもの ―文明と文化―

7月7日の日本経済新聞の1面に非常に興味深い見出しが並びました。

まずは教育的観点からの見出し。

揺らぐ「学びの保障」
デジタル対応　20年遅れ　文科相が絶句
日本は授業でのデジタル機器利用がＯＥＣＤ加盟国で最低水準

次はビジネス的観点からの見出し。

「オフィス不要論」現実味―富士通の在宅勤務の方針を報じた記事―

この富士通の記事は、同じ7月7日の朝日新聞の1面にも次のような見出しで掲載されていました。

富士通、在宅勤務を原則に
富士通が、在宅勤務を原則とし、働く場所や時間を選べる新制度を発表した。国内のオフィスを半減させ、単身赴任も解消すると。長引くコロナ禍で、他企業にも広がりそうだ。

富士通といえば超一流企業です。先日も理化学研究所と協同で世界一位となったスーパーコンピュータ〝富岳〟を開発した世界最先端企業でもあります。こうした、技術系エリート集団の大企業が、脱オフィス化を推進するなら、その社員も一同大きく右旋回して、〝大船〟の方針に従う能力・資質を大いに持ち合わせてもいるでしょう。しかし大方の他の企業は、大であっても小であっても、そのようなデジタル化・リモートワーク化には、そうやすやすと対応・適応できないのが実態ではないでしょうか。

あの難関の中学入試をかいくぐってきた優秀な少年少女がいる開成、灘、桜蔭といった超進学校でオンライン授業を行っても、勉学上、自らを律する自我が確立されている生徒が多いエリート校なので、オンライン授業への適応もできやすいでしょう。それとこの富士通の事例は同じことがいえます。

テレビのワイドショーでよく映し出される学校や生徒が、オンライン授業やら自宅学習やらに見事に適応できている模範的事例を観て、へこんだり落ち込んだり、我が子や自校に失望したりする一般的ご家庭のことへの想像的配慮がマスコミにはなさすぎるのです。

余談ですが、今回の北九州を襲った豪雨災害（熊本・大分・福岡地方）で、中学生や高校生の受験生を扱ったプチ特集が全くないのは不思議です。2月末頃になると、開成に合格したご家庭を朝のワイドショーで特集する番組は毎年目にしますが、昨年の台風19号の被害者家庭の受験生の実状を報じた番組が一切なかったのには、教育を生業とする私は不満を抱いたものです。

以上は、富士通と他の一般企業の違い、そして開成や桜蔭と他の標準的学校の生徒の資質の違いを指摘したわけですが、実は**私がこの日経新聞の1面の〈二つの見出し〉で抱いた違和感は、企業の論理と学校の論理の混同という観点**です。そして、**欧米の学校と日本の学校との学習風土・教育環境**（日本では、OECD加盟国の先進国で教育予算が最下位ですが、教育産業（塾・予備校）が隆盛を極めている二重構造）**の根本的な相違の無視**です。**この2点を考慮せずして、日本の教育システムを語ることはできないでしょう。**

日本の学校は、修学旅行、文化祭、体育祭、部活動など、欧米の学校とは、学ぶ環境だけでなく、学校のおもむきからして異なるのです。前に、学校は〝託児所〟であり〝拘置所〟であると述べたのは、その点を言いたかったからです。**勉強は学校生活の一部であり、その一部の勉学に不満があれば、塾・予備校などに通う教育風土なるものが厳然としてあります。**これが教育格差の淵源であることは今や自明の理です。

日本の学校は、少子化到来という現実の真っただ中にありながらも、いっこうに少人数制の授業が実現できていません。40人学級のままです。それで〝オンライン授業だって？　笑わせるな！〟と言いたい。40人学級のままで、タブレット端末をすべての生徒に支給して、それがどれほどの効果があるのか。その費用対効果を、文科省と財務省は綿密な計算ができているのでしょうか？　安倍総理のトランプ大統領への忖度的思いつきでイージス・アショアを導入した経緯と同じものを感じるのです。

また、「社会・会社がリモートワークだから、教育界もデジタル化、オンライン化だ！」といったように即断する浅慮・軽薄さといったらありません。単純思考以外のなにものでもないです。

私はいつも主張していることですが、**文明の尺度では、文化は測れません。ビジネスは文明の範疇に入ることは必然ですが、教育は文化に軸足を置かねばならないという原則は譲れないのです。ましてや、義務教育の小学校から中学校にかけては、文化の範疇が3分の2以上だとも思っています。高校生ともなれば生徒はまちまちで五分五分といったところでしょうか？大学ともなれば、3分の1が文化的領域ともなるため、オンライン授業もしぶしぶ可とせざるを得ません。しかし今や、大学だけがどうしてまだオンライン授業だけなのか？　といった不満が学生の間で燻ぶり始めています。**

この日経新聞の論調は、欧米基準、企業の論理で、コロナ禍にみまわれた日本の学校教育というものを裁断しているように思えて仕方がないのです。

リモート授業、テレスタディ、こういった用語・言葉は、否定的コノテーションを有します。だからメディアは、オンライン授業という言葉で統一して用いているのでしょう。オンライン会議からはさほどマイナスのニュアンスは伝わってはこないものです。

今や、全世界がコロナ禍に置かれている状況で、社会の論理、会社の流儀、これらを学校にも当てはめようとする風潮が世界を覆っています。しかし、少数意見であるかもしれませんが、これは間違っていると声を大にして言いたい。

欧米の新型コロナ感染者の数、死亡者の数と比べると、アジア、特に韓国、台湾、日本などは、数が劇的に少ない。また、老人や中高年の感染者の重篤度と、未成年・子どもの感染者のそれとはレベルが断然に違う現実を考慮すらせず、社会の論理と企業の流儀を、学校という社会に適用しようとするその愚は、安倍晋三の2月末の一斉休校要請に如実に顕れていたのではないでしょうか。

なぜこうまで私は、社会・会社と教育・学校とを線引きするのか？　それは、何度も言いますが、文明と文化の違いだからです。前者は、肉体も精神も完成した人間が、スキルや経験を売り、金を貰い、世の中を便利に、発展させてゆく使命があるのに対して、後者は、そうした両面が未完成の人間が、金を払い、知識から知恵、時にちょっとした知性すら身に着ける存在であるからです。学校とは、文化というものの中で、人間を上手に熟成させてゆく孵卵器なのです。

数学は文明、国語は文化の表徴です。天才数学者岡潔の名言、「数学は情緒である」を持ち出すまでもなく、「数学は、また算数は、国語教育に存する」との謂でもあります。文明の下部構造は文化であることを愚者は忘れるものです。和魂漢才とは、菅原道真の旨としたところであり、和魂洋才とは佐久間象山の警鐘でした。この両者の根底に流れているものは、文明と文化の線引きです。これらを混同すると、国家・社会は衰退・破滅へと突き進んでゆくものだという賢者の遺訓でもあります。

だから何度でも言おう！　オフィスに Good-bye はできても、教室には Good-bye はできぬものであると。

（2020・7・20）

尾道の暮らしと正岡子規に学ぶ

次のコメントは、『出没！アド街ック天国』（テレビ東京2020年7月4日）の「ニッポン！郷愁の風景が残る街」の回で、先日お亡くなりになった映画の大林宣彦監督が述べたものです。

尾道は大変古い街で、不便で我慢がいる町なんですがそれだけに人々が褒美をいっぱいもらって暮らすコツがある。車も停まらない（坂の街）、山坂を自分の足で歩くから汗をかいて海の風が涼しい。自分の足で歩くからお腹が空いて魚が美味しい。自分の足で歩くから誰かと会って「やあ元気?」とコミュニケーションが出来てゆく。不便と我慢があるから、ご褒美をもらえるというのが文化の暮らし。この街は市制100年になるんですが、文明の尻尾になるな、文化の頭でいてほしい。便利快適主義、物の豊かさには私たちは辟易としている。これからは心が豊かな時代というのは文化。文明は新しくて高いものを求めます。けれども文化は古くて深いものを求める。尾道にはそういう文化がいっぱいありますから。「ここで暮らしたらきっと大変そうよ。だけどなんだか幸せそうね」じゃあその幸せの意味をもう一回考えてみようよという大事な会話がここから生まれる。

（大林宣彦監督が愛した広島県尾道）

レギュラー出演者の山田五郎氏や峰竜太氏などは、「良いこと言うなあ〜!」とその発言に感動されていて、「このコロナ禍で超心に響くことばだなあ〜!」とも語っていたことが印象的でした。

〝便利は人を不幸にする〟という逆説ではありませんが、文明が発展・進歩しても、文化はその十分の一も進化しないものなのです。ましてや文化という語は、進歩・発展などそぐわないもので「文化が進歩する」「文化が発展する」などと表記すれば、むしろ誤用とさえいえます。「文化が進化する」など違和感を覚える表記です。

文化とは伝統ということばと相性がいい、ですから伝統という言葉でご説明するとしましょう。

「伝統とは、その戦いに負けずにそれをいかに守り、受け継いできたか、その戦いの証こそが伝統である」

（西部邁）

伝統とは、その国なりが、外国のモノやコトといった文明の大波・大津波に襲われて、それに押し流されず押しとどまったものともいえます。裏を返せば、それが文化ということでもあるのです。

和歌は平安〜鎌倉時代において、〝八大集〟を挙げるまでもなく天皇と同義でもありました。これは、本居宣長など国学というものを少しでもご存じの方なら得心するはずです。その和歌が、室町に正風連歌、俳諧連歌、そして江戸には、正風（蕉風）俳諧、そして川柳や狂歌と変化を遂げていきましたが、明治期、正岡子規がそれを、俳句と短歌へと革新しました。これこそ、五七五（七七）という世界でも類例を見ない最短の〝詩〟の変遷、即ち伝統でもあります。

右も左も超越して、良い悪いは別にして、政治的意味を抜きにして、あえて言わせてもらえば、〝天皇〟こそ、ある意味で〝伝統〟であります。〝天皇制〟とは申し上げません。これ以上は、深入りしません。

天皇家は、恐らく一般大衆が染まっている文明の典型、デジタル世界にいちばん疎遠な生活をされていることは容易に想像がつきます。尾道の住民のような日々を送られているのかもしれません。あのサザエさん一家のように、昭和の文明の〝レトロな〟利器に、依然として片足を乗せておられるのかもしれません。

コロナ禍で、オンライン授業、リモートワークといったデジタル文明の大津波の中、個人、家庭レベルでは、巣籠もり、マイクロツーリズムなど、窮屈で不便な状況下に国民は置かれてもいます。しかしその庶民の縮図、モデルケース、それは正岡子規の生き様に見習うといい。〝病牀六尺〟の世界で、結核と脊椎カリエスで布団から出ることもままならない中、近代俳句と短歌に明るい写実主義という新風を送った、いや革命を起こしたように、我々の誰かが、令和日本という社会が、デジタル文明に負けず屈せず、コロナ禍を逆手に取って、新たな文化を生み出すことを期待したいものです。

「余は今まで禅宗のいはゆる悟りといふ事を誤解して居た。悟りといふことは如何なる場合にも平気で死ぬる事かと思って居たのは間違ひで、悟りという事は如何なる場合にも平気で生きて居ることであった」

（『病牀六尺』6月2日付）

これぞ智慧というものであり、知恵とは一切関係のない概念です！

「病気の境涯に処しては、病気を楽しむといふことにならなければ生きていても何の面白味もない」

（『病牀六尺』7月26日付）

コロナを克服する、打ち勝つ、この役割は医学の世界のことです。この科学者の役割の根幹は、知恵であり英知というものです。それに対して我々庶民は、コロナと巧く共存してゆくことです。それこそが、また智慧でもあるのです。

（2020・8・31）

アナログでいることは〝禅僧〟であることだ！

「怪我の功名」や「人間万事塞翁が馬」という人生訓がありますが、その〝智慧〟をちょいとばかり拝借して、吉田兼好ばりの天邪鬼論を、つまりデジタルに適応できない、またデジタルに乗り遅れた、乗り遅れかかっている方々へのエールとしてこれから語ってみます。

デジタル風速40メートルの〝台風〟（これからますますグローバル化と並行して風速が増してくるでしょう）の中、アナログの家に籠っていることは、〈禅僧のごとき修行〉でもあります。むしろ自身の人生の〝智慧〟が芽生える格好のチャンスと考えるのも一つの処世術的算段といえそうです。

安倍内閣でいちばんの手つかずの課題、役所の縦割行政改革と公務のデジタル化、また脱ハンコ文化などが菅内閣でいよいよ始まろうとしています。

ツイッターやフェイスブック、またユーチューブはもちろん知ってはいましたが、TikTokなるものまであることを最近まで知らなかったアナログ人間の私は、ガラケー部族でもあります。別に、さまざまなアプリや機能など一切必要とは感じてはいない人間でもあります。

近年、ドコモから、「ガラケーからスマホに切り替えませんか？　今ならお得で、さまざまな特典がありますよ！」との営業勧誘が余りにもうるさいので、ドコモショップとやらに足を運び話し合ったところ、既存のガラケー料金とアンドロイドという一種iPadと似ている機種と二刀流でもスマホ1機の料金に1000円強加算するだけで利用可能と知り、それ以来ドコモのガラケーとiPadのやや小型の携帯パソコンともいっていいアンドロイドの二刀流の生活を送っています。

以前、テレビ番組で元TBSの吉川美代子アナウンサーが、出演タレントたちがスマホで何かと写メをとり、スマホに無数の写真を撮りためている様を観て、「**私は旅行をしても、どこかに行っても全く写真を撮りません。ましてや、何か食事のたびにスマホで写真を撮り、誰かに送信したりする心根がわかりません。旅行をしても、その光景を脳裏に焼き付けておく習慣にしています**」と語っていたことが非常に印象的であったし共感も覚えたものです。

そうです。何かとその場でスマホ写真を取り、即刻誰かにメールを送るのが世の大勢です。

インスタ映えという言葉が今ではファッションらしい。その感動的な場面に出くわしても、見事な料理を目にしても、まずはその場で写メしておこうという安易安直な行為は、むしろその本当の景色や料理の見た目を上っ面にしか経験してはいないことに多くのスマホ族は気づいていないのでしょうか。

ツイッターで思ったことをつぶやくデジタル族や、短時間、TikTokで自身の行動をインフルエンスさせたり、ユーチューブで娯楽を味わったり、サブスクで何かを勉強しようとする高校生にしても、世の中を軽く表層的にサーフィンしているだけで、現実の令和という時代の実相を捉えてはいません。京都の街を車だけで通過し、車窓から眺めただけで京都見物、京都観光した気分になっているのと同義であります。

この文明の利器でもあるスマホという便利な道具は、政治はもちろん文化から個人のライフスタイルまでを、無意識に〈軽いもの〉にしているようです。人生の濃密さをそぎ落としてもいます。

デジタル庁の発足で、「ああ、世の中はアナログじゃあ駄目なのね！」と思い、プライベートも〝ペイペイ現象に同調〟〝スマホ決済やんなきゃ根性〟〝アマゾン生活どっぷり中毒〟等々に面舵いっぱいで私生活を大旋回しようとお考えの40代以上の方がいれば、それもまたよしとしましょう。人生いろいろ、個人もいろいろですから。

私は、世のデジタル化の大きな波に流されず、アナログを貫くことを、一種、大衆の〈禅的生活〉と呼びたいのです。

日本中の禅宗の寺で修行されている僧たちは、寺でスマホはもちろんテレビすら疎遠な生活を送っています。もちろん一般庶民、社会とのつながりが必須の会社員や公務員、またアスリートや研究者などは、文明の利器が必要でしょう。むしろなくてはならないもので、コロナ禍でデジタル化はいっそう加速してもゆく様相です。つまり必然です。

しかしいったん足を止めて、世の時空の流れ・趨勢からわきに逸れるという、週1回の禅寺修行、今流行りの言葉でいえばマインドフルネスとでも申しましょうか、若者にはゲーム断食・スマホ断食、即ちデジタルデトックスとでも申せましょうか、それを実行することこそが、〈日常の禅的生活〉というものです。時代や社会のデジタル旋風が吹き荒れる中で〝負傷〟しないよう、また負傷した際の心のメンテナンスを予備していなくてはいけません。

それは、**法学部や経済学を出て一流企業に就職し、その後20〜30年後に思わぬ人生の壁（リストラや重い病、離婚など）にぶちあたったとき、学部や自身のスキルとは関係なしに、プライベートで、時に趣味として学んでいた哲学や思想、宗教や芸術などが思わぬ救いとなることに似ているかもしれません。**

そうした人文科学系というものは、このご時世流行りません。若い人は誰も仏教や骨太の思想などに意識が向かず興味の対象にすらならない。その手の書籍に関与すらしない生活を送っているようです。

新進気鋭の哲学者千葉雅也氏は、「動きすぎてはいけない」という一語で世の若者に警鐘をならしています。スマホ中毒症こそ動きすぎる部族であります。コラムニスト小田嶋隆氏は、インフルエンサーに扇動される群衆行為を「イワシ現象」と名付けました。これも昔から社会学の言葉で「バンドワゴン現象」としてありましたが、それがメガ級、ギガ級になっている謂でもあるのでしょう。

世の中のデジタル化の流れと人間個人レベルの精神内のデジタル化の流れのスピードには個人個人で違いがあります。また大方は、その時代のデジタル化の流れに生理的・心理的についてはいけないのが人間の性でもあります。20代で現在のデジタル化の流れについてゆけない者もいれば、50代でもこてこてのデジタル生活を送っている者もいるわけです。確かに、デジタルネイティブは激増してはいるものの、**その彼らも、いつかはその流れに辟易する年齢に差し掛かってもくるのが〈機械と人間〉との文明上の悲しい、いや〝幸福なる〟関係です。その幸福感を感じ始めるのが、文明から文化へ軸足をシフトしたときでしょう。**

決して古いなどとは思わないでいただきたい。

小林秀雄に「信ずることと知ること」というエッセイがありますが、その真意は、知ることは、皆が知っているように知ることであるのに対して、信ずることは自流に信ずることで、我流にしか信ずることは不可能だということです。前者はデジタルへの心構えであるのに対し、後者はアナログへの心的態度の比喩でもあります。

信ずるということは、諸君が諸君流に信ずることです。知るということは、万人のごとく知ることです。人間にはこの二つの道があるのです。知るということは、いつでも学問的に知ることです。僕は知っても、諸君は知らない。そんな知り方をしてはいけない。しかし、信ずるのは僕が信ずるのであって、諸君の信ずるところとは違うのです。

（『信ずることと知ること』）

ネットやスマホからは遍《あまね》く物事を知ることはできます。しかしそこから、何かに踏み出す、始める、行動することは不可能です。ネット社会で、昔からあったフェイクニュースがモンスター化してしまいました。紙のメディア媒体では、フェイクはかわいいものでした。

アナログからしか、信ずるという態度は生まれません。アナログとはある意味、自身を制約の状況下に置くということです。信ずるという内発的な衝動がなければ、人間には〝智慧〟は生まれてこないものです。仏教、キリスト教、イスラム教といったすべての宗教は、〝行〟が根本原理である所以です。その制約の多い戒律、禅でもいい、そこからしか、自身を守る〝智慧〟は生まれてこないのです。宗教が文化のルーツでもあることの真実です。

余談ながら、私が最も敬愛しているミュージシャン山下達郎の弁を添えておきます。日本における〝King of Pops〟が桑田佳祐であるとすれば、〝God of Pops〟こそ山下達郎とする所以は、拙著『ポップスの規矩《きく》』をお読みくださればご納得いただけると思います。ネット配信はもちろん、CDよりLPレコードを、マッキントッシュの真空管アンプとJBLのスピーカーで聴きたい気質の方こそが、このデジタル社会で〝文化〟を創り出せると思うのです。

「なんでもそうだと思うよ。スタイルっていうのは、制約があるとこからどうやって切り拓くかってところから始まってくるわけだから。それこそ、楽器がなかったからア・カペラになったんだしね。だから、今みたいになんでも買えば手に入る、みたいなところでは、逆にスタイル作りにくいんだよ」（山下達郎の弁）

『ポップスの規矩』

さまざまな電子楽器や録音技術が進歩した平成という時代では、リズム優先で、記憶に残るような美しいメロディーラインの歌がまったくなくなってしまったことも、以上の真理が雄弁に物語ってもいます。

実は民芸運動で、世の無名なる人の作品に光を当て、世界的版画家棟方志功の恩人（発掘者）でもあった柳宗悦も同じことを語っています。

温故知新・不易流行——この言葉が最も必要とされているのが、この〈令和という時代〉です。

（2020・10・21）

知性は仕事で、感性はプライベートで磨くもの！

「知性は仕事や会社で磨くことができますが、感性は、むしろそうした社会では摩耗し、衰えてゆくものです。一方、その感性とは、各自がプライベートで磨いてゆくことによって、若さを非仕事の環境の中で維持してゆくしかないのです」

これは私の信条であり、人生上の定理としているものです。ではどうすれば、感性をひなびさせないですむのか、枯れさせないでいられるのか？

昔から「年を取ると音楽を聴かなくなる、ましてやCDを買わなくなる。カラオケで歌うのは演歌になりがちになる」とよく言われてきましたが、これこそ私の信条を証明してくれている通説でもあります。

あくまでも一般論として断っておきますが、大中小を問わず企業、会社という組織にいると、否が応でも出世、昇進し、何らかの役職につき〝成長〟してゆくものです。いわば年下の部下をもつことになります。家庭でも息子や娘をもち、親としての自覚も意識的・無意識的を問わず、自身の気持ちを〝ワンランクアップ〟させてゆきます。ここに、公私における自身の人間としての〝進化〟というものが生じます。人間として熟成するという良い側面は当然あるでしょう。役職が人をつくるとか、親の自覚からの社会的責任感が芽生えるなどなど。

消費文化というものは、ある意味で、十代から二十代までの若者中心でうごめいています。

そのサブカルを彼らが牽引し、経済の着火点にもなっているというのが若者文化であることは、国や時代を超えた実相でもあります。生き馬の目を抜くような変化の時代が、世の特にお父さん連中に、一種〝時代遅れになるのでは？〟といった危機感を芽生えさせてもいます。最近『娘のトリセツ』（黒川伊保子著）という本が激売れしているのも、世のお父さん連中（40～50代）が家族に内緒で購入して読んでいるためでしょう。平成から令和にかけて学校の教師がいちばん恐れていることは、〝生徒に嫌われること〟だといいますが、お父さん連中も子ども、特に娘に嫌われることが、いちばんのひそやかな悩みであることも容易に想像できます。

中年男性がこうした部族にはなりたくないと思いながらも〝もはやそうでは？〟という気持ちを抱かれているのは、私流に言わせてもらえば、〈感性が萎びている〉のです。つまり彼らの吐く「今の若い者ときたら、ったく！」という言説は説得力をもたずに空虚に響いているだけです。

それに比べて芸能人というのは、もちろんもって生まれた外見や気質・性格もありますが、見た目以上に若々しく見えるものです。**その理由は、私見ですが、まず好きなことをしている人種であるということ。もう一つは、常に、十代から二十代の若者（モデルのニコルからみちょぱ、そしてジャニーズからＡＫＢに至るまで）を相手にテレビ番組などに出演している点。最後にもう一点、他者からどう見られているかを常に意識している点。これらの3点が、芸能人を年齢以上に若々しく見せている秘訣とにらんでいます。**

ちなみに、自営業で幸せに自身の生業を成長・繁盛させている料理人やパティシエなどは意外や意外、生き生きと見え、考え方も〝なるほど！〟と思わせるものをおもちです。**自身の好きなことと仕事が一致している部族**でもあるからでしょう。

サラリーマンは仕事人生30〜40年の間に、自身の好きな部署で仕事ができる期間は10年もないでしょう。勤め人とは、自身の人生の時間を切り売りし、郊外に一戸建てのマイホームを建てるお金をもらうためだけに生きている人々と揶揄した評論家もいるくらいです。サラリーマンの趣味（特にゴルフ！）なんぞは、私に言わせれば、半数以上は、仕事のストレス解消、プチ運動、息抜きくらいのもので、自身の感性を磨く〝手段〟となっている人など限られています（ニトリの社長など）。

私がいつも観ているテレビ番組の『プロフェッショナル 仕事の流儀』（NHK）や『情熱大陸』（TBS）などでよく取り上げられる職種は、やはり料理人やパティシエ、職人といった人々です。彼らに共通するのは、〝趣味〟がないという点です。休日などは、有機野菜で評判の農家を訪ね歩いたり、評判の洋菓子店を下見したり、素材や材料の産地を足繁く訪ねたり、四六時中自身の仕事と関連のあることで頭をいっぱいにしている方々です。プロ野球の大成者にしても同様です。プライベートで遊び好きの阪神の藤浪晋太郎と日ハムからメジャーデビューした大谷翔平が、同期でありながらも天と地の開きが出てしまった良い例ではないでしょうか。

今や新橋や有楽町で、サラリーマンが仕事の後に飲む酒は、同僚か同年代の者とつるむのが一般的です。一方で〝上司と、ましてやアフター5まで会社の連中と一緒は御免〟といった考えも現代の若者の間に根を張っているのも確かです。生理的に嫌なのでしょう。上司から人生上の教訓やちょっとした仕事のスキルを学ぼうなどとは、はなから考えてもいないようです。いやむしろ、40代、いや30代の上司ですら、この令和の新入社員にとっては得るものがないと見透かされているのかもしれません。

短刀直入に申し上げれば、そういった上司の方々は、時代に響く感性がないという点に尽きます。どんな企業の社員や社長にしても、還暦を過ぎた秋元康氏の話には目の色を変えて耳を傾けることでしょう。ずばり、すべてのジャンルに応用可能な〈本物の感性〉を彼に感じ取ってもいるからです。この〈本物の感性〉を維持しているのが、『料理の鉄人』という伝説的番組を手掛け、くまモンの生みの親でもある小山薫堂や星野リゾート社長の星野佳路などです。

少々飛躍しますが、ビジネスでマーケティングは誰もが重要視する戦略です。これはビジネススクールでも学べますが、その企業の内部でも取得でき、またスキルアップもできます。このマーケティングは組織で応用する戦術でもあり、1を3、3を12にする成長ツールなのです。マーケティングというものは、ある意味〈知性〉の範疇に属するものです。

それに対して、ブランディングという戦略もあります。これは、大学や会社という他者から学ぶものではありません。自身がプライベートで積み上げてきた〈集積知〉や〈総合知〉から派生した〝センス〟ともいえる知恵です。これこそが感性という武器です。この感性がなければ、

大企業から独立しようが、ベンチャー企業を大学生で立ち上げようが、大方失敗するのがおちです。なぜならば、このしなやかでみずみずしい感性こそが、0を1にも3にもする魔法の杖なのです。このブランディングの権化ともいえる偉人がスティーブ・ジョブズでした。

こうした私の、日ごろの考えをものの見事に理論化してくれている人が、近年注目を浴びて、静かに地味ですが売れ行きを伸ばしている『**世界のエリートはなぜ「美意識」を鍛えるのか?**』『**劣化するオッサン社会の処方箋**』の**筆者山口周氏です。**

野口悠紀雄氏も、「今は大学を出ても、生涯学び続けなければ生き残っていけない時代である」と語っていますが、これは、特にプライベートでも学べと主張しているのです。この助言を聞けば誰でも表層的な危機感を抱いて、「リカレント教育だ!」「社会人大学だ!」「資格の勉強だ!」と〝お勉強〟に励むご時世です。しかし大事なのは、**自身の知の花壇や畑に苗や球根を植えたり、種を蒔くことです。でもその後、いやその前に、どういう土壌で、どういう気候の土地柄で、日照時間や降水量はどうなのかを徹底的に気配りできる人は少ないものです。こうした意識・配慮が無意識のうちに芽生えてくるか否かは、日ごろの自身の感性の鍛錬次第です。**

長きにわたり繁盛するラーメン店は、麺やスープの原料・素材に素人では考えられないこだわりをもっているものです。お笑い芸人とて同じです。食事、移動時間、布団の中にいる時間でさえもネタのことで頭がいっぱいでしょう。

では、自身の感性をしなやかに、みずみずしく保つ方策とはどういうものなのか、次項でそれを語ってみます。

（2020・10・26）

イチローのバットと感性

よく、〝ブレる〟〝ブレない〟といった言葉を耳にします。菅義偉首相の選挙用ポスターにも「私はブレない」と記されています。この〝ブレる〟〝ブレない〟といった〝かっこいいフレーズ〟を深く考えた人がどれだけいるでしょう。

変わらないこと、軸足を決めていること、矛盾しないこと、などなどいろいろな辞書的定義ができますが、ここで、あるアスリートとパティシエのエピソードを交えて〝ブレない〟とは一体どういうことかについて語ってみましょう。というのも、この〝ブレる〟ということが、実は自身の感性をいちばん老いさせる要因の一つともなるからです。〝ブレない〟とは、頑固なこと、これを良く解釈して〈自身の基軸をもつ〉こと、そういった意味で考えてもいる人も多いと思いますが、その先まで具体的に語っている文章にはお目にかかったことがありません。

つまりこれから語ることは、ちょっとした〝ブレない考〟といったものです。

今や生きるレジェンドと化した安打製造機こと、野球人・イチローのバットについてです。

彼のバッティングフォームは、日本にいたときも、メジャーで活躍したときも、毎年毎年変化していたことはあまりにも有名です。**最高のアベレージを上げた年でさえ、次の年度には、あえてフォームを変えている**のです。凡人野球評論家など、「去年のフォームが最高だったのに、どうしてわざわざ変えるのか?」と批判交じりに指摘する人も多くいました。

イチローは、オリックス時代に日本の最多安打（210本）を樹立したときの自身のバットのモデルを、メジャーでも一貫して使用し続けていたそうです。恐らく、イチローの黄金時代ともいえるマリナーズ在籍時代まで、**そのバットの形状を20年近く維持していた**のです。これは、プロ野球人としては異常なことと言われています。ほとんどの野球選手は、スランプや体力の衰えなどを考慮して、毎年とまではいわなくても、数年に一度はバット職人にモデルチェンジを依頼し、その年齢や技術の側面を加味して、微調整（グリップの太さ、ヘッドの形、重量など）しているのが一般的でもあるからです。あの松井秀喜ですら、何度もミズノの名工に理想的なモデルチェンジを依頼してきたほどです。

しかし**イチローは、21歳の出会いの頃の〝恋人〟でもある自身のバットに一切手を加えてはいなかった**といいます。それはなぜなのか?

確か、イチロー本人か、スポーツ評論家（永谷脩?）か、どちらかは忘れてしまったのですが、次のように語っていたことに、なるほど! さすがイチロー、修行僧・鉄人アスリートと感じ入ったことを覚えています。

最多安打（年間210本）を記録した年のそのバットと自身の身体の塩梅、フィット感といったものが、いちばん自身にとっては理想的な関係性を生み出していた。その感触というものをいつまでも保ちたい、維持しておきたい、その思いで、その年のバットのモデルをそのままにしてきた。あの記憶が脳裏から離れないのである。

最高の成績を残しても、その次の年は、絶対に肉体は変化なり、衰えるなり、あるいは筋肉がつき向上するときすらある。自身の身体の変化は、天候が毎日変わるように、毎年良い悪い両面で変化する。だから、前の年と同じバットと自身の肉体関係は必然的に維持できないのが、科学的、生物学的な摂理でもある。よって、自身のスランプや体力の低下などで、その都度バットをコロコロ変えていったら、技能（テクニック）の袋小路に入ってしまい、むしろ、あの21歳の頃の理想的な関係が永遠に遠ざかっていってしまう。

バットだけでも、あの時のままのモデルであれば、自身の身体の必然の変化に適応して、バッティングフォームを微調整するだけでいい。だから、あえて毎年毎年、たとえ前年度が最高のアベレージを上げたとしても、その年は、凡人には、「去年のフォームのほうが良かったのに！」といぶかられるほど不可思議に思われる自身のバッティングの改造・改革を行ってきた。変わらないために、あえて変えてきた。これは、常人には、表面的に変わっているように見える。しかし、この変わらないために、変えることというプリンシプルこそ、メジャーで毎年200本安打以上の大記録（10年間連続200本安打以上）、そして、メジャー最多安打（年間262本）の金字塔まで打ちたてることができたのである。

これぞ、〝ブレない〟ということの本義です。

では、もう一人、一流パティシエから超一流ショコラティエへ変貌した青木定治氏のエピソードを挙げましょう。TBSの名物番組『情熱大陸』で彼が語っていた言葉です。

ショコラティエにとって、チョコの原料のカカオは非常にデリケートなもの（厄介な相手・素材）です。毎日毎日、バターやカカオ、砂糖や水など配分量を微調整して、変えているのです。温度が1℃、2℃違うだけで、前日の原料の配分だと、味が違ってしまうのです。時に、風味や味が損なわれてしまうのです。ですから、毎朝、温度計を見て、その日のチョコのレシピを変えているのです。だからお客様は、「いつも同じ美味しい味だ！」と思って、ストアーロイヤリティが維持できてもいる。ショコラティエはお客様に「ああ同じだ！」と思わせるためにも、毎日チョコの素材の配分量を変えているのです。

この青木定治氏の心得には、変わらないために変えるというイチローのバッティング理念と通底するものを感じます。

イチローは、自身の200本安打を達成するために、あえてフォームを毎年変えてきました。しかしその核とも伴侶ともいえるバットには一切手を加えず、自身が変わることで、理想の関係性を維持し、大偉業を成し遂げました。一方、青木氏は、お客様には、まったく変わらない味だと満足させるために、厨房で原材料の微妙な匙加減の変化をつけています。

両氏に共通するものは、伝統というものの流儀に相通じるものがあるということです。利休が愛用した樂家の黒茶碗、能や歌舞伎、何百年と続く老舗の和菓子店・料亭など、いずれも時代と微調整しながら、**自身の規矩**を保ち続けてきたのです。ありきたりな言葉ですが、**不易流行**でもあります。

西部邁に、「**〝適応〟を専らにするのは〝進歩なき進化〟である**」という言葉があります。これなんぞは、センター試験を大学入試共通テストに改変した、下村博文元文科大臣や文科省の連中に聞かせたい言葉です。ですから、安倍内閣におけるほとんどの教育改革は、似非保守の教育観、西欧かぶれ（無意味なグローバル化）の教育観と私が何度も指摘した所以でもあります。

このブレないということの文脈で私たちの感性というものを措定してみましょう。

新しいものにすぐに飛びつく、スマホの新機種が発売されるやすぐ購入する。娘が聴いている音楽、観ている映画など、自身の価値の基軸ももたずに理解ありげな態度をとって「パパも聴いてみたけど、これ結構いいね！」と、痩せ我慢的、表面的な感動で、心にもないことを吐く。こうした態度を日常的にとる連中こそ、**すぐに感性の老化現象が起**こ**るものです。あえて言い**

ますが、ある意味、〝頑固さ〟というものが、〈感性の鎧〉ともなるのです。

芸能人や知識人で、ガラケーを今も愛用している者は、吐く意見に新鮮味があり、説得力すら感じます。もちろん、スマホ愛用の有名人にも当然、賢者は多数いることは断っておきます。マイルドヤンキーの風貌の、60～70年代のアメ車をメンテし、改造して乗っている部族、デジタル配信の時代にありながら、アンプとスピーカーでLPレコードを聴くことにこだわりをもつ中年族、若大将こと加山雄三のコンサートを観終わり神奈川県民ホールから出てくる団塊世代の70歳前後の人々、彼らには、老いた雰囲気の空気《オーラ》を放っていない人が散見されます。

時代でころころ変わるモノ・コトに距離を置いてもいるからでしょう。大切なもの、心に潤いを与えるもの、それに鎧を着せて、流行に流されていないからです。時代の流れにすぐに適応して、自らを、それに投機する人間に限り老いが早くやってきます。自身に**規矩**を有していないからです。もう無意識に、自らの感性が〈時代の次から次と出現するモノ・コトと寝ること〉に疲れきってしまうのです。それこそが、時代・流行への無関心の第一歩となるのです。

これこそがデジタルの怖さです。これに気づかず、文科省は、小中高にタブレット端末を支給し、教育のデジタル化を推し進める愚挙に出ようとしています。ここは教育の話ではないので、これ以上は触れずにおきますが、感性がいちばんしなやかで成長する小学生や中学生には、デジタル教育は不要ですとあえて宣言します。それは、幼児、子供の日本語教育を中途半端にしたまま早期英語教育へと突っ走る文科省や一部の親御さん連中が我が子の育て方に間違いを犯すのと同じ道理です。
デジタルネイティブなどといっても、所詮彼らのすべてが将来仕事に結びつく技能を有するわけでもありません。それは、早期英語教育ですべてがネイティブ並みの英会話人間にならないのと同義です。またeスポーツのプロを目指そうと思い、我が子が一日中ゲーム遊びをするのを黙認するバカ親の近視眼的な考えも、デジタルの恐ろしさに気づかぬ愚か者の証明のようなものです。

（2020・11・2）

規矩とはどういうものか？

どうでもよいことは流行に従い、重大なことは道徳に従い、芸術のことは自分に従う。

（小津安二郎）

そもそもこの〝規矩〟という言葉に出合ったのは、僕が大学一年のときに読んだ、小林秀雄の対談集である。小林が坂口安吾と絵画について熱く語っている件であった。確か、小林が鉄斎に関して絵画における〝規矩〟という用語を使って、鉄斎の資質を述べていた。安吾に反駁して、彼をねじ伏せんばかりの啖呵を切っている。そうした場面が、いやにそのときの僕の印象に残り続けたのである。それを境に、〝規矩〟という言葉を辞書なり、絵画事典なりを調べながらも、大して深い説明には出合わなかったけれども、その小林秀雄のその言説上の意味を僕なりに理解していった。

＊　＊　＊

この〝規矩〟という言葉は、最近になって、村上陽一郎が『やりなおし教養講座』という書物の中で次のような一節で用いているのを目にして、ますます僕は〝規矩〟という言葉に込めた自分の思い（山下達郎こそ〈ポップスの規矩〉であるという思い）が間違いではなかったことを再確認するまでになったことを付け加えておくことにしよう。

（『ポップスの規矩』のあとがきより）

自分の中にきちっとした規矩をもっていて、そこからはみださないぞという生き方のできる人こそが、最も原理的な意味で教養のある人といえるのではないか。

＊　＊　＊

自分の規矩は決して崩さず、しかしそれで他人をあげつらうことも、裁くこともなく、声高な主張から一切離れ、（中略）ただ静かに自分を生きること、世間を蔑んで孤高を誇るのではなく、世間に埋もれながら自分を高く持すること、それを可能にしてくれるのが「教養」ではないか、と私は考えているのです。

（村上氏の文より）

イチローは日本のオリックス時代に首位打者を連続して取り続け、スーパースターになりました。しかし彼は、テレビのバラエティ番組やアスリートが主役の「筋肉番付」などといったスポーツ番組にさえも一切出演したことがありません。臍曲りなほど、野球人としての姿勢を貫いていました。

中島みゆき、松任谷由実、小田和正、松山千春、矢沢永吉など、70〜80年代に、一切テレビ番組出演を拒んでいたアーティストは、今や歌番組はもちろん、バラエティ番組、さらにはCM出演までするありさまです。この点で、昔のポリシーどこ行くものぞ、と問い質したくもなりますが、時代も変われば、そのミュージシャンの気質も当然変わるものです。あのイチローでさえ、マリナーズで活躍した晩年は、『古畑任三郎』（フジテレビ）などのドラマに出るようになったほどですから、それも仕方ありません。こうしたアーティストの姿勢をあえて〝ブレる〟と言わせてもらいましょう。しかし、**ミュージシャンで一貫して〝ブレていない〟人物を挙げるとすれば、山下達郎をおいて他にはいない**と断言できます。

あるエピソードを挙げます。

十何年か前のことです。ある大手広告代理店から、達郎・まりや夫婦に某コーヒーメーカーのCM依頼が来ました。軽井沢かどこかで数日間CM撮影で拘束されるだけで、億単位の出演料を提示されたようです。しかし彼（ら）は、その依頼を拒否しました。

拒否の理由がこうです。

「たった数日で億単位のお金が入ってくる。確かにおいしい話ではある。でも僕たちはあくまでもミュージシャンであって、歌、曲を作ってなんぼの世界で生きているわけで、好きな音楽で食べてゆく、いい音楽を創ることが至上目的なわけ。そんなといったら失礼かもしれないが、そんなあぶく銭を手に入れたら、もう、数年、いやしばらく何もしないで暮らしていけるでしょう？　人間って弱いもので、そんな大金が即座に、一瞬にして手に入ったら、ミュージシャンとして、モノづくりを本業とする人間としてダメになっていってしまう。自分は音楽だけで食べていくんだといった決意、信念が、ある意味、そのCM出演を拒否した理由の一つかもしれない」

詳しくはこの場では語りませんが、彼の、そうしたミュージシャンとしての鑑《かがみ》となる姿勢は、枚挙にいとまがないほどである。何はともあれ、拙著『ポップスの規矩』をお読みいただくと、彼の〈ブレない人間の凄さ〉が理解できるかと思います。

彼ほどのミュージシャンともなれば、ドーム球場はもちろんさまざまなアリーナくらいは優に満員となるでしょう。しかし彼は、それを一切拒んできました。東京ドームや横浜アリーナなど、万単位の収容人員の会場で1回ライブを行えば、NHKホールや神奈川県民ホールでやる5倍以上の収入が1日でがっぽり入ってきます。楽して儲かるのですが、彼は絶対にそうした大会場ではライブをやりません。武道館ですらやったことがない。「あんなところ、音楽をやる場所ではない」と断言しています。クオリティーの高いライブなどせいぜい2000人くらいまでのホールでなければ本当の音楽なんて体験できないとも語っています。お客、ファンに対してとことん自身のポリシーと誠意を貫いてもいます。

こんなアーティストは達郎以外見当たりません。彼ほどメジャーであり超大物となったミュージシャンでDVDすら出していない者も珍しい。ライブは生で聴くものという信念を貫いているからです。さらに、某音楽雑誌に数年間連載した自身のコラム（エッセイ）なども、某出版社からまとめて書籍化の依頼があった際も拒否したそうです。

理由は、「雑誌に書いたその内容はその時々のもので、それを数年後書籍化しても、内容が賞味期限が過ぎてふさわしくもないから……（笑）」といったものでしたが、それは一口実に過ぎないと私は見ています。これも、達郎が本業の音楽以外の収入を拒否する信念の顕れと見た方がいいと思います。彼が日ごろ語っているプリンシプルは以下の4項目です。

① キャパ数千人以上の会場ではライブをやらない（武道館ではライブをやらない！）
② テレビには出演しない
③ 音楽人として書籍の類は一切出さない
④ ＤＶＤは出さない

これらを貫いているミュージシャンは、日本のみならず、世界でも恐らくいないのではないでしょうか。これぞブレない、つまり〝ポップスの規矩〟と私が命名した所以です。

日本映画の三巨匠、小津安二郎、黒澤明、溝口健二といった監督の映画撮影へのこだわりの姿勢も、ブレないということでしょう。映画通の方ならご存じでもあり、想像もつくでしょう。宮崎駿・高畑勲のスタジオジブリ工房での**手描きの原画**も、コンピュータグラフィックスの時代にあって頑固一徹な姿勢として、やはり、ものごとへのこだわりといった意味で、〈本物の証明〉です。

ブレない、すなわちそれは、色褪せないということです。イコールみずみずしい、しなやかな感性を保つための井戸、泉なのです。

余談ながら、山下達郎の真の凄さに軽く言及しておきましょう。以前「笑っていいとも」（フジテレビ）というタモリ司会のお昼のバラエティ番組がありました。そこでの企画で「今、日本で一番上手い歌手は誰？」（2013年2月27日）というコーナーの中でのランクについて。ただし、それも**大手レコード会社の50人アンケート**によるものなので、真実味・信憑性は大いに高いと断言できます。

女性は、1位：AI・吉田美和　2位：MISHA・Superfly　3位：絢香・矢野顕子

男性は、**1位：山下達郎**　2位：久保田利伸　3位：玉置浩二・稲葉浩志

得票数も、達郎が断トツでした。ちなみに、妻の竹内まりやの達郎評は次のとおりです。

「達郎は、秀才的に音楽の知識がある。天才的に歌がうまい」

（2020・11・9）

学生をフォーマットとした教養について

今巻では、**教養**という語がブームらしい。「東洋経済」や「ダイヤモンド」といったビジネス雑誌も年にどれだけ特集を組んでいることでしょう。また、毎月出される新刊の新書本なども**教養**という言葉がキーワードなのか、非常に目に付きます。つまり、令和の社会人は、**教養**というものに知的郷愁（ノスタルジー）を感じているのか、あるいはそれが欠落しているのか、はたまた大学時代、教養と疎遠な生活を送ってきたことへの後悔の念が湧いているのでしょうか。いずれにしろ、そうした反動としての教養志向に出版界が目をつけたことからクローズアップされてきたのでしょう。

大学も近年では**リベラルアーツ**を重視し始めています。ビジネス社会で、**昔は無用の長物と**

された教養こそ現代を生き抜く武器と認識され始めた証左でもあります。つまり、社会が、会社が、**教養**を役に立つツールとして認識する風潮が、そのままトップダウンしたのでしょう。大学が**教養**をツールと考え始めたわけです。

この**教養**というものの重要性は、古今東西を問わず高等教育にとって必須のアイテムであることは言うを俟《ま》たない。**教養とは社会を生き抜く戦略《たしなみ》でもあるからです。**でも、**この戦略としての教養といったものは、どれほど社会人・学生に理解され、認識されているか、それははなはだ疑問と言わざるを得ません。**それはなぜなのか？　巷の教養書の類は〝戦略〟ばかりで、その戦術《ちえ》を語っているものが皆無だからです。東大合格のハウツー本、ＴＯＥＩＣハイスコアーのハウツー本と本質的に似たり寄ったりです。

この**教養という高峰**の登山ルート、いわば具体的戦術というものについて述べてみたい。

この登坂ルートは、甲乙丙とまちまちありますが、オーソドックスに甲ルートなるものを語ってみることにします。

まずは、知識、知恵、知性、そして叡知という言葉がありますが、その**〝知〟の格、重み、極みといった観点**から語ってみます。

中学から大学生、そして、若手社員までをフォーマットにしてみましょう。

高校受験、大学受験なるものは、知識の習得が、ある意味で最優先課題であるのは当然です。おわかりのように、県立ナンバー校や一流大学に合格する受験生には、その知識をいかに定着させるかが焦眉の急です。受験は暗記とさえいえる所以です。**地頭のある生徒、理解力のある生徒、よい先生に巡り合えた生徒は、その知識を有機的、因果的、論理的に自らの脳髄に定着できるし、事実定着してもいます。受験の場で、自由自在・融通無碍に出題者の攻めに打ち勝つことができます。**つまりは、その膨大な知識の手綱さばきこそ知恵ともいえるのです。

「**予備校や塾に依存する者は失敗し、利用する者は成功する**」（飯田康夫・駿台予備校講師）

よく野村克也氏が高校生からプロ野球選手になった新人に諭す言葉に、

「**人間的成長なくして、技術の進歩なし**」

というものがあります。

「お前らは、高校球児として、突出した技能を持っているアスリートである。もちろん、フィジカル面は天性のものを有している。しかしこれからは、それを生かすも殺すも、心次第である。だから人間的に脱皮しろ。野球は頭でするものだ。技術の拮抗する世界で抜きんでるには、知恵が必要だ」

このように野村氏は言いたいのだと思います。

私は、彼の名言をいつも引用して教え子に語ります。

ただ漠然と、漫然と、歴史の知識、英単語、英文法、古典などを習っても何にもならないとまでは言いませんが、それでは**学校におけるお勉強の域に留まってしまいます。**大学生や社会人となったあとには、忘却の彼方へ雲散霧消しています。そういう輩に限って、大学受験は、無機質で暗記のみでもう地獄の勉強であったと回顧し批判するのです。今流行りの用語を用いるなら、**〝知〟の高大接続がなっていない**のです。**〝知〟の配電盤のどこかしらに欠陥があるということです。**

こうして欠陥半導体でスマホやパソコンを作られたがごとき目出度い学生（瑕疵製品）がわんさか市場に出回るのです。企業で使えなければ馬鹿という烙印を押されてしまいます。卒業生がそういう欠陥商品と見られないためにも、特に、二流の大学に限りリベラルアーツ、教養教育などと言い始めたわけです。ちなみに浪人してどこかしらの予備校のお世話になる〝失敗受験生〟は、大方この知識を束ねて御する知恵を授かる経験から、「浪人してよかった！」という、〈現役生には謎めいた言葉〉を吐くようです。

つまりは、**高校生なら、知識を高等教育でも生かせるアート（技術・技能）こそ、知恵でもあり、受験後の勝者ともなるための〝魔法の杖〟**なのです。

次にであります。**中高で身に着けた知識を、受験という関門を通過する際、知恵にまで羽化して大学生になった者、こうした者のみ（自覚的精神を有するという断りを入れてのことだが）知性というものを手にすることができます。**この点、理系の学生は、数学・物理・化学と、大方その延長線上で学び続けなければならない宿命を背負ってもいる立場上、知識が、知恵などを介さずとも、即、準知性となるルートが敷かれてもいます。

浅い意味での、学びという観点からの**教養**というものを定義させていただくと、高校時代の知識を、知恵を手段として高等教育へ移行させて、大学というトポスで知性、いや、せめて準**知性にまで孵化させた〝知〟**といってもいいかと思います。

大学というトポスでは、天才的な先輩や同輩にも出会うことでしょう。また、ノーベル賞級の実績を上げておられる叡知（教授）にもインスパイアされもしましょう。

中等教育の知識を、自覚的精神に裏打ちされた知恵によって、生きた知識として高等教育に襷を渡し、キャンパスで、アルバイト先で、旅行先で、そして、読書によって知性にまで引き上げた者こそが、教養というものの持ち主なのです。

教養とは、何も高校生が、興味関心もなく、古典書や思想書を読むことではもちろんありません。ましてや付け焼刃で、就活の嗜みとして、急遽〝学び直しのお勉強〟をすることでもありません。さらに、社会人がリカレント教育だの、社会人大学という文言に躍らされて、通信や夜間ビジネススクールに通って身に付けるものでもありません。

教養とは、知というものの本質を痛烈に認識し、絶えず自身の〝我〟をステップアップしてやろうという自覚的精神に裏打ちされたひたむきな学びの精神の謂でもあります。

灘、開成、筑駒出身のビジネスエリートに限り、社会人英会話スクールなんぞに通っている者が皆無なことは、**知識と知性の〈暗黙知的な因果関係〉**に似通ってもいます。物知りと賢さとは同類ではないことは、今や東大クイズ王からタレント化したＴ・Ｉ氏のこれからの進路が証明してくれるでしょう。また、カリスマ予備校講師からタレント化しているＯ・Ｈ氏が、知識人とはなりえぬ所以がここにあります。

生徒の前で現代文をだしにうんちくを吐き、能書きをたれる国語教師が、作家にはなりえぬ遠因でもあります。

知識があれば、賢者の仮面を被ることができます。知識がなくても賢い人はいるもので、世にいう〝おばあちゃんの知恵〟のごときものです。その〝おばあちゃん〟は、物知りの仮面は被れませんし、被る必要もありません。しかし、この知恵というものと知識を掛け合わせない限り、知性というものは生まれてはきません。今の大学生に、この掛け算の大切さを見失っているものが多いのは、学びの謙虚さを忘れ、実用主義に毒されているからです。

（2020・12・21）

デジタル化教育は日本人の学力を低下させる！

これから述べることは、**世の誰も指摘していない仮説（日本語の見えないローマ字化、無意識のローマ字化）**です。私の妄想、いや杞憂かもしれません、近年どことなく湧き上がってもくる日本の近未来像に思えてならないのであえて語らせていただくことにします。

これは、ジャーナリスト池上彰氏などが日頃メディアで指摘していることなので周知のことかもしれませんが、あと10年もすれば、日本からノーベル賞受賞者は出なくなるというものです。

その理由の一つは、**大学の基礎研究における国家予算の激減**ぶりです。国立大学などが独立行政法人化して研究予算がバブル崩壊後、さらに小泉改革後、輪をかけて研究分野への国の冷遇ぶりが目立ってきました。

2000年代に入ると、ノーベル賞受賞者の数はアメリカに次ぎ日本が2位となりました。しかしそのほとんどは、昭和の時代の基礎研究が実を結び、世界的評価として花開いた結果です。ここ十数年、**〈博士のワーキングプア〉**という用語に象徴されるがごとく、自然科学系の学生は修士課程どまりで、一般企業に就職する研究者の卵が増えているだけで、アカデミックの分野、科学の基礎分野で博士課程に進む者は先細りとも指摘されています。

まさしく、池上彰氏の予想とおりに事は運びつつある雲行きです。

それだけではありません。OECDにおける国家予算の教育費に占める割合は、日本が最下位との指摘もあります。そうです、日本の初等・中等教育は、公的費用で学力が担保されてはいないのです。**〈塾歴社会〉**という言葉に実態が表れてもいるように、教育の二重構造ともなっているのです。〝権威の朝廷・権力の幕府〟というものが、中世から近世にかけて日本社会を支配していたごとく、学校では卒業証書、塾・予備校では学力を、という〈教育二重構造〉が、大方の親御さんならお気づきの日本の教育の実態でもあるのです。

これが、**〈教育格差〉→〈格差社会〉のアクセル**ともなっている事情は、アメリカ社会と同類です。

グローバル化、即ちアメリカ化が日本でも教育の分野で進んでいる証拠です。

高等教育では、特にサイエンスの分野の研究者への予算のしぶりよう、初等中等教育においては、菅政権のうたい文句〝自助・共助・公助〟の上っ面だけの標語が実態です。「**ほとんどは自助でやってくださいね！」＝「真の学力は塾・予備校でやってくださいね！」**という**本音**から、教育予算の削減、小学校から大学までの教育分野への冷遇措置を推し進め、これが、長期的にボディーブローのように日本の、教育分野、学問分野、ひいては自然科学分野での立ち遅れ、後退を招いてきました。国家の零落、衰退、没落へと進む未来予想図は、どうも、**財務省の〝吝嗇なる〟官僚**を論破できない愚かな政治家に原因があるように思えてなりません。

国家には3つの安保が必要であるというのが私の持論でもあります。一つは**軍事安保**、これは現実として危機が目の前にあるので、けちにはなりません。二つめは**食糧安保**であります。これは自給率の高さの維持です。近い将来、地球上の人口激増と異常気象による食糧難が必ずや到来します。この視点を抜きにして、政治家は日本の農業（ＴＰＰで工業製品と農産物をバーター取引で行うなど）を語ってはいけません。

最後が**教育安保**です。教育予算への冷遇はいちばんボディーブローのように国家１００年の大計の中枢を蝕んでゆきますが、その観点が欠如しているのです。確かに高齢者への医療費、年金への予算は当然〝準福祉国家〟を目指す日本としては必要ではありますが、少子高齢化の社会においては、子供は国の宝という自覚があまりに欠落しているのが、教育予算の額に典型的に表れてもいます。

ここまでが、誰しもが日本の将来に関して現状の教育というものを考えたとき、「これじゃあ日本もやばいな！」と実感される実例であります。では、私がいちばん危惧する**教育における〝亡国への死角〟というものを挙げさせていただくと、それは教育のデジタル化**であります。

グローバル化＝アメリカ化、アメリカ化＝言語の英語化、これは断言してもいい事実です。デジタル化＝GAFA帝国傘下、GAFA帝国＝非リアル社会、これも容易に想像がつきます。スマホがあれば、そこそこ〝幸せ〟と感じてしまう社会ですから。

ここで言いたいのは、欧州言語を中心に、世界の多くはアルファベットに代表される表音文字だということです。それに対して、**アジアの漢字文化圏、特に、中国や日本は表意文字**です。

明治維新以来、西欧の概念を漢字を用いて、次々に〝日本語化〟してきました。『脱亜論』を書いた福澤諭吉ではないですが、日本は西欧の文明をダシにして日本の文明を発展させ、独特の文化を生み出してもきました。その個性が、洋食文化に典型的に表れてもいます。昭和になってからは、**欧米の科学を日本語で学べる域にまで進化進歩**してきました。

平成に入ると、ワープロなる便利な事務器具が普及し、中期になると、ワープロからパソコンのwordというソフトで便利に文章が書けるようになりました。そして**今では、世のほとんどの人は、タブレットやパソコンで日本語入力する際は、ローマ字変換で日本語の文章を作成しているはずです。実はこの点こそが、日本人の最も〈秀逸なる日本語をベースとした気質〉を**

蝕む行為であり、ひいては、日本人の脳構造を劇的に変えてしまう、いわば欧米化の引き金となる懸念材料であると、私の眼に映る点なのです。

どういうことかといえば、戦後焼け野原の日本では、「日本語を捨てローマ字にしてしまえ」とか、「フランス語にしてしまえ」などといった暴論が噴出したともいいます、**その見えない〝アルファベット化〟こそ、スマホやパソコンの入力作業で、日本人のアナログ的、手で漢字を書くという行為が希薄になり、ひいては〈漢字は読めるが、書けない現象〉を日本人全体にもたらす事態を招いたのです。**

よく巷のおじさん連中が、「いや〜！　最近漢字は読めるんだが、書けなくなって困っているよ」と愚痴る現象です。これは、飛躍して言わせてもらえば、**日本語教育の〝ハングル化〟**でもあるのです。大方の韓国人は、漢字はそこそこ読めても書けないといわれていますが、この現象が、デジタル教育で日本でももたらされるという懸念です。一部の識者が、またノーベル賞受賞者の白川英樹氏も指摘していることですが、**ノーベル賞級の研究成果からさまざまな大企業で用いられている独創的な発明や発見が生まれたのは、日本語が土台となってきたから、という事実です。**

これこそ、漢字文化圏の最も正統的継承者でもある日本の面目躍如であります。韓国からノーベル賞受賞者が生まれないのは、このアジア文化圏から表音文字の系列のハングルという文字文化へ移行したことが原因だと指摘する方までいます。**日本のデジタル化は、この韓国の轍を**

踏むことになると誰も指摘してはいません。

そうなのです。日本人は、実は平成に入ってからというもの、**無意識に〝日本語のローマ字化〟**を行ってきたのです。そして、表面的には、漢字とひらがな・カタカナという日本語を記述しているように見えながらも、実は**脳内でローマ字化**していたのです。小学生から高校生に至る、最も脳構造が成長発達する段階で、スマホからパソコン、タブレット端末など、文明の利器を使用すればするほど、**日本語という言語文化が下支えしていた日本独特のやり方で進歩してきた文明的文化、もしくは文化的文明という基盤を危うくさせる**というのが私の懸念材料なのです。

巷では、いや世界では、デジタルネイティブという言葉が飛び交っていますが、英語と同じであります。早期英語教育をしたからといって、すべてがすべて、ネイティブのように英語が話せるわけでもありません。プログラミング教育やらeスポーツやらを早期からやってモノになる人間など数割にも満たない事実は、英語教育と同様です。

書道家の石川九楊氏は、手で文字を書く行為の重要性をしきりに強調しています。鉛筆で小学校1年生が漢字やひらがらを交えて文章を書く行為が、デジタル化教育でどんどん軽視されていくでしょう。事実、これは林修氏も指摘していることですが、女子よりも男子の答案用紙が見づらくなってきているのは、筆圧が弱いせいか文字が薄いということです。男子のほうが、文明の利器に毒されている症例なのでしょうか?

つまりは、**タブレットやパソコンによるローマ字変換という行為の低年齢化ということです。**

これこそが、中年オジサンの漢字忘れ症候群を小学校の段階からもたらしかねないという危惧であります。畢竟、この現象は、日本の若者の学力の低下、ひいては韓国同様に、日本人からノーベル賞級の発明や発見が生まれない淵源になるように思えて仕方がないのであります。

（2021・1・3）

デジタル化教育は〝京大の教育システム〟？

嘘か真か、**京都大学は「1人の天才と99人の廃人を作る」**システムだという言葉を耳にしたことがあります。**もしそれに一理あるとすれば、日本が令和の時代、〈デジタル教育〉というものを推進するうえでいちばんリアル感をもって心に響いてくる**言葉でもあります。

コロナ禍による**オンライン授業、タブレット端末、デジタル教科書**、そして**プログラミング教育、学校のスマホ解禁、**さらには**使える英語第一主義**などの言葉もそうですが、これらは具体的には、

①早期、いわば小学校から英語に触れさせる実用主義
②中学校からプログラミングの必修化によるうわべだけのグローバル化
③重たい紙の教科書からの脱却、即ち身体の健康育成第一で、軽い1枚のタブレット端末支

給、視力の早期退化と脳への悪影響

④コロナ禍を大義名分とした、一種のショックドクトリンともいえる大学のオンライン授業体制

⑤いざというとき、子どもと連絡を取るという安全第一主義の学校のスマホ解禁を意味するもので、**グローバル化に付随するデジタル化の潮流におんぶに抱っこの大衆にとっては非常に相性が良く、何か文明の最先端をゆく教育のトレンドに乗っかっているかのごとき錯覚を抱かせるものです。**

こうした政府の教育方針は、**デジタルネイティブ育成に躍起になっているように思えて仕方**がありません。デジタルネイティブの人種は、教育でわざわざ育成しなくても出現するものですし、澎湃《ほうはい》として世の中に育ってゆくということは時代の必然でもあるでしょう。これはまさしく、性教育と似た側面があり、学校でわざわざ行うべきか否かという議論と相通じ合うものでもあります。スマホの使い方など、少年少女、特にデジタル好みの中高生は、学校外でさまざまなスペックを自由自在に独学で学んでいます。プログラミング教育とて同じです。

子供との非常時の連絡を理由にスマホを解禁し、おじさん政治家の視点から、使える英語だのプログラミングだのを、わざわざ学校で行い、将来のオードリー・タンや落合陽一などの天才を多数輩出しようなどと目論んでもいるようですが、実はこの教育的観点こそ、「1人の天才と99人の廃人を作る」と通じあう教育観に思えて仕方がありません。

スマホを起点として、今や社会から会社、学校、そして家庭へとデジタルの波が隅々まで押し寄せています。黙っていても、デジタルの飛沫を浴びずには生活できません。ガラケー族のおじさん連中にとっては、東南アジア、特に中国などへの旅行には不自由をきたします。また、メジャーなアーティストのチケット購入も不可能、上野の国立美術館の展覧会の観覧予約の煩雑さ等々挙げればきりがありません。当然〝Go to eat〟や〝Go to travel〟などもガラケー族には縁がない。

50代以上の方で、このデジタル社会に不自由さを感じてない人は、我が子にラインなりインスタグラムなりのアプリをセッティングしてもらっている方か、本来デジタルというものに親和性のおありの方でしょう。

『スマホ脳』（新潮新書）という本が最近ベストセラーともなっています。デジタル、特にスマホは脳にとって「その依存症は、コカインに匹敵する」とまで指摘しています。2018年の**『スマホが学力を破壊する』**（集英社新書）という本でも、川島隆太東北大学教授が世に〈スマホと教育〉の観点から警鐘を鳴らしてもいましたが、まさしくデジタルというものへの慣《な》れ習《れ》は、性欲と同様に制限やストイックさが肝要であることに大衆は気づかれていないようです。2020年6月に**『スマホを捨てたい子どもたち』**（ポプラ新書）という本を、元京大総長でゴリラ研究者の山極寿一氏が出されてもいます。

昭和の時代、誰しもタバコが健康には良くないことは漠然とわかっていながら「わかっちゃいるけどやめられない」を是としていました。バブルが弾け、平成も半ばに差し掛かろうとする頃には、「健康のために吸い過ぎに注意しましょう」とタバコのパッケージに注意書きが添えられるまでになりました。そして今や、間接喫煙という事実（怖さ）に気づいたのか、タバコは麻薬の一歩手前、社会悪の嗜みとさえなりました。

タバコが害であることは、半世紀以上も前から指摘されてきましたが、それが社会通念にまで浸透するには、その中毒性、麻薬性が当事者の口から広がってゆくまでに長い時間が必要でした。

極論かもしれませんが、**闇雲のデジタル〝ファッショ〟的教育に邁進する社会的風潮、時代の趨勢は、亡国への一里塚**と言わせてもらいましょう。

学校でのスマホ解禁、デジタル教科書導入、プログラミング教育といったものは、特に小学校から中学校にかけては、セックス奨励、喫煙の黙認、飲酒の許可といったお達しと同類の愚策となることだけは予言しておきます。私のこの指摘が正しいか否かの結論が下されるのは、おそらく50年以上も先のことになるでしょう。化石燃料のガソリン自動車や火力発電が地上からほぼなくなっている世界でのことになるかもしれません。

（2021・1・11）

大学はデジタルだけを語っていればいいのか？

朝日新聞「変わる常識　問われるデジタル力」と題した朝日教育会議の記事（2021年1月10日）を読みました。基調講演は早稲田大学総長田中愛治氏、そしてパネルディスカッションの相手が東京大学総長五神真氏とYouTube日本代表の仲條亮子氏。

二人の大学総長は、しきりにデジタルの重要性を指摘しておられます。それは大学という高等教育においてです。一方、民間会社の長でもある仲條氏は、中等教育におけるオンライン授業、いわばYouTubeの存在意義を強調されてもいました。

会議を終えて五神総長が呟きます。「ぼうっとしていたら、大学の機能の大部分はYouTubeに取って代わられる」と。

デジタル力と題したこの会議で**一つ抜け落ちている観点は、初等・中等教育におけるデジタル力という視点と、アナログの重要性という言葉が一切でてこなかったという点です。**

YouTubeが、今では小学生から高校生にいたるまで、教育から娯楽にいたるまで、世を席捲している状況は想像に難くありません。教育YouTuber葉一からミュージシャン瑛人に至るまでその影響力は言わずもがなでしょう。

話は飛びますが、近年、小学校からの〝株の取引き〟や〝金融のお勉強〟の話、また、〝起業のノウハウ〟など実益主義で、大人になったら〝どうお金儲けをしたら賢い人になれるのか〟

を伝授する風潮が出てきたようです。昭和のレトロな何々屋さんが身近にあった時代、いわば、コンビニが出現する以前の世界では、子供は放課後に通学路などで働く大人の世界を垣間見てもいましたが、平成以後ともなると、その働く大人の世界が子どもから遮断されてしまった感が否めません。**子どもの世界もリアルからバーチャルへ移行しているのです。**そこに将来の職業を実体験できる場として、キッザニアという娯楽施設が誕生しました。ある意味、この施設の役割は評価できます。

しかし、このアミューズメント施設がフックとなって将来その道に進んだという平成の若者がいるなら、是非追跡調査していただきたいのですが、実際そんなにはいないと思われます。それは、小学校時代、公文式、ＥＣＣ、学研などが運営する子ども英会話スクールなんぞに通っていた子どもが、中学で英語力が伸びて英語を前向きに学ぶようになった、などという風評を耳にしたことがないのと同じです。私見と主観で申し上げますが、中学で英語が伸びる生徒は、小学校時代、国語と算数をしっかりとやってきた者です。

株の知識や使える英語などというものは、小学校や中学校、いや高校生でも、飲酒同様早すぎるのです。「すぐに役に立つものは、すぐに役に立たなくなる」という逆説的真理をわきまえておられぬ御仁に限り、実用第一主義のイデオロギーに染まりやすいのです。デジタル教育とて同じです。デジタルとは、ある意味ツールであり武器にすぎません。それに対して、アナログは理念であり、戦術にして戦略でもあります。アナログのない教育は、まるで根が大地に

張り巡らされていない大木のようなものです。これは、文法を学ばずして英語を学ぶに等しい。建築の図面なしに高層建築物を立てるに等しい。

司馬遼太郎も次のように指摘しています。

帝国陸海軍が、戦艦やら空母、ゼロ戦にいたるまで近代兵器を進化させてもきた。日本が文明国の仲間入りをした証左の一ではある。しかし、昭和の軍人は、幕末を経験した上の世代、いわば日清・日露を戦った軍人の合理主義・リアリズムを失ってしまった。帝国陸海軍は、進化はしたけれど進歩などはしていない、むしろ退化してしまった――と。

私流にいえば、本当の意味のアナログ精神をかなぐり捨て、デジタル亡者になり果ててしまったからでしょう。

ここに、現代の賢者藤原正彦氏の言葉、「小学生に大切なのは、一に国語、二に国語、三、四がなくて、五に算数。英会話、パソコン、そんなものどうでもいい！」が真実味を帯びて浮かび上がってもきます。

アナログあってのデジタルという言説に、東大と早稲田の2人の総長は言及されていません。恐らく高校生は、自身が責任を負うべき対象ではないからでしょう。おじいさんが孫を甘やかすだけで躾や教育に責任がないことに等しい。また当然、アナログ感覚をもって、デジタルへも対応できる学生が来るし、いるという前提で話されているようです。これは、時代に迎合（？）し、社会に適応する人材を輩出しなくてはならない大学経営といったものも頭にあるからではないでしょうか。

ミスター文部省寺脇研氏が主導して挫折したゆとり教育と同義であるのが、高等教育のデジタル化というものに思えて仕方がありません。高邁なる理想とおそまつな現実を算段しない構想とやらです。お上という文科省が、〈有能な教師がいて、できる生徒がいる〉という前提で方針を決定したように、早稲田と東大の2人の総長は、〈ハイテクの器具や有能なデジタル講師がいて、やる気まんまんの学生（高校時代のアナログから大学時代のデジタルへのシフトがスムーズにいく学生）〉がいるという前提で、「ポスト・コロナ時代の日本社会の未来」を論じているように思えて仕方がないのです。田中氏や五神氏が、大本営のエリート軍人にダブって見えてきてしまいます。


（2021・1・11）

リモートワークとワーケーションの負の側面

今やコロナ禍の中、市民権を持つ一歩手前にまで来ているリモートワークとワーケーションというものについて私見を述べてみたい。

江戸時代、武家諸法度なるものがありました。その法は、あくまで武家にのみ適用されるものであって、京都の公卿衆や江戸大坂の庶民にはあずかり知らぬ法度でした。

そもそもリモートワークもワーケーションも、コロナ禍の状況下、外発的に中大企業で実施されている働き方スタイルであり、**人命第一主義と効率主義を掛け算したIT系大企業や、デジタルに親和性のある社員にはもってこいのワークスタイルです。パンデミック下での必然的な〝解答〟**であり、**この2つの働き方改革の推進には、人命第一と効率性の両面しか見えてきません。**

このリモートワークとワーケーションなるものは、医学的見地とビジネス的観点からすれば、大方が同意しています。しかし、この2つの働き方には、人性論的視点、つまり人間とはどういう生き物であり、産業革命以来、社会・会社、そして市民・社員との関係性で、どういう健全なるメンタルを維持してきたかという目線が抜け落ちているように思えて仕方ありません。

物事には、人間を含め自然に至るまで、男女、昼夜、火と水、陽と陰、ハレとケ、パブリックとプライベート、フォーマルとカジュアルなど、一種の二元論というものが存在しています。また、オンとオフ、平日と休日・祝日があるように、メンタルの切り替えという慣習・慣例が近代社会になって確立されてもきました。

現代は、ジェンダー論のもと男女格差を解消する方向へ移行する趨勢のなか、LGBTに象徴される社会の多様性を主張する人々も増え、まるで**均一化と多様化というブレーキとアクセルを同時に踏み込んでいる**ようですが、そんな**大衆社会**の〝矛盾的盲点〟を誰も指摘しようとはしません。鈴木敏文の名言に、**「現代は価値観が多様化しているように見えて、実は画一化**

している」というものがありますが、これは、デジタル社会のプラスに見えるものが実は〝負〟の側面だと言っているのです。

作家やミュージシャンの多くがよく口にする言葉、**「締め切りがあるから作品がつくれる」**というのも、創作活動における期限が、オンとオフとを無意識にメンタルに強いてもいる、良き業界の慣例となっているケースです。アーティストにおける〝ルーティン〟というものの良き側面を生じさせてもいるこの締め切りは、一見、縛りや拘束の負の面に見えながらも、幼児や子どもの躾のごとく、生活習慣というものをある意味、律するまっとうな大人へするための通過儀礼に似てもいます。出版界や音楽界における産業社会上の必要悪なのです。

ルソーの有名な言葉に、**「子どもを不幸にするいちばん確実な方法は、いつでもなんでも手に入れられるようにしてやることである」**というのがありますが、人間にとって不快で嫌悪すべきものへの忍耐や律する力を養うべしとする警告でしょう。すべての仕事を家庭に持ち込む怖さを、この名言は皮肉っているようです。

さて本題に入るとしましょう。このリモートワークとワーケーションなるものが、実は**ハレとケ、プライベートとパブリックというメンタルにおける切り替えの脳内スイッチを取っ払うことになりやしないかという懸念**を提起したいのです。

『孤独な散歩者の夢想』の中でルソーが、『思考の整理学』の中で外山滋比古が指摘していることですが、**〈あるアイデア、よい考えは、散歩している時にひらめく〉**と、人が〝ああ、そういえばそうだ！〃と実感するようなことを語っています。また、桑田佳祐や矢沢永吉なども何気ない日常生活の中で、ふと名曲が降りてくる、だからいつも、降りてきたらそのメロディをボイスレコーダーに録音しているとも言っています。そうです、**発想・着想・ひらめき・リフレッシュというものは、日常と非日常のシャトル的行為の中にある**のです。

一般的に言って、人間とは弱いものです。時間や空間の制約なしに、自身の裁量で自由に仕事を任せられたら、量的にはこなせるかもしれないが、質的には保証できないかもしれないという結論を出さざるをえないのではないでしょうか。中高生の勉強とて同じです。だらだら長時間勉強するより、短時間でもいいから集中してやった方が効率的です。帰宅部は浪人し、バスケ部や卓球部の主将が現役でいい大学に合格する事例がそれを証明してもいます。

これは何も仕事の面ばかりではありません。フランスでも話題になりましたが、コロナ禍でリモートワークによって、自宅で夫と妻が24時間向かい合っていることが原因でDVが激増したのです。リモートワークのマイナス面です。日本とて同様です。「タンスにゴン」のCMで有名な**「亭主元気で留守がいい」**、この妻の本音もかなわぬ状況に今やなりつつあります。夫婦にとってもストレスの源なのに、ましてや2月末に安倍首相が出した学校一斉休校要請は、専業主婦にとってはダブルパンチでした。子どもの世話と夫の存在が、家事を背負っている女性のメンタルを追い詰めたことは衆目の一致するところでしょう。

白洲次郎・白洲正子夫妻は、お互い、**趣味志向が全く逆ベクトル**でした。篠田正浩・岩下志麻夫妻は、同じ映画業界にいても、監督と女優の生業を理解できる間柄にいました。周防正行・草刈民代夫妻とて同様です。**趣味志向が同方向に、並行してベクトルが向いています。**山下達郎・竹内まりや夫妻や桑田佳祐・原由子夫妻は、音楽という共通の目的を持つ同志です。それぞれ皆、創作においてオンとオフが公私共に〈幸福なる共存〉をし、**ある目的に両者のベクトルが向いている**理想的なカップルです。夫婦で個人商店を切り盛りしている仲睦まじい○○屋さんのカップルは、この方々の縮図です。

最後は、プロ野球選手の夫婦です。管理栄養士の資格すらもつ妻が、夫の私生活を陰で支えてもいる場合も多い。しかし夫は遠征などで、一年の半分しか自宅にいません。ちょうど5時か10時まで精一杯のおもてなしをするフレンチやイタリアンのオーナーシェフを自宅で妻がやっているようなものです。夫の身体管理、客の要望、それぞれ120%応えようとする心意気というものを、両者は芯にもっているからそれが可能なのです。これは、**T型ベクトルタイプともいえるもので、横軸の夫はある目的へ向き、そのベクトルを下から縦軸に支える妻のベクトルがあるカップル**です。

このような夫婦のタイプに該当しないサラリーマン夫婦にとっては、リモートワークは地獄です。サルトルの言葉を引用するまでもありませんが、「**地獄とは他人のことだ**」がリモートワークの帰結です。

次に、ワーケーションなるものです。軽井沢や箱根あたりの自然豊かな環境の中、オンラインで仕事をするというものですが、私に言わせれば、これも**ハレとケ、昼と夜、頭の切り替えといったメンタルを考えれば、ある意味、いい刺激というものを放逐する働き方**といえるでしょう。

農業の栽培法として有名なものに、いちごやメロン栽培、トマトやきゅうり栽培で、あえて水を少なくぎりぎりの量で育てるという方法があります。このほうが、甘い果実や野菜に育つからです。**少ない水は植物には〝辛いこと〟でしょう。**これは倹約質素に育てたほうが、〝立派な〟大人に成長するとされることと似たものがあります。**ワインで名高いブドウの産地は、どこも寒暖差の激しい地域です。**

自然豊かでストレスのたまらない仕事環境も、最初のうちはいいかもしれませんが、長期的視点に立つと、それが果たして効率的で生産的な働き方といえるのか、はなはだ疑問です。

あくまでも私の仮説ですが、大企業の社員が軽井沢に自宅を構えて３６５日、リモートのみで仕事をするのと、ウィークデイは東京の賃貸マンションから会社に通い、週末は新幹線で軽井沢の中古の別荘か古民家あたりでオフを過ごすのと、どちらが長期的視点に立ったとき、質の面、量の面で効率的、生産的なのか、それは言わずもがなです。世の中に観光業や旅行といったジャンルが存在する意義が、まさにその答を出してくれてもいます。

よく過激なフェミニストが、ジェンダー論を錦の御旗にして、男女の差別を通り越し、男女の身体的差異をも無視して、男女格差、さらには男女区別をも取っ払え！　と声高に叫んでい

る光景を目にします。これと同様に、今般のコロナ禍において、公私・ハレとケといったような人間生活の区分すらも撤廃しろとする風潮には違和感を禁じ得ません。

寝室とは家屋の中の寝る場所です。そこにテレビや事務机、パソコンやスマホは持ち込まないのが常識的な日常生活でしょう。家（ホーム）とは、社会の中の安寧・安息・息抜きの場所でもあります。その精神や肉体の癒やしの場に、仕事を持ち込んだり、それを〝社会化〟してしまうと、ある意味〝地獄化〟してしまう状況が想像できないのでしょうか。いや、ITやデジタルをそもそも自在に使いおおせている部族は、公も私もなくて支障がないメンタルなのかしれません。

北海道が好き、沖縄が好きといって毎年数回、季節ごとに飛行機で旅行する方に、よく、「そんなに好きなら、現地に引っ越して住めばいいじゃないですか?」と質問すると、「いや〜、たまに行くからいいんですよ。住むのと旅行とは違います」と返ってきます。そういうものです。犬が好きな方でも、実際にペットを飼ってはいないという人もいるのと似たものがあります。好きな対象への分をわきまえておられるのです。

このリモートワークやらワーケーションやらは、コロナ禍の〝避難地〟、いや〝避暑地〟でもあります。今、ウーバーイーツの自転車配達員が激増しているようですが、コロナパニックが収束したら、この仕事は恐らく激減するでしょう。こうした働き方は、コロナ禍の〝あだ花〟にすぎません。

この文章を書き終えた２０２１年１月18日、奇しくもその日の**日経ＭＪ（マーケット・ジャーナル）という世のトレンドキャッチーでもある業界紙**で、次のような記事が載っていました。

テレワーク、働く意欲低下

新型コロナウイルスの感染拡大に伴うテレワークの実施で、働くモチベーションが低いと感じている人が２割にのぼることがリクルートキャリアの調査でわかった。なかでもチームでする仕事が減った人の意欲がより低下する傾向がみられた。職場で人との関わり合いが仕事への意欲を左右する重要な要素とされており、企業は社員のやる気を高める職場環境づくりが課題となっている。

（２０２１・１・18）

詳しくは、同誌を読んでいただければご納得いただけると思います。この比率はこれからもっと上昇するでしょう。

無聊を忘れた現代人

現代人は、どうも**無聊**《ぶりょう》というものを忘れてしまったようです。いや、**無聊**という存在を放逐してしまったらしい。その典型がスマホ依存症です。今や音楽から映画、そしてライン、インスタグラムやらツイッターやらで、他人へのつながりから娯楽に至るまで、**自身の無為なる時間を何らかの行為で埋めたいらしい**。**歩きスマホ**は言わずもがなです。電車内で、マスク装着者の次に多いのが、スマホを見つめている乗客の数です。私なんぞには異常なる光景に見えて仕方がありません。その負の側面、若者たちの間には**つながり孤独**という症例すらあるようですが、ヴァーチャルやネットのみでリアルの体験不足からくる一種の鬱の軽い症例です。

そういえば、世に**孤独という名が付された書籍**がやたらと目に付きます。グーグルでキーワード〝孤独〟と〝本〟で検索すれば、どれだけ多数の書籍が出されているかに驚いてしまいます。そういえば、テレビ東京で放映され静かなヒットともなった『孤独のグルメ』もありました。これも令和の日本人ばかりでなく世界の人々も、孤独が鬱の一歩手前の心的病のごとく嫌悪されている事例で、その反動としての企画番組かもしれません。前にイギリスでも**孤独担当大臣**を置いて話題になりました。今や〝**孤独**〟は〝**社会問題**〟となりつつあるようです。**無聊という友と決別したしっぺ返し**かもしれません。

次のような言葉を思い出しました。

「人間は判断力の欠如で結婚し、忍耐力の欠如によって離婚し、記憶力の欠如によって再婚する」

この言葉は、結婚に成功した者には無縁の箴言でしょうが、次のように置き換えることも可能です。

「人間は、孤独からの逃避で結婚し、孤独への郷愁で離婚し、孤独への嫌悪で再婚する」

これは**一人でいる時間**、また、**無聊**というものを友としていない因果でもあります。

巷に目に付く書籍の類で、すべてに一貫して流れている共通点は、以下のような枕言葉が付される孤独は善と見られているということです。

希望のある孤独
楽天的な孤独
精進する孤独
何かしらの限定詞、形容詞が付される孤独は是認されているようです。〈視線を外に向ける孤独〉は悪で、〈視線を内に向ける孤独〉は善なのです。三木清でしたか、**「孤独は山にない、街にある」**という言葉は、孤独の刃の向け方、取り扱いへのマニュアルでもあります。

疎外感=孤独、これはどうもよろしくはなさそうです。つまり、矛盾するようですが、**明るい孤独、ポジティブな孤独**、これは人生を充実させてもくれ、自身をワンランクアップさせてもくれるようです。**Loneliness**（ひとりぼっちだ！）**と Solitude**（ひとりでいられる！）**の違い**でしょうか。蛭子能収の新書でしたか、『ひとりぼっちを笑うな』（カドカワ）という本があったのを思い出しました。

宵闇の中、だれ一人、森の中にはいない。頭上に月が皓々と照っている。

満月を見つめる孤独＝希望のある孤独
半月を見つめる孤独＝楽天的な孤独
三日月を見つめる孤独＝精進する孤独

西田幾多郎流の、〈月に見とれる自身の純粋経験〉こそが、真の孤独です。西行の、「**心なき身にもあわれは知られけり……**」の〝**我**〟と、兼好の「**徒然なるままにひぐらし硯に向かう**」〝**我**〟を令和の日本人は忘れてしまいました。**人生の美意識**です。**美とは**〈**つるまないという行為**〉**からしか洗練されはしない**という至って当然の理を、文明の利器スマホは現代人から奪い去ってしまったようです。

（2021・1・18）

英語はデジタル？　日本語はアナログ？

沖縄の米軍基地問題、そして**広島・長崎発の日本の非核化運動**、これは、父と母ともに我が子に対して良き親であるとき、両親の離婚に際して、どちら側につくかという子供の立場の究極の選択問題と似たような難題です。

沖縄から米軍を撤退させた場合、核の傘問題が浮上します。中国、北朝鮮を想定した場合、自国で核兵器を持たざるを得ないという状況に踏み込まざるをえないのは必定です。しかしこれには、人類最初の被爆国日本としては国民総意の是を得られません。広島の被爆者を中心とした反核運動を、沖縄県民を優先すれば完全に無視することになる。一方日本が、国連の非核化の方針に従ってアメリカに逆らおうものなら、アメリカに冷や水をぶっかけられるでしょう。

日本国民、いや政府は、沖縄県民と広島市民の間で、どっちつかずの状況を宙ぶらりんでごまかすしかなかったのは、おそらくこれからもそうでしょう。この苦しい日本の立場を、わざわざここまで言わなくてもと思うくらい冷徹に分析、むし返したのが、近年の白井聡氏の思想のテーマの一つです。こういう知性もありと、思想的立場が違えども、あっぱれと快哉を送っておきます。これまで自民党がごまかしてきた慣例を、もうすでに保守の論客西部邁が指摘してきた日本の弱点を〝永続敗戦論〟として、左派の学者が陽の当たる場所に再度引っ張り出した功績は認めましょう。

この沖縄米軍基地問題と広島非核化問題とを天秤にかけたとき、依然として宙ぶらりんとして決定不能な状況に追い込まれるように、実は日本における大学のグローバル化問題というものもダブって見えてきてしまいます。

典型的なものとして、**大学の授業における英語化のテーマ**や、大学入試の実用第一主義への方針転換があります。ご存じのように、２０２０年初頭に頓挫した大学入学共通テストにおける民間資格系テストの導入問題のことです。

2021年1月に初めて実施された大学入学共通テストの英語問題なんぞは、実は大学卒業共通テストとして行ったらいい。得点8割未満の者は、仮卒業として社会人になってもらいます。仮卒業後、再度受験して8割以上をゲットしなければ、正規の学卒とは認めない制度にすれば、よっぽど文科省や大企業の眼鏡に適う学生として社会に巣立っていくでしょう。しかしその学卒も大して英語が使える新卒でないことは、すぐに馬脚を現してバレること必定です。

しかし大学の教育不全、教育不能を暴露するので、決してこんな制度は設けないことでしょう。衆議院議員や参議院議員が自身の給与や待遇を下げる法案を決して国会に出さないのと同じです。

単刀直入に申し上げれば、**大学の授業を国際化の名のもとに、たとえば早稲田の国際教養学部や、秋田国際教養大学のように、すべて英語で行えば行うほど、日本の大学のアイデンティティーが希薄になり曖昧になるのです。**つまり、アジアの留学生が、英語で政治、経済、文学などを、日本という国で英語で学べば、到底、アメリカやイギリス、シンガポールや香港の大学で学ぶほど、そのコンテンツの濃度といった点では到底及びもつかないことでしょう。**深い文化から高度の文明まで学べる日本語という言語を持つ国で、どうしてわざわざ英語で学ぶ必要性があろうかと、留学生は疑問を持たざるを得ないでしょうし、むしろ日本のアカデミズムの底の浅さを見透かされてしまうことにもなりかねません。**

それは、村上春樹の小説の英語訳を、わざわざ日本語に翻訳して、そのテキストを再度日本人が読み、村上春樹を批評するような行為に似ています。留学生には興ざめの授業であり、純ジャパの学生には、授業の半分も理解できないでしょう。これは以前にも指摘したことですが、大学のグローバル化は、理系には少々吉と出ますが、文系には凶と出ると明言した所以です。

特に文系に関しては、大学のグローバル化によって、アジアの留学生は二～三流の知的レベルしか来日しません。一方、国内の日本人大学生は理解不十分、内容希薄の欠陥大学生を量産する事態を招きかねないというのが、**大学の国際化の盲点**です。**これは、アジアでも母国語教育が近代において見事に成功した国家の弱点**でもあります。アジアで通信インフラがいちばん進み、紙幣の質が世界最高水準にある日本の利点が、むしろ、旧途上国にデジタルで先を越されてしまう皮肉的状況とダブって見えてしまいます。

また、トヨタ自動車に象徴されるように、ハイブリッド車の成功国日本が、むしろその利点が足枷《あしかせ》となり、世界の電気自動車へのシフトの波に乗り遅れてしまうガラパゴス化現象とも似て非ではありません。

この点、最近世に出た**『デジタル化する新興国』**（伊藤亜聖著）という書物は、〈英語と日本語〉という命題を、デジタルとアナログとを分母として再考したとき、非常に教育上示唆に富み、**『大学はもう死んでいる？』**（苅谷剛彦、吉見俊哉著）という〝解〟を導いているように思えます。

戦後、昭和の成功モデルが、バブル崩壊後の日本を、平成中期までなんとか引っ張ってもき

ました。しかしその長所が、むしろ足枷、短所となるように、〈グローバル化〉＝〈高等教育の英語教育化〉の趨勢で、日本語で科学（学問）を学ぶという長所が〝悪〟とみなされるようになる風潮を危惧するばかりです。教育におけるデジタル化の勢いにアナログが放逐されてしまう事態同様、結局、日本を衰退へと導くことになりはしないでしょうか。

沖縄と広島の問題で、米軍基地と非核化とを天秤にかけることとは、高等教育で英語と日本語のどちらを取るべきかと天秤にかけるかのごとき、同じジレンマが浮上してくるのです。

（2021・1・25）

「デジタル教科書を問う」（読売新聞）より

昨年（2020年）末、12月1日から4日にかけて読売新聞は1面で**『デジタル教科書を問う』という特集**を組んでいました。教育分野におけるデジタル化に警鐘を鳴らしたものです。23日の1面のアンケート調査によると、〈デジタル教科書「不安」9割〉と結果が出ていました。そのあらましをこれから述べます。

12月1日（火）付の結論　1回

韓国政府によると、19年8月時点でデジタル教科書のネットワークに一度でも接続した小中学校は約9割に上る。ただ、授業で使いこなせる教員や学校内の教材は足りず、広がりを欠いているという。

日本でも、学力向上の効果や端末、通信設備の維持コストなど、本格導入を前にクリアすべき課題が山積している。19年度の普及率は、**学校に配備された端末や財源の不足を理由に公立小中高校の7・9%にとどまる。**実際に授業で使う教員からは**「子供は端末を操作すると勉強したつもりになるが、実際は知識や思考が定着していないこともある」**との声も聞かれる。

日本に先駆けて導入した海外では、学習効果が疑問視されるとして紙に戻した学校や、巨額の費用負担に耐えられず事業が頓挫したケースなど、運用を見直した例も少なくない。

＊これなども、韓国は小学校1年から英語をやっている、フィンランドの勉強法はこうだ！とやたらと外国の流儀が〝青く見える〟文科省の連中の浅慮が露呈しています。

12月2日（水）付の結論　2回

紙とデジタルの教科書を巡っては、経済協力開発機構（ＯＥＣＤ）が18年、79か国・地域を対象に行った国際学習到達度調査（ＰＩＳＡ）が注目されている。

本を「紙で読む方が多い」と答えた日本の生徒は読解力の平均点が563点、「デジタルで読

む方が多い」は４７６点と90点差があった。数字でも、授業でデジタル機器を使う割合が61％の豪州がわずか８％の日本に比べて平均点が高いわけではない。

台湾で「デジタル教育の先駆者」と呼ばれる中央大（桃園市）ネット学習科技研究所の陳徳懐教授は、**端末を使った学びは「疑問を解決し、友達と共に勉強しやすいなどの強みがある一方、文章を読み飛ばしやすく、深い理解や感情移入がしにくい」**と指摘する。

紙と電子媒体の違いを研究する群馬大の柴田博仁教授（認知科学）は「**情報の全体像をつかみ、考えを深めるにはデジタルより紙が優れている。子供の思考力を育むにはデジタル教科書は不向きだ**」と強調した。

＊デジタルとアナログの優劣を判別できない役人は始末に負えません。ハイテクの結晶でもあるスペースシャトルが大きな惨事を引き起こし、今やオシャカとなって使われていません。一方、ソ連時代のソユーズロケットは事故も起こさず、今もって宇宙ステーションに宇宙飛行士を送り続けている事例が、このデジタル教科書と紙の教科書の違いともいえます。

12月３日（木）付の結論　３回

全国の学校の通信環境を整備するコストもかかる。

デジタル教科書は、主に教科書会社などのサーバーに接続して教科書のデータを閲覧する方式がとられる。**通信環境のない場所では、教科書を見られない。**

通信が不安定になれば、端末が動かなくなり、授業に支障も出かねない。

GIGA構想では、1367億円を投じて校内のネット環境を整備する。だが、学校と外部サーバー間の整備などにかかる費用は、試算もないのが現状だ。

法政大の小黒一正教授（公共経済学）は、**「教育のICT（情報通信技術）化は重要だが、多額の税金が必要なだけに、費用と効果を見極めるのが先だ。財源確保の議論も避けてはならない」**と指摘している。

＊ウインドウズの全盛期、新しいソフトが出るや、ヨドバシカメラなどに長蛇の列をなして購入するオタク連中、また、スマホの新機種が発売されるや、ソフトバンクの店頭に朝早くから並ぶデジタル族、こうした連中と同じように、文化に軸足をおく教育という範疇のツールである学校の教育器具を考えてはいけません。

12月4日（金）付の結論　4回

スマートフォンの普及などを背景に、子供の視力は悪化し続けている。19年度は裸眼視力1未満の割合小学生35％、中学生57％といずれも過去最悪だった。

デジタル教科書で視力や生活環境に悪影響が及ばないか、不安を抱く医師や保護者は少なく

ない。

就寝前に端末を見ると、画面から放たれるブルーライトで体内時計が狂い、寝不足になるともされる。眼科医の不二門尚《ふじかどたかし》・大阪大特任教授は「**デジタル化の影響は、視力以外にも幅広く考慮すべきだ**」と指摘する。

ネット依存も心配だ。国立病院機構・久里浜医療センターの樋口進院長は「**ネットに接続する端末を子供に渡せば、閲覧を制限しても抜け道を見つけて長時間、遊びに使うこともあるだろう**」と危惧する。

端末を自宅で使う場合、管理は保護者任せとなる。日本ＰＴＡ全国協議会の大島修常務理事は「**子供の健康が悪化しては意味がない。保護者の不安にも配慮しながら、慎重に議論してほしい**」と訴える。

12月23日（水）

以下は、国立情報学研究所教授　新井紀子氏の意見である。

デジタル教科書を使用することで学力が上がるという十分な根拠がない中、国が導入を推進していることは大きな問題だ。

小学生はまず、思考力や判断力の基礎となる学力に加えて、ノートの取り方、予習復習の仕方、資料の探し方などを学ぶ方法を身に付けることが必要だ。長年築き上げてきた紙の学習スタイ

ルがデジタルに代われるのか、公平な目線で判断することが重要になる。

（中略）

今、中学生の半数以上が教科書を読んでも理解できない状態で卒業している。21世紀に必要な能力は教科書を正確に読み、正しいイメージをつかむ力だ。

学校教育で求められるのは、教科書を精読しゆっくり考え、自らノートにまとめ、わからなかったときに自分で調べ、どこでつまずいているのかを説明できる能力を育成することだ。

読解力や思考力、問題解決能力は訓練しないと養えない。デジタル教科書によって学習スキルが低下し、学力格差がますます広がる懸念がある。

私の所見

外山滋比古と田中真紀子との対談集『**デジタル教科書はいらない**』や田原総一朗の『**デジタル教育が国を滅ぼす**』など、世の賢者は何年も前からデジタル教科書というものを批判し、不要とも主張していました。もちろん『国家の品格』や『国家と教養』で名高い藤原正彦氏などは、デジタル教科書なんぞには当然大反対です。

人間がいちばん成長し、飲酒や喫煙などもってのほかとわかっている年齢で、どうしてデジタルなどという危ない〝文明の利器〟を与えようとするのでしょう？　**強烈なる農薬で野菜や果物を栽培するようなものです。**世のバカ親は、幼児のスマホ育児なども行っているらしい。

便利で楽だからです。これは見えない育児放棄です。
アマゾンやグーグル、アップルなどの研究拠点のあるシリコンバレーのエリートたちは、あえて我が子をデジタルの電子器具の全くない、昭和時代と見まごうアナログ主義を徹底している小学校に通わせているようです。ジョブズにしろ、ゲイツにしろ、我が子には中学生の後半までスマホを与えていなかったといいます。あの宮崎駿は、将来アニメーターを目指す子供たちに、あえて「アニメを見るな！　読書をしなさい！」と諭してもいます。

教育にも不易流行という、譲れない領域があります。社会とて同様です。文化を忘れ文明の究極にまで猪突猛進している習近平中国の死角はここにあります。

福田恆存の言説ですが、**論理や倫理が変調をきたすところで芸術はそれを正すといいます。真が狂うところで美は正気を維持するともいいいます。**芸術や文学、いわば文化の必要性を説いているのです。

中国では、特に中国共産党支配になって、ノーベル平和賞（劉暁波）はもちろん、ノーベル文学賞（莫言）などあまり喜ばれないしうれしくもないという社会風潮になっているようです。中国が近代になって、清朝以降没落の経路をたどったのは、文学軽視に由来します。明以前の中国文学のなんと豊饒なることよ！　一方日本は、清朝と時代をほぼ同じくする江戸時代、文明よりも文化に軸足を置いた社会でした。その差が、アヘン戦争と明治維新の差に出たのだと思います。

世界最高のＡＩ社会（これを狂った〝真〟とは誰も指摘しません）を目指そうとしている中国では、人間の本性を忘れた12億の人民が、ノーベル物理学賞・化学賞に血眼になっています。それ以前の、人間という生き物の本性を〈デジタルファシズム〉をもって、まるでチベット新疆ウイグル自治区でジェノサイドを行っているように抹殺しているのです。〈デジタルの文化大革命〉に誰も気づいていないようですが、自分の尻尾を食べ始めた蛇のようです。中国人民の真の人間の創造性の本源を雑草のように摘み取ろうとしている愚挙を、我が日本国民も笑えません。

（２０２１・２・15）

女優小雪の〝美しさ〟——彼女のアナログさ——

２０２０年に観た地上波テレビのベスト３に入れてもいい番組に言及しましょう。ＮＨＫの『**SWITCHインタビュー達人達**』（10月31日）という、その道の達人２人が対談する番組です。女優小雪の美しさ、いや、**彼女の母親としての内面の美しさ**が光っていました。この番組の中で、映画監督河瀬直美がホストとして初対面の相手に選んだのがこの小雪です。なぜ対談相手に選んだかといえば、ブルガリア・ウローラ・アワード（２０１９年度）で最も輝いている女性に小雪が選ばれ、その式典でのスピーチに惹かれたというのです。

「私がいつもモットーとしていることは、自身がいる場所、生きている場所、今出会っている人たちのこの瞬間を大事に生きること、それがこの先の未来につながると思っています」

小雪は数年前から、子供たちを自然の中で育てることを考えていたといいます。家族での地方移住です。コロナ禍直前に実現し、２０１９年から地方で二男一女を育てているという。一方、川瀬も故郷の奈良の自然の中で一人息子を女手一つで育ててきて、田畑の農作業を日常の一部として取り込んで生活しています。この女性二人の生き方は、小室淑恵が標榜するワークライフバランスとも一線を画すものでもあり、俳優と監督だから、また、仕事を選べるという特権があるからこそ可能であるとの指摘を覚悟のうえで、彼女たちの生き様に讃辞を送りたい。

男女格差解消、男女同権実現社会を下世話な表現でいえば、松田聖子型としましょう。一方、女性の独自の立ち位置や強味を進化（深化）する生き方、これを山口百恵型とすれば、彼女たちは、4対6の割合で後者、即ち女性としての強みと母としての責務を融合した見事な生き方をしている点が、輝いても見えます。松田聖子の、今でも輝くその活躍ぶりは見た目で美しい。しかし20歳で引退し、そのいさぎよさに〝いまだ喝采鳴りやまず〟ともいわれる山口百恵のその美しさは脳裏でしか認識できません。

つまり、**デジタル社会の便利さ、豊さという川の流れから、いったん川岸に上がって、デジタルという激流に流されている社会の光景をほほえましく見つめている、その母としての表情が美しい**のです。それは、飛躍するようですが、我らが幼少期、『アルプスの少女ハイジ』の生き様に、どことなく文明化してゆく社会の中で、ハイジの姿がえもいわれぬ〝美しさ〟として子供の眼に映ったのと相似関係をなします。そのアナログとしてのライフスタイルや彼女たちの会話から、幸福とは何？　という問いが投げかけられるのです。幸福とは満足ではなく、ましてや快楽ですらない。そのことに気づかせてもくれます。彼女たちの鋭い発言を次に抜粋してみました。

小雪「今の子たちって、すべてのことが、調べたりして、アイパッドとか器械とかの中で正解があると思うのはとても危険だけど、ある程度のことが知ることができる。情報ツールを利用して、いろんな物知りじゃないですか？　その物知りっていう部分が、自分の本当の意味で、感じる・わかる、体と心でわかるっていうのをどういう風に教えていくべきかなって考えたら、やっぱ、生活でしかない。現代社会って、すべてのもの、欲しいもの、必要と思うものが手にいれることができる。少し手に入れられない、手に入れる歯がゆさを感じたほうが逆に生きやすくなるかな、と最近思って……」

河瀬「何でも手に入れられる世界にいるとつまんなくなっちゃうと思う。ちょっと冒険っていうか、手に入らない感覚を持った上で、それが手に入った時の喜びというのが人間を生かしてゆくと思う」

令和の時代、Amazonで欲しいものは次の日に手に入る。外出しなくても、生活必需品は自宅に届けてもくれる。映画館に行かずとも映画が観られる。Googleで何でも知ることができる。iPhoneという文明の最先端利器が、それらすべてを可能にしてくれる。この効率的で豊かな社会に疑問を抱く人は少ないでしょう。それは、その現実に疑義を抱けば生活がままならないから、あえてデジタル社会に迎合せざるを得ないのです。

河瀬「ゲームとか与えると、それに夢中になる。テレビをつけてれば、いっぱい刺激がある。しかし、田んぼに放置しておくと勝手に遊んでたりする。この体験は両方あっていいんだよね？」

小雪「そう、両方あっていいと思う」

小雪「うち、ちっと上の子は、ゲーマーの方向なんで、大自然の中でゲームしてるんですけど。〝ママ！　僕、目が疲れると山を見るんだ！　山ってさ、目の疲れを取ってくれるよね！〟確かに、と思って（笑）（この笑みがなんとも言えず美しい！）、〝それでね、ここに座ってね、お水飲むんだ！〟と言って（笑）……」

河瀬「教えてくれるね、子供って！」

ＮＨＫオンデマンドで再放送なりを是非ご覧になられることをお勧めします。一般の主婦や母親、一般企業で働く女性がこういう生活を選ぶことはままならないと思いますが、私が言いたいのは、この〝デジタル第一主義〟のご時世の中、すこしでもリアル、人間のふれあい、自然との接触体験、この令和の時代に、平成ではなくむしろ昭和のレトロな感性を育む教育があってもいいのではないか、というアナログ体験の大切さです。いつかどこかで、養老孟司氏が語っていたことを思い出しました。

「人間っていう生き物は、1日24時間の中で、1回でもいい、短い時間、自然というもの、植物、木々、土や草、山の側面の緑などでもいい、そうしたものを目にしないと、自身では気づかぬかもしれないが、精神に不調をきたす。だから、よくオフィスなどの高層ビル内には、観葉植物なんかが置いてあるでしょう？　それは人間の無意識の文明への抵抗、防衛本能なんですよ」

今年の大河ドラマの主人公渋沢栄一ではありませんが、株式資本主義を日本に導入し、500社以上もの会社を立ち上げた明治近代化の大恩人が、一方で〝ブレーキを忘れるな〟と、常に警告してもいました。それは、近世に地層のように積み重なった、石田梅岩に代表されるような社会倫理・個人道徳というものです。この〝徳目〟を彼の名著『論語と算盤』の題名が象徴しています。子育てにおいても〝アナログ＝ブレーキ〟の目線を決して忘れてはいけません。

社会のデジタル化が、個人の生物としてのアナログ性を根こそぎにします。その大地には、見た目に美しい花畑のみが広がっています。人間の生きる糧ともいえる野菜畑、麦畑、水田などが姿を消し去ろうとしています。「きらびやかで快適」の陰の面に大衆は気づいていません。「人は〝楽〟のみに生きるにあらず」

（2021・3・1）

文化を置き去りにした、ぶっちぎりの文明社会

これは私の持論ですが、文化というものが文明を生み、文明というものが、ある意味、文化を変え、その文化がまた文明を進歩させ、その文明が文化を進化させてきたのです。特に産業革命以来、市民社会の出現や女性の社会進出が活発になり、それに応じて蓄音機、レコード、CD、そしてデジタル配信といった音楽産業も発展してきました。これが大衆社会における文化と文明との関係です。

この文化と文明の人類における円環的相互影響関係というものが、科学技術の突出ではないですが、左足に草履か下駄をはき、一方で右足に革靴かスニーカーをはいているような居心地の悪さというか、履き心地の悪さみたいなものを感じずにはいられない今日この頃なのです。

今や文明を象徴する利器、スマホというものが、文化の〝精力〟を奪っているとしか思えません。

スマホが、時代の標語でもある〝社会の多様化〟を促進しているように見えながらも、実は無意識のうちに〝社会の画一化〟を拡大しているとも感じられるのです。

フランスの良き格言として〝cultiver la différence〟（差異を耕す→多様性を増す）というものがあります。フランスのノーベル文学賞を受賞した哲学者ベルクソンにも、**「哲学とはユニテに到達するのではない、ユニテから身を起こすのだ」**といった名言がありますが、21世紀の世界は、それとは真逆の方向へ、文明というアクセルのみで猪突猛進している感が否めません。英語帝国主義、そしてＧＡＦＡ帝国の樹立、そして彼らの収入源（税金）はスマホから徴収されて、大衆は〝イワシの群れ〟のように価値観から娯楽にいたるまで扇動されている状況《ありさま》を作り出してもいます。

これは、原田曜平氏あたりに、令和のＪＫ（女子高校生）へアンケートをしてもらいたい。昭和から平成の彼女たちに比べ、今時の彼女たちは、男子（恋人や将来の伴侶）には、**頭の良さよりお金の多さ、性格よりルックスを優先する**度合いが高まってきているはずです。こうした気質の勃興は、アナログの気質よりデジタルの気質が優っている証拠で、情報過多社会の負の側面でもあり、彼女たちのメンタルにおいて〈文化が文明に放逐されている現象〉の証左の何物でもありません。目に見えないものより、目に見えるものに価値を置く気質の誕生です。**「本当に大切なものは、目に見えないものなのです」**（『星の王子さま』）という至言は、猫に小判、馬の耳に念仏です。

その一方で、消費に関していえば、モノよりコト優先、おしゃれな衣服やブランド品よりもTDLやUSJ、さらには〝王様のブランチ〟（TBSの番組）などで取り上げられるレストランや高価なスイーツには目がありません。まことに始末が悪い部族と嘆いても、これが大衆のマジョリティーなのです。こうした行動を正しいとか間違っていると言うつもりは毛頭ありませんが、真の文化という観点から申し上げれば、〝透き通った悪〟とJ・ボードリヤール流に断言できそうです。

実はこのデジタル化社会のぶっちぎり現象というものが、もやは新しい文化（次世代の文明を生み出す文化）を生みだしているのではなく、見てくれ文化、文化の仮面を被った文明のみを世界に跋扈させているのです。美しい森林を伐採して、畑や農場にしているようなものです。人間の欲を満たす食糧につながるものを目的に、アマゾンや東南アジアの密林を伐採している人類の行為が、実は地球温暖化というしっぺ返しとなることに、近年、ホモサピエンスはどうも気づいたらしい。それが今や有名となった「人新世《ひとしんせい》」という言葉に集約されてもいます。

化石燃料、即ち石炭や石油を用いた火力発電や自動車という文明の利器が、ここ10年で地球の異常気象、海面上昇、夏の猛暑など、従来では考えもつかない未来の空恐ろしい地球にしてしまいかねないことには気づいても、このスマホに代表されるデジタル化社会というものが、本当の意味での多様性に根を張る文化というものを根絶やしにしてしまいかねないということに警鐘を鳴らす識者は皆無なのです。

（2021・3・1）

21世紀のアナログ派は印象派に学べ！

俳句に〝意味〟はない、と言えば反論されるにきまっているが、いくつもの意味を同時にそなえている表現に〝意味〟は存在しない。生まれるのは、受け手の〝解釈〟で、十人十色になる。

いくらノンキな教師でも、入学試験の問題で、俳句の意味を問うことはしない。アイマイなことばには、正確な意味を特定することはできない。

俳句に限らず、日本語の表現で意味を特定することは難しい。おびただしい試験で国語の問題が出されるが、意味を問うことはできない。せいぜい〝解釈〟になる。解釈に点をつけることは難しいから、競争試験に国語の出番はないはずである。

俳句がおもしろいのは、アイマイだからであり、意味がはっきりしないからである。わかりにくいからおもしろい、わけのわからぬことを表現するからおもしろい。俳句はおごってはいけない。

（『伝達の生理学』外山滋比古著）

デジタルは二進法で組み立てられているといいます。即ち、1と0ですべてを構成しています。一方、私の考えでは、アナログとは、1と0の間に、無限に小数や分数の微細な数を含む世界です。極論ながら、デジタルは、この世に男と女という見た目の性差しかいないとする考えでもあります。
他方、アナログ的観点とは、ＬＧＢＴＱといったさまざまな内面をも含めた人間がいることを肯定して区分する考えです。時代は、デジタルがアナログを放逐する勢いですが、ジェンダー論の考えでは、むしろアナログチックの視点が必要ともされています。アナログとは、ものごとは1と0とのように、白黒、男女、昼夜といったように、二分裂などできないとする考えを根本としています。

令和の時代、デジタルに染まった若者を概観すると、世界観とも言おうか、価値観とも言おうか、自身の好き嫌いとも言おうか、このデジタルの二分割方式の論理で判断する人が大勢を占めている感が否めません。 そうした10代、20代は、まるで1日24時間が、真っ昼間の明るい昼時と、真っ暗な夜時しかないと考えているような気がしてならないのです。

デジタルネイティブには、夜明けの茜色の美しさや、日没時の夕焼けの薄暮の情緒などの感慨に耽る暇も感性もないようです。朝日が昇る薄ら明かりの早朝の景色、夕日が沈む青から群青へ、緋色を交えたグラデーション宵のひと時、こうした情趣に心が染まらない人間は、アナログを忘却した、こてこてのデジタル人間といってもいい。

その点、和歌（短歌）や俳諧（俳句）などを解釈して、その意味だけを知ろうとする人間は、ＡＩに心奪われた〝未来人間〟ともいえましょう。**「解釈を拒絶して動じないものだけが美しい」**と、小林秀雄は語っています。解釈だらけの現代は、デジタル帝国の世界でもあります。そして〝Ａ

Ｉという皇帝〟が君臨しかけてもいます。

　虎の威を借りる狐ではないですが、ＡＩの威を借りる習近平がそれを地で行く中国です。現代の中国に情緒・風情といった感性は育ちはしません。皮肉まじりに言わせてもらえば、インバウンドの活況や日本に住み着く中国人の増加は、本音では、そうしたドライで無機質な社会への嫌悪感が大きな理由であると私は見ています。

　21世紀は、都市と自然、文明と文化、ＡＩ（コンピュータ）と人間、こうした対比構図を描きつつある様相を呈しています。そのしっぺ返しが地球温暖化と格差社会の到来です。デジタル独走社会では、人間や文化などの後者が、放逐され、消滅しかけてもいます。

　スマホが人間の精神と肉体の中に、組み込まれようとしています。プログラミングというコンピュータと会話する言語が、小学校から身に着くように、奨励されてもいます。

「コンピュータが人間に近づいてきているんだろうが！」（養老孟司）という指摘も真実味を増してきます。

　19世紀まで、ヨーロッパの画家たちはリアリズムを追求しました。なるべく事物を写実的に描くことが求められ、それを使命としたのです。しかし、写真というものの発明、出現により、リアルという概念が揺るぎ始め、王侯貴族のお抱え画家は失業します。リアルさの点では、写真機には到底かないません。19世紀の文明の利器、カメラの台頭です。**これこそ、約２００年前の〝デジタル〟**でした。

それに反旗を翻したのが、印象派の画家たちです。もちろんチューブ絵具の開発もあったでしょう、イーゼルを屋外に持ち出し、太陽の明るい日差しの下で、自身の印象、感性、肉眼のおもむくままに対象をタブローに連れ込む流儀が生まれました。印象派の誕生です。私に言わせれば、**〈19世紀のアナログ復興〉**です。ここに、21世紀のアナログ復興のヒントがあると私は見ています。

近年、ビジネスにアートを取り入れる考え方が、静かなブームです。山口周氏の著作が、それを証明してくれています。

話は逸れますが、大学受験の現代文では、論理というものがやたらと強調されています。数年後の高校の国語教科書も論理国語と文学国語と枝分かれするし、大学入学共通テストでも、論理性がやたらと重要視されてもいます。時代は、〝論理！論理！〟の大合唱です。

論理というものは、ある意味、デジタルの独壇場の世界です。この論理を突き詰めてゆけば、C言語やプログラミングに行き着きます。この論理旋風とやらは、19世紀の画家にとっての写真機の出現と似ているような気もします。

養老孟司も指摘していますが、将棋の名人がＡＩ棋士に負けるのは当然であると言います。それは、１００メートル走で人間が、自転車、オートバイにかないっこないのと同義だそうです。生物としての人間が、機械のＡＩと勝負しても勝てるわけがないと。だからといって、将棋界や陸上界が地上から不要であると、根絶されることもありません。それは、アナログの重要性を、まるで自然の森林や河川、海同様に必要ともしているからです。**気仙沼湾の良質で美味なるカキは、陸地の森林から河川を通して流れてくる栄養分があればこそ育つように、真のデジタルには、アナログというものがなくてはならないというのが私の信念でもあります。**

ビジネスの世界でも同様でしょう。

マーケティングは、デジタル力の独壇場です。さまざまなデータを収集し分析する点で、スーパーコンピュータに人間が敵うわけがありません。しかし**ブランディングというものは、アナログ力がものを言います**。ＡＩにブランディングができるか、ＡＩに名作が書けるか、ＡＩに名曲が書けるか、ＡＩに哲学ができるか？　この点はまさしく、ユニクロというファストファッションがケーススタディとして挙げられるでしょう。

ユニクロは、今や世界一の売上げを誇る大企業にまで昇りつめました。しかし、ブランディングだけは、いまいち柳井正社長の思うとおりには運んでいません。これぞ、デジタル化で急成長を遂げた企業の限界であり、ジレンマです。アナログ力とは、会社が大きくなればなれるほど、むしろ、削がれていくという事例でありましょう。

だから大企業は、有名人を用いてＣＭを大々的に打ちますし、ＳＤＧｓなどに熱を上げるそぶりを見せます。それらは、数値だけではビジネス判断できない領域でもあります。たとえば草間彌生、村上隆、奈良美智などが現代アートの巨匠となった経緯は、デジタル力ではありません。別の文脈の〝アナログ力〟です。

芸術というものの存在意義は、デジタルの世界から、ある意味、人間を守るためにあります。中世のキリスト教絶対から、その反動としてルネサンスというヒューマニズムに裏打ちされたサイエンスが誕生したように、ポストモダンのデジタル絶対社会から、アナログが復興することを、私は希求するものです。

【補記】
偶然にも、今日（6月28日）の日経ＭＪの1面記事のヘッドラインは次のようでした。

Ｚの時代―Ｚ世代の若者の時代―
昭和しか勝たん
非デジタルが居心地がいい
ほどよく身近な非日常
歌謡曲もボカロもどっちも好き＝郷愁ではなくコンテンツ＝

※Ｚ世代の若者が、〈昭和レトロというアナログ復興〉の主役になり、逆に、デジタルかぶれのおやじ連中は我に返るのではと、私は予想しています。西武園ゆうえんち、アナログレコー

ド、昭和の名車、真空管アンプ、田舎の古民家等々です。

（2021・6・28）

教育は国家百年の大計である

近年のビジネス誌「東洋経済」「ダイヤモンド」「プレジデント」「エコノミスト」などの特集には、教育のジャンルが非常に目に付きます。大学、中高一貫校、附属か中高一貫校か、早慶特集、MARCH特集、企業に評判のいい大学等々、毎月どこかのビジネス誌が特集を組んでいます。「アエラ」も月に数回は必ず教育関係の特集を掲載しています。**働き盛りの親御さんにとって、自身の企業への関心以上に、我が子の教育への関心度が高い**ことの証拠です。つまりビジネス誌でも教育を特集したほうが売上げが伸びるということです。「サンデー毎日」の3月号と4月号がいちばん売れる理由も同じです。

今は昭和の頃と違い、**子供より親が教育熱心で、教育への重要度を認識している**のか、昭和の高卒の個人商店の親の子供たちが大学を目指していたのに対して、**令和では、親が高学歴で教育熱心なのに我が子はのんびりしています。それは、ゆとり世代、さとり世代、Z世代の登場、平成不況、デジタル化などが要因で親子逆転現象を起こした**ためかもしれません。もちろん少子化は言わずもがなです。

現在ＴＢＳで放映されているドラマ「ドラゴン桜」も、恐らく中高生よりその親御さんが観ているのではないでしょうか。その親の姿の究極は、「受験は母親が９割」という教育ハウツー本を出している教育評論家（？）や、我が子４人を東大理Ⅲに入学させた佐藤ママこと佐藤亮子さんでしょう。

私は、朝日、読売、毎日、日経、東京、神奈川の各一般紙に毎日目を通しています（読む時間などないのでチョイス読み）が、教育ジャンルに関しては、ビジネス誌ほど特集を組んではいません。話は逸れますが、毎月観ているテレビ番組「朝まで生テレビ」などは、コロナ禍のここ２年、仕方がないでしょうが、コロナ関係のみを議題にしてきました。コロナ禍以前の数年は安倍政権関係ばかり、つまりテーマが政治・経済のみであったという記憶があります。「朝生」で教育が特集されたのは、もうひと昔前、前回のドラゴン桜放映（２００５年）時くらいだったでしょうか。それくらい教育問題は、ジャーナリズムに軽視（？）されているのが現状です。

平成に入り、政治は混迷、経済は低迷、教育は頑迷です。教育は理想や理念ばかりの改革で、政治と経済に置き去りにされ、〝金は大学自身で賄え〟といわれ、国公立の独立行政法人化となったわけです。初等中等教育に関しては〈自助〉、即ち学校ではなく個々の家庭が塾や予備校で学力をつけなさいという方針を受けた風潮にあります。小中学校などは、義務教育の学びの機関といいながら、朝８時から夕方４時までの不良化の防波堤、いわば〝託児所〟にまでなり果てているのが実態です。その証拠に、今週号の「ダイヤモンド」特集は〝教師大全＝出世・カネ・絶望＝〟で、学校がブラック職場と化している現状を見せつけています。教師になりたい学生が激減している現状もうなずけます。

国公立大学の準私立化（↑財務省の方針）、大学入学共通テストの民間試験委託（頓挫）、デジタル教科書導入（↓IT関連企業成長）と、教育を民間の力に委ねる政策を推し進めながら、25人クラスの導入（35人なんて多すぎる）、教師の増員、部活動の民間委託など、〝政府に都合が悪い、お金のかかることは、嫌だ！〟といった政策をしていると、亡国へ、傾国へ、国力の衰退へと坂道を転がり落ちてゆくしかありません。

ただ、社会がひどく、学校がどうにもならないような環境で育っても、家庭がしっかり幸福であれば子は健全に育ちます。国家は、政治や経済がどうしようもなくても、教育だけは譲ってはいけないという姿勢を貫き通せば、やがて政治や経済もましとなる時代を迎えることもできるでしょう。教育は国家の根幹です。政治と経済の附属品としか考えなくなっている今の風潮が、教育改革の正体なのです。

（2021・6・14）

哲人ハードラーの意見と拙著の主旨

ＮＨＫ・Ｅテレの「**心の時代〜宗教・人生―瞑想でたどる仏教―心と身体を観察する**」（２０２１年６月26日放映）で、拙著『英語教師は〈英語〉ができなくてもよい！』で主張した〝英語教育観の急所〟を、**哲人ハードラー・為末大**さんが、ものの見事に語ってくれました。彼は、『走る哲学』『禅とハードル』という興味深い本も出しています。拙著でも言及している彼の言葉「**ボルトの手法を真似てもボルトになれない**」（オリンピアンの手法を真似てもオリンピックには出られない。東大生の勉強法を真似ても東大には受からない。自己のアレンジや工夫も必要だということです）を頭に入れて読み進めていただければと思います。

番組の中で、東京大学大学院の蓑輪顕量氏から〝菩薩〟という存在の説明の段になったとき、「その菩薩が自らは悟りの境地に達していないものの、自身が悟りを導く存在である」ということを聞いて、為末さんは次のように語っています。

今言われたのは、その本人が悟りを開いていなくても、他者を悟りに導いていくということですかね？　私たちの世界で、コーチングの役割でオリンピックに行っていないコーチはオリンピアンにオリンピックのことを教えられるかという問いがあるんですね。よく選手は疑問を持つんですね。できるから教えられるんだろうって。でも今は認識が変わってきて、

できることと導けることは違っていて、選手を教えているんではなくて、選手に伴走しているんであって、選手がそこに行こうということをサポートしている。常に選手を上回る経験をもっている必要はないんだという考えに変わってきている。

（話を）伺いながら、指導者って自分ができることを伝えるっていうイメージがあったんですけど、自分が悟らなくても他人を、悟りに行く人を助けよう、自分の経験とは関係なく、フェアな関係で支え合うみたいな、フラットな関係が、私たちの言われている世界に（仏教での菩薩の役割）に近いなと思って。悟ったから悟らせるんだ、ではなく、自分が悟っているのとは関係なく支援する、一方的ではないと思いましたね。

拙著の主旨と為末大さんの言説が、今もっておわかりになられぬ教師や語学学習者、学生が多いと思います。特に文科省の連中がその典型です。受験エリートの官僚が、ある意味〈できそこないの〝如来〟〉になっているから、〈真の〝菩薩〟〉の気持ち、境地、立場というものがわからないのです。東大の底辺部の連中より、早慶の上層部のほうが、周知のように社会で大成する真実に近いものがあります。

今や時代は、〝学歴より学び歴〟の時代です。これが真実であっても、世の愚昧なる大衆は、このことを深く認識していないようです。だから私は、知人や教え子に、次のように語るのです。

「〈学歴〉は世の愚者をあしらう盾として、そして〈学び歴〉は世の賢者と勝負する矛として弁えよ」

『人は見た目が9割』、こんな題名の本がありました。その説を広げると「世間は肩書が9割」とも言えるでしょう。ですから防衛策として、英検1級やTOEIC満点などは、〝バカな教え子〟のために、一応は取っておきなさいということになるのです。しかしこうした〝見た目〟にこだわるような生徒は、〝オリンピック経験指導者〟じゃないと指導は受けぬというブランドかぶれの人間ともいえます。

一方で、この私の**「言葉」**の真意をご理解できる人は、為末さんの指摘に耳順するはずです。世はバカな語学修練者に満ちあふれています。

では、拙著の主旨と為末さんの言説を敷衍してゆきましょう。

早慶MARCH出身の者が、東大京大の教授になれないか？　早稲田の政経学部を出て、社会科の教師になって上手に日本史や世界史を、文学部出身者以上に上手に教えている者はいないか？　慶應の文学部で太宰治を卒論にして、高校で予備校講師にも引けをとらないほど上手に古文を教えられる教師はいないか？　日体大で体操をメインでやってきた体育教師で、球技の技能を見事に教えている教師はいないか？　等々です。

人格的に少々問題がある国語教師は、教室で仮面を被って道徳教育を行ってはいけないのか？といった少々哲学的命題にまでぶち当たります。その答えは、親鸞聖人が教えています。この点、拙著でも深く言及していますが、論を広げると、教員免許をもっていない者は、所持者以上には、少年少女に勉強を巧く教えることができないのだろうか？　といった文科省への論題にまでぶち当たってもきます。

この点、教員免許の10年更新制度など愚の骨頂以外の何ものでもありません。すぐに撤廃すべきものであります。恐らく、将来的に廃止されると私は予言しておきましょう。

（注…2021年7月、文科省は教員免許更新制度を廃止する方針を決めました）

そもそも、英語教師、英語講師なる存在について、最近私は周りの人や賢明なる親御さんに次のように喩えてお話しししています。

「英語教師とは、ネパールのシェルパのごとき存在である」

ご存じの方もおられましょうが、ヒマラヤ登山におけるシェルパとは、海外からの登山家を補佐する現地の運び屋専門の登山者です。彼らは、エベレスト登頂を目指す西欧のクライマーの補助をする仕事を生業とし、おもに5000メートルくらいまで、食糧やキャンピング用品を背負って運びます。標高や地点、山全体の特徴、危険ルートなどについてアドヴァイスするのも仕事です。

そんな彼らには、エベレスト踏破などという野心や目標などありません。あくまで海外のプロの登山家の補助に徹します。それで生計をたてているにすぎず、登頂に興味も関心もありません。もちろん、やろうと思えば、彼らにも登頂は可能かもしれません。しかし、それは別次元の話です。シェルパには6合目以上の経験もないし、また必要性もない。シェルパは代金を頂いて、５合目、６合目までの導きをすればいいだけの話です。

この５合目が、ＭＡＲＣＨレベルの英語です。６合目が、早慶上智レベルの英語か、英検準１級くらいとでも言えましょうか。それ以上は、英検１級やTOEIC９００点以上であり、高校生には必要ありません。そんな英語に費やす時間があれば数学や理科といった科目に費やすべきなのです。シェルパになるのに、エベレスト登頂のタイトルホルダーは必要ないということです。

英語教師というものは、実用英語はその程度でもいいのですが、ネイティブも読解に難儀する文学作品や哲学エッセイなどの類は、ネイティブ以上に深読みできなくてはなりません。そして生徒にその英文を理路整然と説明できなくてはなりません。それは江戸時代の荻生徂徠や伊藤仁斎が、チャイニーズカンバセーションはできなかったものの、中国人学者以上に四書五経の真髄を理解できた学びの姿勢と通底するものがあります。

先日亡くなられたジャーナリストで〝知の巨人〟とも称された立花隆氏の話す英語を聞いたことがありますが、発音などは早慶のちょっとした英語ができる学生以下であり、使うフレーズも大学受験の参考書などで読み覚えのあるものばかりでした。彼は、英会話など、通じて質問できればいいと考え、そんなものに時間を費やすくらいなら、世界の、日本の、名著や文献・資料を読みこむことを最優先にしていたことでしょう。

ネイティブのように、風俗に起因する流行語だの言い回しなどを覚える語学熱心な社会人がおられます。また、日本の新聞もテレビニュースにも疎遠なる社会人が、いざ英語となると、時事英語など、政治・経済用語の英単語を夢中になってお勉強している姿をよく見ますが、滑稽そのものです。

社会人のみならず英語教師にもいえることですが、英語の鍛錬は、菩薩のように〝ネイティブ〟の領域になど至らなくても、日々、日本語の書籍による読書を怠らず、その教養をバックボーンとした英語教師を目指すべきである、というのが私の持論です。

だから、「英語教師は〈英語〉ができなくてもいい！」と言いたいのです。ただし、知性と教養においては、英米人も舌を巻く域に達していなければなりません。

その模範となるべき英語学者を次に挙げておきます。近年お亡くなりになられた方々ですが、世に多い英語教育についてしか持論を展開できない愚鈍なる英語学者・語学講師・学校教師とは全く別の次元の賢人たちです。

外山滋比古…巷の学生や社会人に対して、世の処世術・学び方に多大な影響を与えた
鈴木孝夫……他の言語学者に影響を与えるとともに、〝英語と日本人〟の関係性についてもさまざまなヒントを与えた
渡部昇一……政治や経済、特に独自の歴史観をおもちになられていた

〈補記〉

留学経験がなくても、ネイティブ顔負けの英語使いの猛者がよくいます。野球人も同様で、メジャーリーグなどに疎遠でありながらも、メジャーリーグの野球理論の先をゆく野球観を大成した人物がいて、それが野村克也です。

（2021・7・5）

ALTから観た英語教育の死角にして盲点

政府は30年余り、私のようなネイティブスピーカーをALTとして「輸入」し、私たちは英語の感覚や発音を教えるなど一定の役割を果たしてきた。問題は私たちが「お手本」にはなれないことだ。人が魚を見て「水中で呼吸ができる」と思えないように、米国人が日本の子どもたちに「英語が同じように話せるよ」と納得させることは難しい。学年が進むほどそれは困難になり、1、2年生では私から生き生きと学んでいたが、5、6年生だと日本の大人を見習うようになる。子どもたちには早い時期から、ネイティブに加え、自信と熱意を持つ日本人の教師に触れる必要があると思う。

日本では、学校だけで英語を学ぶ子どもと英語塾に通う子どもとの間には、英語力の大きな差が生じてきている。私は定期的に塾に通う小学校2年生の英語力に驚いた。

この格差を縮め、日本の英語教育全体の質を向上させたいのであれば、政府は予算措置を講じて、小学校に専任の英語教師をもっと積極的に採用すべきだ。過重な負担を背負う日本の小学校教師の肩から英語を降ろそう。そして5、6年生から英語専門教師が指導した方が、日本の英語教育は平等で効果的になるのではないか。

（朝日新聞　2021年7月22日）

この投稿文は、元JETプログラム外国語指導助手ローラ・カッツ（Laura Katz）さんのもので、朝日新聞の《私の視点》というコラム欄に載った文章の抜粋です。

ここでカッツさんが語っているのは、拙著『**英語教師は〈英語〉ができなくてもよい！**』でも主張しているところと同様です。ネイティブや帰国子女系の英語教師が**如来**であれば、純ジャパながら英語を理路整然と教えられる英語教師を**菩薩**とした点もあり、舶来志向、本家一番主義、生の英語が最善などと鹿鳴館思考で英語教育を考えている文科省、学校運営者、学校関係者などが瞑している観点でもあります。特に、私が傍線を引いた箇所です。

これは、中学生と高校生の関係にも該当します。中学時代は、コミュニケーション主体で、話せる英語が目的とされています。しかし高校時代は、そうは問屋が卸しません。高度な読み、つまり、複雑な英文法から難解な内容の英文読解の世界へと足を踏み入れます。**簡単な英文法で、間違いなど気にせず、どんどん英文を読んでいきましょう的教え方では、秀才以下の生徒は、**

興ざめしてしまいます。これが、カッツさんが日本で経験した真実でもあります。この点、世の大方の英語教師は、目が節穴になっている傾向が大なのであります。

薬師如来、大日如来や阿弥陀如来などは、歴史上、貴族から武士階級にかけての信仰対象でした。観音菩薩、地蔵菩薩などは、庶民の信仰対象でもありました。平安仏教と鎌倉仏教の決定的な違いでもあります。

明治時代の東京帝国大学の人気英語講師ラフカディオ・ハーン（小泉八雲）のあとを引き継いだ夏目漱石は、学生たちに初めは、ハーンと比べられて不評でしたが、その後、漱石の英語力と学識が生徒に認知されてもいったというエピソードは、まさしく、カッツさんとコンビを組んでいた優秀な日本人英語教師の姿でもありましょう。低学年には不人気でも、高学年には圧倒的に指示されるまでに至った方です。恐らくカッツさんは、その小学生の英語を学ぶメンタルの変化を嗅ぎ分けて、いたたまれずに朝日新聞に書いたと思われます。

私は、**ネイティブや帰国子女の身に付けた英語を〈運命の英語〉**と命名しました。一方、**大手予備校の英語講師から学校の名物英語教師、そして市井の個人塾の英語講師に至るまで、〈生涯一捕手〉をもじって、〈生涯一英語教師〉を任じておられる高邁なる方々が会得、習得した英語を〈宿命の英語〉**と名付けました。

最も言語的に隔たりの多い英語と日本語、また、究極的に自国で英語を必要とはしない日本、そこで英語を身に付ける風土で、苦労して、また、自身が発展途上でもあり続ける人間が、同じ〈宿命〉にある教え子を導くうえで、どれほど説得力があり、効率的、効果的に英語を教えられるか、それをカッツさん自身、謙虚に、メイドインジャパンの英語を推奨しているように思えてなりません。

日本人は、0を1や2にする独創性に欠けるが、1を3や5に、3を30に変える応用力には長けているといいます。自動車しかり、コンビニしかり、カメラしかりであります。こうした工業製品の得意技をどうして英語にも応用できないのか不思議でなりません。そのヒントは言語学者鈴木孝夫の書物を数冊読めば納得できるはずです。

日本独特の用語とさえいえる学校英語・受験英語は揶揄の対象です。〈如来教師〉からは、鼻であしらわれます。しかし、それがどうして〝悪〟とされましょう。県立浦和高校出身の宇宙飛行士若田光一さんは、学校英語を将来への武器とせんがために、高校時代に前向きにブラッシュアップしたといいます。まずは、政府の連中に申し上げたいのですが、小学校の英語教師は、カッツさんがいう〝英語専門教師〟が必須の条件です。これを原理原則にしなければ、小学校は英語嫌い養成所に成り下がることは、鳥飼玖美子氏が警鐘を鳴らしているところでもあります。

（2021・8・2）

中等教育における英数国の重要度

　これから**中等教育における英数国の大切さの比重**について述べたいと思います。これは、弊塾の入塾ガイダンスで、特に中学生の親御さんにお話ししてきたことでもあります。

　まず、**中学校3年間で、いちばん大切な科目は何でしょうか？　と問いかけます。**「それはやはり国語じゃないでしょうか？」とか、「英語では？」とお答えになられるお母様はよくいらっしゃいます。もちろん、すべての科目は大切です。しかし、お子さんが高等教育へ向けて、即ち、**行きたい大学に合格するという5、6年後を見据えての大切さ**を私は言いたいわけです。これは単純に比較できません。なぜなら家族の中で、おじいさんとお父さん、お母さんの重要度を、我が子に求めるようなものでもあるからです。しかし**現実的視点で、長期的にではなく、ある意味、短期的現実的に、その大切さをあえて求めた場合の重要度**を言いたいのです。

　それは数学です。2番目が英語、そして3番目が国語となります。これは私の個人的経験則と教育的体験を融合しての私見ではありますが、70～80％の確率で自信をもって言えることです。

　次に、**高校の段階ではどうでしょうか？　それは、1位が英語**となります。

　それでは、その理由をこれから述べてみます。

〈図Ⅰ〉

〈中学校〉	〈高　校〉	〈大　学〉	〈社会人〉	
数	英	国	国	〈重要度1〉
英	数　国	専　英	教　養	〈重要度2〉
国	理　社	(数)		〈重要度3〉

まず、**中学校の段階では、数学が1位**にきます。その論拠はあとに回します。それでは**中学時代の英語の2位**に関して述べるとします。

中学時代の英語は、ある意味技能英語といって、日常生活で必要とされる程度の英語です。この時期の英語でつまずく生徒は、大方、お父様の生活習慣病のごとく、自身の日頃の心構えや規律のある日々の生活に原因があるものです。

そもそも**中学時代、英語が苦手となる生徒の原因**は、次のとおりです。

① 英語の重要度、英語へのモチベーションが低い、そのためやる気がないケース

② 通称〝置きベン〟で、教科書を学校に置きっぱなし、また、自宅でさえ定期テスト1週間前しか開かないケース

③ 本人は、やる気があるつもりでやってはいても、理解不十分、間違った理解のまま学年が進んでいるケース＝親が子どもの英語の理解度に無関心なケース

④ 学校の先生の教え方が〝上手く〟ても本人に適応していないケース

⑤ 学校の英語の進度への理想が高く、現場の自校の生徒の実力・能力も

考慮せず、レベルの高いテキスト・教材（プリント）を使用しているケース

⑥本人がやる気があっても教え方が雑で、手抜きとしか思われない授業をしているケース

⑦これは中2以降に該当しますが、なまじっか、小学校時代に〝なんちゃって英語〟を学んで、中1のとき、〝英語はこんなもんか、勉強しなくても点数がとれる！〟となめてかかっているケース

以上のように、**中学時代は、ほぼ環境や本人のメンタルが英語の成績に影響している**場合がほとんどなのです。

中学校英語とは？

ちょうど**中学校の英語登頂のレベルは、登山でいえば高尾山から富士山程度**なのです。登ろうと思えば、誰でも登れる峰なのです。お父さんが、会社の同僚と、来月富士山に登ることになり、1か月前から、家の周辺を毎日数キロウォーキングすれば足りるレベルなのです。ですから、**よく書店などで見かける社会人やり直し英語といった表題の英語学習書などは、ほとんどが中学校レベルから英検準2級程度の易しい英文法に基づき書かれているもの**であります。

そうです、**中学校英語は、話すための英語、しゃべる基礎を作る英語であって、英文法などは難しさより演習や反復でものになるレベル**なのです。ですから、中学校の英語で躓いても、

高校1年、いや2年でもやり直しできるレベルのものです。高校でリベンジが利く科目でもあります。やる気と努力、計画性で急上昇する事例は、ビリギャルを持ち出すまでもなく、多々あるなんてもんじゃありません。

高校英語とは？

それに対して、**高校英語**はどうでありましょうか？　中学英語が国内登山と称しましたが、こちらは**ヒマラヤ登山に該当するレベル**です。中学校レベルの基礎のもと、やはり地頭と努力の兼ね合いがモノを言う世界です。お父さん連中が、富士山登山ができたから、次はエベレストだ！　とは、そうは問屋が卸しません。キリマンジャロ、モンブランなど、5000～7000メートル級の高峰を順次踏破した登山者しか、身体がついていかないのと同義です。富士山の次、エベレストにチャレンジすれば、その者は、4000～5000メールあたりで高山病を発し、地元シェルパに背負われて下山するのが落ちです。

中学英語が登山者の領域、高校英語は登山家の領域、それくらいの覚悟で高校英語は臨まなければなりません。中学英語が得意で成績が良くても、高校になったら急に下がる、模試でも思わしい点数がとれなくなる現象がそれを表してもいます。

喩えて言いましょう。中学英語が真の意味で得意な中学生がいれば、それは甲子園に出場できる球児に該当するといえます。16歳から、アメリカで日常生活はそこそこできます。でも、その甲子園出場の高校球児が、プロのドラフトにかかり、どこかの球団に入り、プロ野球選手として大成するかといえば、それは話は別です。また、甲子園など出なくても、プロとして活躍する選手がいるのも事実です。

何が言いたいのかというと、**中学英語が高校野球レベルだとすれば、高校英語はプロ野球レベルであるということです**。その自覚を、親御さんも生徒本人ももっていただきたいのです。

この点、「英文法は基礎さえやれば十分！　あとは音読だ！」「英語なんて簡単さ！　言葉なんだから誰にもできる！」などと喚く某カリスマ予備校英語教師たちがいますが、その方の発言など無責任極まりないもので、実態がわかっているのか英語教育者としてははなはだ疑念を抱かざるを得ません。

それに、中学時代は英語が苦手でも、高校では特に、そこそこの大学を目指すとなると、英語は避けては通れません。必須です。ちょうど、江戸から上方へ行くにも、大坂から江戸に来るにも、箱根の関所は避けて通れなかったのと同じです。**文系理系、いっぱしの大学への関門・関所、それが英語という科目**なのです。

だから、**高校生ともなると、仕方なくやらざるを得ない、まじめに取り組まざるを得ない宿命を受験生は背負っている**のです。中学時代、英語が苦手であっても、男女を問わず受験生は、外発的に、できれば内発的がよろしいのでありますが、必死になって英語に向き合うわけです。

だから16歳まで放っておいても、自動的にやる気になるので、中学時代は、2位の位置づけにしました。

では、**中学時代に数学を1位にした理由**をこれから述べます。

中学時代はまず数学だ！

それはこういうことです。**中学時代に数学が苦手だった生徒で、高校時代に数学が得意になった事例は、ほとんど聞き覚えがありません。**英語の場合、そういう事例は掃いて捨てるほどあります。社会人になってから得意になったという話もよく聞きます。語学とはそんなものです。**中学時代に数学が苦手だった生徒が、高校生になって、その数学を中学時代の基礎に立ち返り、英語のように殊勝に勉強するという事例は皆無**です。理系のビリギャルのケースなど、いくつかの例外はあるものの、ほぼ理系では不可能であると申し上げておきます。ドラマ「ドラゴン桜」のようなケースはフィクションですから参考にすらなりません。

もし中学時代に数学が苦手だったら、将来、医師はもちろん、エンジニアなど理系の職業には就けません。ましてや旧7帝大など、あるレベル以上の国公立大学には、センター試験（入学共通テスト）で文系であっても数学は必須なので、**数学が苦手な生徒は、東大の文Ⅰから一橋、そして横浜国大に至るまで、入学は絶望的**です。さらには東工大や医学部、早稲田の理工から横国に至るまで、また看護系から管理栄養士にさえ、その数学の重症度によって可能性は相当下がってしまいます。

したがって、**数学が苦手な生徒は、必然的に私立文系のルートを選ばざるを得なくなるのです。ここに、中学時代の数学の重要度1位の本義があるのです。**

ではもう一つ、数学の中学時代の重要度1位の根拠を申し上げましょう。

それは、**英語に比べて、その難易度**にあります。率直に言いましょう。**中学の英語を本当の意味でモノにしたレベルを甲子園出場の球児のレベルと言いましたが、数学はどうでしょう。それもやはり、甲子園出場のレベル（公立中学校）**といえます。では、**高校数学**はどうかといえば、それは、**メジャーリーグで活躍できるレベル**ということでもあります。**高校英語が日本のプロ野球レベル、高校数学は、メジャーリーグレベル**です。難易度の次元が違うのです。**灘校は、この点を日本中でいちばんわきまえている学校**です。松井、イチロー、松坂、大谷レベルでなければ、ある意味、早慶上智以上は心もとないのであります。

中学時代、英語が苦手でも、高校生になって得意になるケースはざらにあります。逆に、中学時代、英語が得意で、高校生になって苦手になったケースもありましょう。それは、心のもちようと人間的成長が止まった17歳なのです。高校英語は、努力と戦略でどうにかなる領域です。

しかし、数学は違います。**中学時代に数学が得意であった生徒でも、高校生になると苦手、捨て科目とするケースは、あまりにもよくある話です。これは、数学の難易度が格段に上がるからでもあります。**または、中学数学と高校数学の履修のバランスが偏り過ぎていることにも原因があるかもしれません。いずれにしろ、中学時代数学が苦手で、高校時代得意になった事例など、数万、数十万に一つのケースも存在しないのではないでしょうか？　ここに、中学時代に数学を重点に置く論拠があるのです。

大方、私立の中高一貫校、特に神奈川県の例ですが、サレジオ学院や浅野学園、聖光学院や栄光学園などは、中学時代末に数学Ⅱに入ります。その一方、県立ナンバー校（翠嵐や湘南）でさえ、高校1年から数学ⅠAを始めます。ここに、私立と公立の間で、理系や国公立進学率というものに差が出る大きな理由があります。

中学数学、これは、文科省の規定による範囲を超えて、中学生で、せめて数学ⅠAくらいは消化していなければ、高校生の3年間で、数ⅠAから数ⅡB、さらに、数ⅢCなど理解できません。2年半という時間内では、到底、センター試験の数学を7割以上、MARCHの理系レベルの数学を6割以上ゲットするなどおぼつかないことは、文科省の役人たちにはわかっていないのです。**国の方針なんぞに従っていたら、数学不良児、数学ドロップアウト児、数学嫌悪児を多数生み出すことになる現実を、私立校の当事者は熟知しているのです。**

横浜雙葉や湘南白百合といった小学校から高校までの中高一貫校での事例を挙げます。

小学校のとき、算数が好きだった生徒は、**7割**といいます。

中学校のときは、数学が好きだった生徒は、**5割**に落ち込みます。

高校のときは、数学が好きな生徒は、**3割**になるともいいます。理系を含めてこの数字です。積極的に数学を学ぼうとする生徒は、恐らく1割前後でありましょう（「数学随想」の項参照）。

この数字をもじって、〈**数学の753**〉**現象**ともいうようです。もちろん、教え方、学校の方針もありましょうが、多分、その原因は、数学の難易度の急上昇と中高の数学のカリキュラムの歪《いびつ》さにあります。中学時代の内容が易しいにもかかわらず、その3年間を間延びして、悠々と、〝ゆとり〟の数学の時間にしてしまっている現実が、昨今の、いや、近年の理系離れ、即ち数学嫌いのいちばんの原因なのです。

こうした数学の科目が置かれている立ち位置からして、中学時代は、数学に比重を置かねばならないのです。中高一貫校の女子校、たとえば、女子校横浜御三家で、私の個人的感想でありますが、まともな理系志望者が満足するような数学や物理の授業をしているのはフェリス女学院くらいではないでしょうか。今や、STEAM教育で注目の、日本人初の女性数学オリンピック金メダリストの中島さち子さんを輩出するくらいですから。横浜雙葉にしろ、横浜共立にしろ、早慶の進学者の3分の2は文系であると思われます。フェリスは、理系文系はそれほど偏ってはいないようです。

（2021・8・9）

初等教育におけるいちばん大切な科目

中等教育の段階では、国語の重要度が低かったのですが、その根拠を率直に申し上げましょう。それは、**国語という科目は、ある意味、小学校低学年で〝勝負〟が決まっている**ということです。

どういうことかといえば、**小学校の1年生から3年生くらいまで、ちょうど当用（常用）漢字を必死に覚えなければならない段階で、それと並行して、どれだけ本を前向きに読んだかどうかで、4年生以降の国語の出来不出来が左右される**ということです。それは、中学で英単語を必死に丸暗記するだけではダメで、能動的に英文を読む、英作文をする、そして音読するという行為をしなければ、英単語の根っこが生えてこないのと似ています。

小学生低学年で、漢字と読書の習慣を身に付けた子は、4年生以降、国語の問題集などやらずとも成績が良い。一方、その習慣がなかった子は、その後、問題集をやっても、アヒルの水かき程度しか成績は伸びない。これは、あくまでも私の仮説です。

よく生徒や親御さんに語る喩えでもありますが、**国語という科目は水泳に似ています。**小学校の低学年にスイミングスクールに通っていた子が、ちょうど4年生から学校にプールができ、体育の授業で泳ぐことになったら、他の子と差がつくのと同義であります。活字という水をスイスイと泳げるか否かが、国語の成績を左右すると言っても過言ではありません。

〈図Ⅱ〉

小学生						中学生			高校生		
1年	2年	3年	4年	5年	6年	1年	2年	3年	1年	2年	3年

〈当用漢字取得期間〉⇨

⇨国語の勝ち組となる！

〈読書習慣確立期間〉⇨

国語の文章は、小説、論説文、随筆、詩などに大別されますが、ちょうど小説が平泳ぎ、論説文がクロール、随筆が背泳ぎ、そして詩がバタフライと喩えることができましょうか。だから、男子では〝論説文〟が得意な生徒が多かったり、女子では〝小説〟が得意だったりする傾向があります。もちろん、オールラウンドプレーヤーのごとく、すべてが得意な生徒もいるでしょう。ですから国語は、活字という水に10歳前後までに慣れ親しんでいることが肝要なのです。

サピックスや日能研などで、成績上位者が、算数では男子、国語では女子に分布するという傾向は、実は次のような事例からくるものだと考えられます。

男子は一般的に、小学4年生以前はサッカーをやっていたり、スポーツ系の習い事をやっていたりと身体を動かすことで低学年を過ごしている例が多い。一方、女子は、ピアノなどの、文化系と申しますか、屋内ですること、それと同時に読書をする習慣の中におかれる子が多いと思います。そこに、〈国語の伸びしろ〉の根拠があると私はにらんでいるのです。あくまでも主観的一般論と断りを入れてのうえで申しているまでです。

「お母さん！　あのさ、田中の奴、知ってるよね、あいつサピックスとかいう塾に行くんだって、地元の公立中学が荒れていて、行きたくないんだって、それに中高一貫校という学校のほうが、何かいい大学に行けるとか言ってたんだけど、僕も行きたくなっちゃった」

「あんた、本当に行く気あるの？　本当に勉強なんかするの？　サッカーのクラブどうするのよ？」

「サッカー3年間やめるよ、中学に入ったらまたやるよ！」


こうした親子のやり取りをして、中学受験の進学塾とやらに通い始める少年も多いかと思います。しかしこの男の子は、小学校低学年の発育盛りに、身体をめいっぱい動かしていたことで、今流行りの言葉でいえば、算数につながる右脳を鍛えてもいたのです。しかし、感情や五感（小説などで求められる資質）を司る左脳には、効果薄の年月でもあったわけです。つまりこの、めいっぱい身体を動かしていた習慣は、算数という解法から一つの答えを導きだす科目にはうってつけで、超ゲーム感覚で算数能力を飛躍させていったと考えられなくもありません。

私の教育的仮説ですが、北海道の自然豊かな所で、テレビもNHK以外、民放の1、2局しか映らない、ましてやスマホやゲームなどには疎遠な子ども時代を過ごさせ、自宅では読書三昧の子ども時代を送り、小学校4年の時点で、東京の超進学塾に通わせたとすると、その子は、開成や桜蔭などわけなく合格してしまうのではないでしょうか?

林修氏などは、小学校の段階で、日本画家の祖父の蔵書、日本文学大全集を読破していたそうです。その甲斐があったのか、彼は6年生から中学受験の勉強を始めたにもかかわらず、愛知県のナンバーワン中高一貫校の東海中学に合格したのです。また、今やテレビなどで活躍されている国際政治学者三浦瑠麗さんなども、小学校時代から父親に一切テレビを観せてもらえず、本ばかりを読んでいたそうです。それも、1年間に1000冊読んでいたといいます。まさしく、私の仮説を裏付けてくれるような例です。この両氏はもちろん現役で東大生になっています。

ここに、数学者藤原正彦氏の常々主張している名文句「小学校で大切なのは、一に国語、二に国語、三、四がなくて、五に算数。パソコン(プログラミング)、英語、そんなのどうでもいい!」が、ますます説得力を増してきます。

また、神奈川県のケースですが、栄光学園、聖光学院に合格する男子と浅野学園に行く男子、浅野学園に合格する男子と逗子開成もしくは桐蔭学園に行く男子の一つの分岐点は、国語の点数が左右しているような気がします。算数の力は、そんなに大きな差はないと考えられますが、国語力に各段の差が生じて受験の明暗が分かれるというのが、私の推測です。

ちなみに2022年度中学入試で、湘南白百合学園が「国語1教科入試」を始めるようです。学校当局者が私と同じ考えを抱き、実施に踏み切ったのではないかと思われます。数学者の藤原正彦氏が、入試以外の面接で、読書体験を語らせ、どれだけの本を読んできたのか、それを突っ込む面接試験を提唱していたのを思い出します。恐らくどこかの中高一貫校で、面接にその方式を導入するところが現れるのではないかと思います。

恐らく国語ができる小学生は、まず速く読めるだけではなく、黙読しながらも、まるで有名俳優かＮＨＫの名アナウンサーあたりが朗読してくれているかのように、脳裏にその場面や情景が浮かび上がっているのでしょう。文字を読むその瞬時に〝映画化〟しているかのような神業を脳内で行ってもいるのかもしれません。本を読むのが好きな子どもも、嫌いな子どもも、それを無意識にしているか否かで国語力の命運が分かれるのだと思われます。いや、そもそもそれができない子どもが読書嫌いになるのでしょう。

私の塾の生徒で、特に男子ばかりでしたが、その親御さんから次のようなご相談を受けたことがあります。だいたい、中2か中3でした。

「英精塾に通わせていただいているおかげで、中2の今でも、英語の成績はクラスで数番目、全校でも上位にいます。ありがとうございます。数学はもともと算数の時代から好きで得意で、その延長線で成績も心配ないのですが、このたび、ご相談にあがったのは、ほかでもない、息子の国語の成績に関してなんです。英数は9割前後得点するのですが、国語に関しては、いつも50点そこそこで、この間は、70点ほどゲットしたのですが……」

「それはいいじゃないですか！　お母さん」

「いや、先生、その時の国語の平均点が、83点なんですよ、喜べませんよ！」

「ああ、そうでしたか……」

このようなやり取りが印象的でした。そのお子さんは桐蔭学園の生徒でしたが、ほかに逗子開成の生徒さんもいました。このようなやり取りをしたあと、

「うちの息子の国語なんですが、どうしたら成績がよくなるでしょうか？」

「いや、もう駄目ですね」と応じる。そのお母様は暗い表情になる、そこで、

「しかしお母様、今からでも遅くないですから、本人に、お母さんは本代だったらいくらでもお小遣いをあげるから、本を読みなさいとご指導願います。そして、その本を読んだら、感想文だと本人も憂鬱で嫌になっちゃうので、食事中でも車の中でもいい、そのあらすじとおもしろかった点を語らせる習慣をつけてください。その読書の習慣が、高校3年になった頃には若干でも効果がでてきます。そこで高校3年の段階で、現代文の読解のノウハウを伝授して差し上げますから、それまで〝読解の基礎体力〟を身につけるようにしてください。その高3でやる現代文の読解法というのが、巷に溢れかえっている〝テクニック〟や〝記号〟などを謳い文句としたやり方です。具体的には、ゴロ語で有名な板野先生や論理エンジンで一時代を築いた出口先生などです。ただ、彼らの参考書を読んでも、伸びるか伸びないかは分かれるところですが……」

よくこうしたやりとりをしました。また、補足的に次のような喩え話を、国語が苦手な本人とその親御さんを前にしています。

国語の読解が得意な生徒は、水泳でもイルカのように、すいすいと〝活字の海〟を泳げます。たとえば、25メートルプールの第4コースに、百円玉とシャープペンシルを意図的に沈めておきます。また、プールサイドに理科と国語の先生を立たせておきます。当日は晴れ渡り、巨大な入道雲がプールから望めます。さまざまな状況をセットして、その子に25メートルプールの第4コースを泳いでもらいます。ただし、泳ぐ途中でさまざまな物が目に入ってきますが、それについて質問することを前提で泳いでもらいます。

すると、水泳が得意な生徒は、泳ぎ終わって質問すると、「第4コースには、百円玉とシャープペンシルが沈んでいて、プールサイドには理科と国語の先生が見学に来ていた、空は入道雲が昇っていた」など、泳ぎながら目にした光景をハキハキ的確に答えます。

一方、水泳が苦手な生徒は、25メートルプールを泳ぎ切ることが目的で、まるで溺れかけた犬のごとく必死に犬かきのような平泳ぎで泳ぐのが精いっぱい、はぁはぁ言いながら、わき目も振らずなんとか泳ぎきるわけです。泳ぎ終わったあと、「第4コースに何か落ちていなかった?」「プールサイドに誰か見学に来ていた?」「今日はどんな天気、空模様だった?」と質問しても、「何か落ちていたかな?」「誰がいたっけ?」「晴れじゃあないですか?」とぎこちない答えしか返ってきません。必死に泳ぎきることだけが目的、ただ本文を読み切っただけ、まるで字幕のない洋画を2時間観たあとに感想を言うに等しい有様なのです。

国語が得意な生徒は、まるで名俳優にその小説なりを朗読してもらって、脳裏に映像化しているように、その文章が深く認識できています。しかし読解が苦手な生徒は、ただ読み切っただけで、どういう小説かは漠然としか覚えておらず、ディティールなど把握できていないのです。ここに、国語ができる生徒とできない生徒の命運を分ける分岐点があるのです。

この私の仮説を証明したい思いで、あるとき実験をしたことがありました。偶然にも4名の対照的な生徒がいたときのことです。

国語が得意な女子2名、苦手な男子2名、中学2年です。ある無名作家の20頁ほどの小説を読ませ、読み終えた者から、私の元に来てもらい（もちろん部屋は別です）、その小説のあらすじと登場人物と場面場面を質問し、答えてもらいました。

国語の得意な女子2名は、15分くらいで私のもとに来ました。それぞれ彼女たちに質問します。「どういう内容だった？」「登場人物は？」「これこれの場面はどう思った？」等々質問すると、彼女らは、「これこれこうで、こう思いました」「6名がいました、これこれこういうキャラで、こういうそれぞれの関係の人物たちです」「こうでこうでこうだと思います」とハキハキと応じてきます。やっぱりなぁ！　喩え話の水泳が得意な生徒と全く同じだ！　と感慨に耽りました。

それに対して国語の苦手な男子2名は、その倍の30分以上たっても、もたもたして読み終えていません。催促して無理やり読み終わらせて、「もういいから、来なさい」と一人一人、面接形式で同じ質問をしました。「えーっと……ぽい内容だったかなあ?」「えーっとどんな人がいたっけ?」「そんな場面あったかな? ああ、そういえばあったけど、別に……」といった有様でした。もちろん、戦前の少々難しい小説であったこともありますが、その読解の深さと浅さが典型的にくっきりとコントラストを描いた実験例でした。

これが、国語という科目の厄介さでもあるのです。ですから、お父さん連中の生活習慣病ではありませんが、会社の健康診断直前、数週間前から規則正しく栄養バランスの取れた食生活をしたからといって、血糖値や中性脂肪の数値が改善しないのと同じで、国語という科目の得意苦手は、半年や1年で伸びることもある英語や数学とはわけが違い、小学校の読書習慣がものをいう科目なのです。

このことを親御さんはよく認識しておかねばなりません。これは中学まで国語が苦手で、高校生になって、どこかのカリスマ予備校講師に習ったからといって、読解力が伸びたりしないのと同義です。それで表層的論理力がつくことはあっても、読解力がついたと勘違いしてはいけません。自動車学校の学科の問題をたくさん練習したおかげで、ひっかけ問題に足をすくわれなくなった程度の代物です。

(2021・8・23)

高等教育（大学生）でいちばん大切な科目は何か？

大学生でいちばん大切な科目は何かといえば、それは国語と専門科目ということになります。英語はあえて第三番目にします。専門科目は、その学生自身の専攻なので、当然ながら言及しません。なぜ大学生にもなって国語かということですが、それは読書の習慣と関連してきます。一般の世論調査によると、小学生、中学生、高校生、大学生と年齢を重ねるにつれて本を読む時間が激減してくるということです。

それは、お父さん連中が、40～50代にかけて会社の管理職、子育て、老齢の親の介護など、さまざまな事情で音楽を聴かなくなり映画やアートへの興味も薄らいでゆくように、若者も本を読まなくなって〈精神の規律＝知の鍛錬〉のようなものが失われてゆくのと同様ではないでしょうか。読書という国語の淵源、つまりは言葉の修練、発言や文章の洗練、知識の習得と教養の錬磨、こうした鍛錬は、まず読書という行為からしか得られぬものです。

大学生ともなれば、高校までの国語（現代文）という科目を禁欲的読書と規定してもいいでしょう。それは、小学生の算数が、中学生になると数学という名称を変えた科目として生まれ変わるように、高校までの国語という科目を、大学生以上ともなると教養読書として自身の内面に位置づける覚悟が必要になります。

平成後期にもなると、大学生はまず講義の授業スタイルに合わせてパソコンを購入します。

高校までは、家族用の父親専用のパソコンを借用していましたが、大学入学を機に、高価な自身専用のパソコンを購入します。そしてそれを皮切りに、アナログ、または準デジタルであった中等教育が、準アナログ、またはデジタル生活へと変貌するのです。中高生が読書の時間をスマホに食われるように、大学生が教養を積むべき読書のプライベートな時間がパソコンに追いやられてしまうのです。ここが重要な点です。

グローバル化した令和の時代、便利なもの、安易なもの、手軽なもの、こうしたものを追求するのが〈デジタルの性〉でもあります。その文明のロジックという激流に流されてしまえばしまうほど、人間の内面に連綿と流れている文化の一貫性が根絶やしにされかねません。

小学生からデジタルの波に組み入れようとする今の政策が、デジタル教科書の導入でありプログラミング教育の推進です。何度も申し上げますが、小学校から高校まで、心身がもっと成長する期間、人間の文化というものを根付かせる段階で、その文化を文明の利器で根付かせようとすることは、スマホもパソコンも電子書籍も避けては通れないのだから、早期にそうしたものを幼児に与えて免疫をつけさせればいい、そしてデジタルネイティブを多く国家レベルで生み出せばいいという論理です。成人したら酒やたばこをたしなむのだから、小学生かららを与え、飲酒喫煙の習慣を身に付けさせればいいといった理屈と同じことなのです。小学生から財テクや株の投資を教えるべきという論も同じであります。

せめて義務教育の小中学校の段階では、特にアナログの象徴、紙の本による読書という行為が必要です。大学生ともなれば、飲酒や喫煙に染まる者もいましょう。ですが、身体の見地から健康を考慮する意味でも、生涯の知識・教養という意味でも、知の健康寿命という観点からも、この国語という科目が〝知の健康サプリメント〟であるという意識を忘れてはいけないのです。

現役ばりばりで活躍されているファッションデザイナーのコシノヒロコは、先日、兵庫県立美術館で自身のアート展覧会を開き、関西の大学で教鞭もとられています。文化服装学院から世界のファッションデザイナーにまで昇りつめたのですが、今では絵画を描いて、自身のセンスの泉を絶やさぬように心がけてもいるといいます。商業ビジネスで名を馳せたデザイナーが後半生に、美大の道へプライベートで足を踏み入れているということ、これはデジタル（ビジネス）からアナログ（アート）への回帰です。

また、ユニクロや楽天、セブンイレブンのロゴで企業のブランディングプロデューサーとして名を馳せ、今や日本一のクリエイティブディレクターともいえる佐藤可士和も、先日、東京国立美術館で、自身の仕事を回顧する展覧会を開きました。私流に言わせると、戦国末期、信長や秀吉の美の目利きとして彼らを武将以上にイメージアップさせた千利休の存在感を漂わせます。多摩美術大学グラフィックデザイン科から博報堂へと進み、その後独立して、今の名声を得るまでになっても、近年は、絵画という自身のアートに足を踏み入れる段階の行為へとらせん階段を上昇した感もあり、50代後半ともなった今、自身の感性や発想など枯渇し萎えることへの〝アンチエイジング〟だと思われます。

このコシノヒロコや佐藤可士和は、商業ベースのデザイナーや企業ロゴのクリエーターとしての立ち位置から、やはり美術やアートの鍛錬を忘れてはいません。それは、武力だけでは天下布武・天下統一は限界がくる、〝武〟という武器では武将や民の心まで支配はできぬと悟り、茶の湯という精神の世界の匠でもある利休を無視できぬようになった信長や秀吉と同じです。信長や秀吉はその晩年、住居の装飾という考えから狩野派の永徳を登用したり、武ではなく文というものを根付かせ、文化という側面を自身にも課しましたが、それには、コシノや佐藤の後半生のアートへの刮目・回帰という防衛本能と同類のものがうかがわれます。

今、社会人の間で教養というものが再評価の対象となり、美術（アート）がビジネスに役に立つという言説が流布し、禅をルーツとするマインドフルネスがブームとなり、読書離れといわれながらも、新書のジャンルが活況を呈している現況などを考慮すると、そのいずれもが、デジタルの行き過ぎに対する世の賢者の自己防衛本能の覚醒に思えて仕方がありません。そうしたビジネスマンは、恐らく30代以上でありましょう。そうなのです。会社・企業・社会で10年近く働いて、初めて読書を淵源とした、小中高の国語というバックグラウンドの意義に目覚めていると私は思うのです。

私は教え子の高校生、それも高校生になって数学を捨て、英国社の文系に進まざるをえなくなった女子生徒に、「中学の3年間で、もっと前向きに数学を学んでおけばよかった」「中学生で、もっと高校数学を先取りしておけばよかった」と後悔していないかと問うことがあります。中学時代の数学への情熱の薄さが、ある意味、文系へ進まざるをえなくなった大きな理由でもあるでしょう。

その後悔の念と相似関係ではありませんが、大学生の頃、もっと本を読んでおけばよかった、もっと経済学部以外の哲学や文学の講座をキャンパスで受講して学んでおけばよかったと思うようになるはずです。こうした知的錬磨への生ぬるさの根本原因は、読書習慣の欠如、国語という科目への軽視にありますが、これが十年後しっぺ返しとなって返ってくるのです。それを二十歳そこそこの知の若輩者は気づいていないのです。

これは足掛け2年間の社会人経験をした私自身だから言えることです。

企業を立ちあげる人、企業を再建する人、大企業を引っ張っていく人、こうした人たちは、英語ペラペラでなくてもいいのです。必要なら通訳を雇いさえすればいい。パソコンやITにもそんなに詳しくなくてもいいのです。そんなのは、システムエンジニアなどにアドヴァイスを請えばいい。ＭＢＡで学ぶ財務体質の知識などなくてもいいのです。そんなのは、公認会計士などに委託すれば済む話です。

こうしたスキルはあったほうがいいに決まってはいますが、あくまでも必要条件程度のものです。スキルのアウトソーシングができる範疇のものです。十分条件とはなりえません。

では、その十分条件とは何か？　手っ取り早くいえば、教養であり、知恵であり、知識（総合知・

全体知）です。武器となる教養、即ち大局観です。これは人間一個人が、究極の決断を迫られたとき〝外部委託〟などできないからです。組織、企業、社会で、どれだけ言葉で人を動かすことができるか、それが、起業するにも、会社再建を担うにも、また出世するにしても、要諦になるのです。

渋沢栄一からドラッカーに至るまで、松下幸之助から稲盛和夫に至るまで、その名言は、時代を超えて、超デジタル社会になっても金言として輝きを失ってはいません。それは、国語という科目を終生、自身の学びの習慣と化した巨人の生活習慣の帰結でもあります。小学生と変わらぬことをする、日々自身の知らぬ言葉、漢字を習得し、濃密なる、馥郁たる文を読む。その作者と対話し、自身の考えを日々確認、時に改め、そして刷新してゆくことを怠らない。SBIホールディングスCEOの北尾吉孝氏も似たようなことを自著で語っています。

信長も秀吉も、知恵や知識はあったでしょうが、教養というものに疎かったため、それが短期政権の原因にもなりました。その点、家康は、彼らより数段〝教養〟というものを持っていたように思われます。それは信長と秀吉の2人を反面教師とした経験もあったことに加え、儒学者、僧侶、豪商、外国人、さらには名門武田家（戦国武将の失敗例）の旧家臣など、さまざまなジャンルの人間から、知の経験を積んでいったからです。それが江戸260年の長期政権の礎ともなったのです。

これは、流通業におけるダイエーや西友と、ヨーカドー（Seven & I）とジャスコ（イオン）の違いに典型的に表れてもいます。
一般の凡庸なる新人社会人は、大学を卒業すると学びは終わったものと勘違いします。就職後は働いて給料をもらい、企業に貢献し、そして役職が上がってゆく。そんな青写真を思い描いて入社するでしょう。しかし、仕事、営業、人間関係に日々追いやられ、学ぶという人生、〈人間の終生の課題〉を忘れてしまいます。物事は使うだけでは消耗するし、汲み取るだけでは知の井戸は枯渇します。この人生の摂理を10年前後のサラリーマン生活で気づく者もいれば気づかぬ者もいます。
私が大手企業を2年足らずで辞めたのは、数か月、半年、1年と企業勤めをしてゆく単調なるサラリーマン生活の中で、自身は大学生のころより段々〝バカ〟になってゆくことに気づき始めたからです。それに我慢できませんでした。さらには、毎日の電車通勤の中で、大学生の頃の感性がだんだん鈍磨されてゆくことに危機感が芽生えてきました。それが歯がゆかったのです。上司の姿を見ると、10年後の社畜のごとき自分の姿が想像できるようでぞっとしたものでした。〝痩せたソクラテスよりも太った豚〟の自分の姿に嫌気がさして退社を決意しました。

明日死ぬと思い今日を生きよ、永遠に生きると思い学べ
（ガンジー）

「死ぬときに後悔の残らない人生、しない後悔よりした後悔」という思いに囚われ、三木谷浩史

は、日本興業銀行を辞め楽天を立ち上げたそうです。

この2人の言葉が心に沁みる社会人は、読書を基盤とした学びを怠らないはずです。社会人にMBAなんぞ必要ありません。脱サラして、個人のやりたいこと、起業でもいい、フリーランスでもいい、○○士と名の付く仕事を始めるもよし、そうした社会人の第二の道へと踏み出すのです。

（2021・8・30）

あとがき

一

本書は、デジタル社会に適応できる人には無用です。スマホのさまざまなアプリを使いおおせている部族には別次元の言説と思われる事柄ばかりでしょう。リモートワークに何不自由なく順応できる方、令和の時代、公私にわたり生活レベルが上がったとお考えの方には疎遠な世界です。我が子に四六時中ゲームをさせていたり、スマホ育児、オンライン授業でも別に問題なし、支障なし、パソコンやタブレット端末、スマホ学習で充分満足感を覚える中高生には不要の内容です。

グローバル社会、デジタル社会に順応し、それに付随する学校システム、社会システムの進化に便利さ、快適さを味わい、さらなる便利さを追求なさる親御さんには、縁遠い内容でもありましょう。この書の主旨は、スマホのサブスクなどで、ネット配信で、ダウンロードして音楽を聴いて満足している種族には無縁の説教です。

ＣＤで音楽をお聴きになられている一部の方、また、カセットテープやアナログレコードで音楽をスピーカーでお聴きになられる志向、感性のお持ちの方を対象に語ってきたものです。

そもそも〝チエ〟という言葉には2種類があるといいます。一つは知恵です、もう一つは智慧という見なれない、いや、前者と聞きまごう、見まごう言葉です。

まず知恵は、外部へとベクトルが向く、理性の武器です。自身が他人より賢くなろう、より豊かになろう、出世しよう、世の中を便利にしよう等々で、まさしくデジタルの生みの親のごとき核の概念です。

一方の智慧は、内部へとベクトルが向けられます。感情を律する感性とも申せましょうか。この自律性は、自身が他者より不幸、何らかの不運、さらには死の淵を彷徨うような苦難に向き合ったとき、その人生上の〝悪〟から自身を蘇らせよう、復活しようとする悟りの境地のようなものです。何ら不満も不自由もない日常を送られている方には、あずかり知らぬ良識とさえいってもいい、禅から生まれた心的態度のことです。「吾唯足知（われただたるをしる）」や、「人間万事塞翁が馬」がそうです。

人生上、生きる賢明さにも、不易流行というものがあるのです。粗削りな謂ですが、文明と文化が社会や国家にとってコインの裏表であるように、人間にも生きていくうえで、知恵と智慧との両刀使いであらねばならぬということでもあります。前者はデジタルであり、後者はアナログでもあります。

今般のコロナ禍で、当たり前の日常が奪われた状況は、グローバル化している世界に鉄槌を食らわせました。コロナワクチンの開発、コロナ禍の経済政策、緊急事態宣言の手綱さばき、企業のパンデミックへの対応策、こうしたものは、すべて社会的知恵がものをいう世界です。特に、ワクチン開発やその投与の政策は、知恵の総体、いわば人類の英知がものをいう世界です。

それに対して、個人は無力です。一人の知恵などたかが知れています。外部に向けようものなら、今の悲惨な社会的状況では、弾き飛ばされてしまいます。

もちろん、デジタルの文明の利器で、この難局を巣籠もり、STAY HOMEで、台風が過ぎ去るのをじっと待つ方策もありましょう。それがせいぜいです。海外旅行はもちろん、TDLやらUSJといった娯楽施設から家族団欒の外食もままならない現況でじっと耐えて満足するというのも智慧の部類に該当します。知恵が外部へと向けられない場合は、智慧に変化する好例であります。これが従来の〈庶民の知恵〉です。

私が言いたいのは、こんな表層的な智慧ではありません、このパンデミックで変化を余儀なくされてしまった状況下で、社会から、再度、復興するエネルギーとしてのアナログ力なのです。

具体例を申し上げましょう。このコロナ禍により、教育産業界は、ネット配信、オンライン授業といったヴァーチャルのツールへシフトしてゆくでしょう。しかしであります。ちょうど、チョークと黒板というアナログの象徴が、あと数十年続く、いや、半世紀以上続いてほしいのですが、その教育ツールとリアルの対面授業、この教育手段への揺り戻しがどれほどできるのか、そこに教育の命運がかかっていると申せば、何をバカなことを、時代錯誤なことをと、木で鼻を括られるのが落ちでもありましょう。

教育とは、文明の範疇には入らないというのが、私の信念でもあります。入るとすれば、研究がメインとなる高等教育という大学からでしょう。教育とは、生き物を対象、それも成長著しい幼児、子ども、少年少女を育成し、涵養するものであり、植物の栽培から動物の飼育のさらなる遥かかなたの延長線上にあるものです。

「文化とは生き方である」とは、私が敬愛してやまない保守派の思想家福田恆存の言葉です。教育とは、生き方の上に乗った知識の伝授でもあります。これをわからぬ輩は、受験は思春期に害になる、受験は知的ゲーム、暗記すれば勉強は終わりなどとほざくわけです。学びにおける人間的成長は視野になく、忘れ去ってしまっている教育者であり、中高生であります。

確かに勉強には、そういった負の側面があるのも事実です。その禍を受けてトラウマにすらなって、そういう考えに囚われている方もおられましょう。しかし、そうした部族は不幸といいましょうか、「艱難《かんなん》汝を玉にする」という宗教的、倫理的真実に到達しえていない道の未熟者であります。

受験業界にいるものなら、「浪人してよかった！」とはよく耳にする言葉ですが、この人生上の逆説というべき真理をわきまえぬ輩に限り、知恵にばかり意識が向くものです。智慧の奥深さ、深み、こうした人生上の摂理の核心に目が行き届かず忘れているのです。浪人の本質とは、「人間万事塞翁が馬」を味わい、悟る経験でもあります。

文武両道という言葉がありますが、これを上っ面だけ捉えた意味での、学問とスポーツの両立などと思ってはいけません。むしろこれは文明と文化、いや知恵と智慧の迭立《てつりつ》と考えなくてはなりません。知性と感性といえば、また道が逸れるし、サイエンスとリベラルアーツといえば飛躍してしまい、難しいところです。

私はここで、吉川英治の『宮本武蔵』の事例を挙げてみたい。

ただ勝つこと、人を斬ることばかりに執着していた武蔵の前に、文化人本阿弥光悦が現れる、また吉野太夫という遊女も武蔵に人生の奥儀ともいえるインスピレーションを授ける。さらに柳生石舟斎に心の剣で敗北する。すべて、武蔵が文化の力、ソフトパワーに屈するのであります。しかしここで、武蔵は成長するのです。

今や、世界は、国家は、企業は、ただ勝つことばかりに執着した〈武蔵《たけぞう》〉のままであります。さらに、その社会や組織といった存在を介し、人間個人が究極の合理主義、功利主義というコスパ思想に毒されている有様です。世界に格差社会を現出させた新自由主義、グローバル化であります。これぞデジタル病の発疹症状であり、微熱症状と言わずして何でありましょうや？

ここに、現代のデジタル旋風のご時世、ユニクロや楽天に象徴される勝利する論理、拡大する方針、世界とリンクする戦略、それを個人、一市井の庶民のささやかな日常とかぶらせる錯覚、そこに横たわる、ただ勝つだけの思想、便利さだけ、大企業の〝ＳＤＧｓ〟というまことしやかで、個人の内面を〝似非エコ主義にしてしまう呪文〟に惑わされてもいるのです。

その予防薬が智慧でもあるのです。これに覚醒するには、デジタル資本主義の大河の流れから、一度、川岸に寄って下船する勇気をもつことです。また、そのＧＡＦＡの大河（アマゾン川）に浮かぶ日本丸という船に船酔いした（デジタル不適応・デジタル疲れ）人への下船の勧めでもあるのが、この『反デジタル考』です。五木寛之氏などが標榜してもいる〝下山の思想〟ではありませんが、それと似た生き方でもあります。

二

文明の進化進歩という発展の背後や奥底には、文化の継承、連綿たる文化という水脈があります。いや、必要です。これを伝統といいます。中国4000年の歴史といいますが、そこには伝統はありません。この文化というものに軸足を置く社会、国家である日本は、島国という僥倖もあり、なんとか物理的に維持されてもきました。

しかしこのデジタル社会ともグローバリズムともいう、目に見えない文明の不可逆的法則により、今、文化という土壌が日本からなくなりかけている惨状を指摘する者は少ない。少々、文化的保守の立場から、日本文化の良さについて触れてみたいと思います。

漢民族の文化最高潮の宋という時代、平清盛が目を付けた日宋貿易は、宋銭による経済の活性化をもたらしましたが、一方で、蒙古に脅かされていた中国の知の文化は、南宋経由で、禅僧や漢籍として日本に流入してきました。清盛が夢見た経済国とは真逆に、源氏政権断絶後、それは鎌倉仏教のビッグバンを通して、北条政権という土壌で、日本文化の雛形でもある室町文化の芽を育んでいきます。

室町時代になると、義満の日明貿易により、清盛の野望を実現したかに見えますが、その末裔たちの紆余曲折を経て、貿易の覇権は大内氏と細川氏に渡ります。その後、戦国時代になると、幕府の役割は、貿易よりも、皮肉なことに日本の文化を育てる方向へとシフトします。それが応仁の乱前夜の義政の東山文化です。ここに日本文化のルーツを見る文化史観が生まれます。今の京都の魅力は、まさしく室町文化そのものと言ってもいいでしょう。

戦国時代の雄、織田信長は、旗印に永楽通宝と染め上げた文字を掲げました。清盛、義満、その流れを汲まんとする意気込みの顕れです。楽市・楽座に典型的に現れてもいる経済の活性化とともに、もちろん鉄砲という文明の利器をも忘れませんでした。ある意味、経済をエンジンにしての天下布武です。

しかし、この安土桃山時代というものは、狩野派の絵画の台頭、珠光、紹鷗、利休らによってつくられた喫茶の慣習と茶器、そして禅宗の精神が融合した侘茶の文化が完成を見た時期でもありました。〝武と利〟に荒れ狂う戦国武将に、モラルとエチケットを教えるソフトパワーとしての〝エコール〟の確立です。文化がソフトパワーとして、〝武〟を諫める嗜みという和の心の誕生でもありました。

その後、秀吉が、そのソフトパワーに畏れを抱いたか知れませんが、利休の精神はいったんは潜伏します。古田織部、織田有楽斎などの雌伏時代を経て、孫の千宗旦が江戸時代に急浮上し、表千家、裏千家として今日に至ります。利休の感性というものが、日本人のものの美意識を決定したともいえるでしょう。

平成から令和にかけて最も活躍されているアートディレクター・クリエイティブディレクター佐藤可士和氏にしろ、グラフィックデザイナー水野学氏にしろ、デザイナーにして建築家の佐藤オオキ氏にしろ、その発想の根底にある感性の泉は、この利休の美意識に帰着すると言っても過言ではありません。

『鉄砲を捨てた日本人』（ノエル・ペリン著）も指摘するように、戦国から江戸時代にかけて日本は、世界で類例を見ない鉄砲の排除という文明の流れに逆行する歩みをあえてします。あえて軍縮をするのです。この鉄砲を捨てて精神としての日本刀へ回帰した江戸庶民の〝お目出度い、生温い〟天下泰平のメンタルは、戦後の平和憲法にどっぷり浸かってしまっている日本国民の国防意識にダブって見えてきます。

私の個人的観測ですが、憲法改正の国民投票をもし令和の時代に行ったとすれば、イギリスのブレグジットと同じ現象が起こると思います。自民党の改憲論者は真っ青の表情をするでしょう。国民は世論調査で、憲法改正は必要と過半数が応じながらも、実際ふたを開ければ、僅差でノーとなる事態となることを！　これがいいとか悪いとか毛頭言うつもりはありません。日本人は、程良い安定、幸福、平和という生ぬるさを好む国民気質が、根底にあるように思えて仕方がないのです。これを喝破した知識人が福田恆存であり、三島由紀夫であり、西部邁でした。家康は、キリスト教という文化の仮面を被った文明というものも排除していきました。元和偃武《げんなえんぶ》、いわばパクス・トクガワーナの時代です。この江戸時代約２６０年の間に、樽の中で熟成されたワインのように、独自の日本文化が出来上がっていきます。遣唐使廃止以後の国風文化とはまた違った意味で、日本文化を極めます。

その違いは、貴族と庶民の違いにあります。庶民とは、ヨーロッパでいうところの市民に該当します。江戸時代前期から中期、後期へと下ってゆく川の流れのように、武将、豪商、庶民へと文化の主役が変遷していった経緯と同様、武家の能狂言から大衆の歌舞伎へ、御用絵師狩野派から丸山派へ、そして浮世絵へと文化のトリクルダウン現象が生じたといっていいでしょう。

儒学の徳目が、石田梅岩に代表される庶民の〝武士道〟として浸透してゆき、幕末に至って、１００年以上も遅れた文明を取り戻すに足る精神になっていったのです。それは、武断主義から文治主義への移行で、平和なる封建時代に入った日本の道程が、近代ヨーロッパ発展のエンジンがプロテスタントであったのと同様です。

一家の主である父親（文明）が倒れても、母親（文化）がしっかりしていれば、その家族を路頭に迷わせることがない、その良妻賢母のごとき智慧、それが真の文化です。

子供に、「どうして勉強しなくっちゃいけないの？」と質問されたとき、大方の親は、「勉強するとお金持ちになれるのよ」「勉強すると好きな仕事につける可能性が高くなるのよ」「勉強すると人の上に立てる、エライ人になれるのよ」と、月並みで、少々まっとうな、人類共通の勉学の意義で応じるのは、福澤諭吉の『学問のすゝめ』が日本人にその遺伝子を植え付けたからといってもいいでしょう。聖徳太子の〝和を以て貴しと為す〟が、欧米社会に比べ格段に訴訟の数が少ない日本社会の裁判の諍いを避けようとする気風を育て、遺伝子を組み込んだのと同様です。

また、日本資本主義の父ともいわれる渋沢栄一の『論語と算盤』の精神は、今でも大手企業の社是や社訓としてあちらこちらで脈々と息づいています。松下幸之助や稲盛和夫の書籍が、今も書店のビジネス書コーナーに置かれ、中国のビジネスパーソンのバイブルとして読まれています。それは石田梅岩の精神が、近江商人や三井の両替商として具現化されたビジネスにおける経済倫理というものと通底している証拠でもあります。

日本人の一般庶民の質素倹約の精神が、マックスウェーバーが欧州の産業革命の飛躍の大きな原動力として指摘したプロテスタンティズムの精神と類をなすのはあまりに有名な話です。だから、マネジメントの巨匠、ミスターマネジメント、P・ドラッカーが最も尊敬する日本人が渋沢栄一であることも首肯できます。

日本絵画の素材は、墨、顔料、膠《にかわ》、そして和紙であり絹布です。タブローは、屏風であり、襖であり、掛け軸です。浮世絵などは庶民の娯楽のツールにすぎませんでした。これらが明治維新後、廃仏毀釈に殉ずるがごときに衰退しかけていた危機的状況を救ったのが、フェノロサであり岡倉天心でした。天心などは、西欧の印象派からヒントかインスピレーションを受けたのか、空気を描く朦朧体という、ある意味日本画の突破口となる〝印象派〟を確立したのです。これが天心の日本美術院結成につながり、戦後においては、昭和の国民的二大日本画家東山魁夷と平山郁夫の誕生となって、日本画壇を統べる伝統として結実してゆきます。

渋沢の凄みを見抜いたドラッカーのごとく、江戸絵画の伊藤若冲をいち早く見出した人物は、アメリカ人のジョー・プライス氏でした。もちろん、江戸絵画の発掘者、辻惟雄も忘れてはいけません。このコンビは、〝江戸絵画のフェノロサと天心〟にかぶって見えます。明治政府のお雇い学者フェノロサは、サイエンスや哲学を日本人に教えながら、日本美術の素晴らしさに目覚め、『平治絵巻』『吉備大臣入唐絵巻』など買いあさり、ボストン美術館の東洋コレクションを確立するまでになった経緯はあまりに有名です。

明治初期における三菱の岩崎弥太郎、日本の近代化の父でもある渋沢栄一、大阪経済界の恩人五代友厚などの次の世代、福澤諭吉の薫陶を受けた経済界の巨人は、ある意味、風流人でもありました。日本文化の復興、発見、パトロンともなった企業人、三井物産の益田鈍翁、シルク王原三渓、電力王松永耳庵、阪急の小林一三、東急の五島慶太、東武の根津嘉一郎などは、〝利休の子孫〟でもあり、和の精神をプライベートで謳歌した粋人でもありました。

東急の五島のライバル、西武の堤康次郎は文化ではなく、政治の魔力に囚われた人でした。その後の東急グループと西武グループの軌跡をみれば、文化の意義というものを教えてもくれるでしょう。

さてここに、この令和の時代の、文武両道でも和魂洋才でもない、また士魂商才でも和洋折衷でもない精神を、〝アナログ魂デジタル才〟いわば〝ア魂デ才〟と命名したいのです。これら4つの理念は、この21世紀ではもはや通用しません。だから文化の守護神でもあるアナログという観念を文化防衛の理念として掲げたいのです。コインの裏表ともいえる文化と芸術の存在意義を語った一節を、**福田恆存の『芸術とは何か』**から引用しておきます。

申すまでもなく、芸術とは、精神を通じて、あるいは視覚や聴覚を通じて、精神の最高のいとなみから肉体のあらゆる末梢的なはたらきにいたるまで、心身の全機能の完全な調和をもたらすものであります。文明がその分裂を画策すればするほど芸術はそれにたえ、それに即応しながら、調和への努力を惜しんではならない。分裂に無関心であってはならぬと同時に、分裂症状に拍車をかけ、あるいはすすんで自己をもそれらの分枝の一たらしめるようなことがあってはならないのです。じつにかんたんな結論でありますが、**芸術は趣味であり、一時代の趣味を養成するものであり、論理や倫理の変調を正すものであります。**趣味は結果としては、その時代の文明に牽制され、その時代の文明を物語るものであると同時に、もとはといえば、その文明を規制し、われわれを生命の根源に結びつけるものであります。趣味の確立していないところでは、倫理の基準はありえず、科学もまたなにを真としていいかわからない。**論理や倫理や情念があやまつところで趣味は立ちどまります。真が狂うところで、美は正気を維持します。それは激烈に転廻しているがゆえに静止している独楽のようなものだ。**論理や情念は転廻しながら同時に静止することはできない。転廻するとすれば、それはあくまで転廻しているだけであり、静止すればただ静止しているだけにすぎない。時間に流されるか、空間に枯死するか、いずれかであります。そして、美とは時間の空間化、空間化された時間を、意味するものにほかなりません。

　われわれはそのために演戯するのではなかったか。たんなる現実の行動は、一見、時間のなかに動いているようにみえて、じつは机のひきだしにしまい忘れたピンのように固定したものであり、同時に、そのピンのように星辰の運行とともに動いているにすぎない。**真に時間を経験するには、現実のそとに虚偽の行動を、すなわち演戯をこころみなければならぬのであり、そうすることによってのみ時間ははじめて現実とはべつの次元に真の空間化を得る**のだ。その意味において、芸術は人生にとって無用であります。が、そういう芸術もまた人生とともに流されてゆく。矛盾でありましょうか。いや、そうではない――人生もまた、なんの目的をもたぬ無用の存在ではありませんか。

三

明治維新をだいたい1870年とすれば、敗戦の1945年まで約75年、その間、日露戦争を境に日本は国運が下降線をたどります。江戸末期の武士は軍服を着て、江戸の〝合理主義〟や〝リアリズム〟を心に秘めて文明化していきましたが、その次の世代は、この封建時代の見えない《徳》というものをかなぐり捨て、純粋文明社会へと猪突猛進していったのです。**この精神の根底には、現代は近代を否定し、近代は近世を批判する誤った合理主義の妄想がとぐろを巻いて横たわってもいました。新しいものが正しいという固定観念です。これは令和のデジタル社会でとりわけ顕著です。**

昭和の軍人が特にそうですが、明治の合理主義やリアリズムが、恐怖や謙虚、いわば歴史への畏敬という心的態度を失っていたことが、亡国へのいちばんの原因でした。

これは、伝統とは文化というものが連綿と続いて出来上がっているものであるという自覚をかなぐり捨ててしまったことに尽きます。伝統を抹殺することは、廃仏毀釈や文化大革命のごとき愚挙に典型的に見て取れます。

江戸の文化に支えられた前近代的文明の卵が、黒船で殻を破られたと勘違いしてはいけない、

というのは確か司馬史観だったと思います。明治維新とは、江戸文化、いや、包括的に江戸精神と呼ぼう、矛盾するようですが、その封建制度の合理主義・リアリズムといったものと欧米列強の文明との啐啄同時が、日本近代の礎にあったことを忘れてはならないのです。

明治、大正、昭和初期と近代の川面を下るにつれて、江戸文化の精神を忘れ、欧米の文明のモノという道具のみに汲々と血眼になっていった歴史の光景は、この令和という時代、アナログをかなぐり捨て、デジタルに没入してゆく道とダブって見えてきます。理由は簡単です。デジタル化は個人にとっては便利です、企業にとっては金になる、さらに国家にとっては優位に立てる、ただそれだけです。

ここに、日本という国の危うさを感じないわけにはいきません。日本という国は非常に器用である一方、国民は不器用でもあり、新しいもの好きでもあります。いや、その逆かもしれません。東京が飛び抜けて歪に突出した世界最大のマンモス都市となった所以はそこにあるのでしょう。都市の光景が平成の30年間で、これほど様変わりした場所は他に類を見ません。

先に、明治維新から終戦までの経緯に触れましたが、実はこの時代の趨勢は、昭和20年から平成30年までの約75年と双子のようにかぶって見えてきてしまうのです。

戦後復興を支えた世界的企業、本田技研にしろ、ＳＯＮＹにしろ、その創業者は、暗黒の昭和に青春時代を過ごした者たちです。それは、天保生まれの偉人たち、木戸孝允、坂本龍馬、伊藤博文、渋沢栄一、福澤諭吉など、幕末の〝敗北〟を体験し、欧米の文明を目の当たりにした謙虚なるレアリストたちと同じでした。そうした彼らの残してくれた遺産を昭和の軍人や政治家が食いつぶしたとは司馬遼太郎氏がよく主張する説です。

逆説めきますが、江戸文化に由来する合理主義という分母を文化とし、分子を鹿鳴館に象徴される西欧文明としましょう。その文化としての分母に文明としての分子が乗っかっている分母分子論ともいえるある種の国家繁栄の原則を、バブル崩壊後、日本人は忘れてしまった感が強いのです。

令和の私たちは、昭和後半から平成後半まで、戦後の復興を成し遂げた先人の知恵や叡知という上着を、まるでユニクロのフリースのように洗濯もせず放棄しては新品を購入するがごとき有様です。

そうです、**日露戦争の勝利を日本の文明化の勝利と勘違いし、先達の文化という精神を全否定して、暗黒の昭和へと突入した光景は、まるでバブルで絶頂となった日本経済の宴のあと、その宴会の借金に苦しむ平成日本の情景と重なって見えてきてしまうのです。**

それは文化という大地、文化という土台、文化という母、文化という教養、これらをないがしろにして、文明という大空、文明という青雲、文明という子、文明という技術、これのみを追い続けてきた負債が日本を覆おうとしていることです。仕事にのみ励み、家庭を顧みない人間は、結局、家庭崩壊や会社の仕事もままならない状況に追い込まれる物語と通底しています。

私がここで強調したいのは、文明優先とはまさにデジタル優先であり、文化への配慮とは、アナログへの原点回帰でもある、ということです。

至って簡単なことです。不易流行と温故知新という知恵の根底には、アナログ重視の思想が連綿と流れています。「歴史に学べ」「歴史を忘れるな」とは誰もが口にする人類の教訓ですが、「アナログに学べ」「アナログを忘れるな」とはあまり聞きません。凡人には、アナログはサイエンスの轍、残滓程度にしか認識されてもいないからでしょう。

今、若者の間に、昭和レトロブームが静かに起きているともいいます。また、アナログレコードがじわりじわりと支持者を増やし、リモートワークでは地方のマンションではなく、海辺や山奥の古民家が人気があるともいいます。**人は、パンのみに生きるにあらずではないですが、人は、デジタルのみに生きるにあらず**と思える大衆行動です。

社会全体も会社でもデジタル化は大いに進むでしょう。それが国家発展の原理原則です。しかしそのデジタル化の速度に、生き物である人間がついて行けないのは、精神や心を有するホモサピエンスの摂理、悲しい性です。お父さんが会社から帰宅して、妻や子供に癒やされる場が必要なように、アナログは必要なのです。しかしその家庭内でも、家族各自がばらばらに、それぞれのテレビ番組を観て、4人いるリビングで会話もせず、スマホをいじくったり、坊やがテレビゲームに夢中になっているのが現実でしょう。会話が減り、家庭（ホーム）が単なる共同体、シェアハウスになり下がったデジタル放射能汚染下の日常を、私たちは生きているのです。

四

幕末、明治の夜明け前、佐久間象山でしたか、和魂洋才なる標語を唱えましたが、平成から令和に移行した現在、それをもじって〝**アナログ魂デジタル才**〟、いわば〝**ア魂デ才**〟と宣言したい。世の〝ＩＴ賢者〟は、その用語を恐らく、〝アホダサイ〟と言って鼻で嗤いとばすことを覚悟のうえで主張しているのです。

三島由紀夫は、『鹿鳴館』の中で〝西欧人を騙すために、この偽りのワルツを踊るのだよ〟といった台詞を登場人物に吐かせました。

影山伯爵「隠すのだ。たぶらかすのだ。外国人たちを。世界を」
朝子「世界にもこんないつわりの、恥知らずのワルツはありますまい」

その後、近代化は進み、日本は日露戦争に勝利しました。しかし、夏目漱石が『三四郎』の中で、「(日本は) いや滅びるね」と登場人物の広田先生に語らせています。

「(日露戦争後) しかしこれからは日本もだんだんと発展するでしょう」…三四郎

「滅びるね」……広田先生

そして大正という、見てくれ〝大正デモクラシー〟ならぬ、民本主義とやらが芽吹き始めます。大学生が教養主義（西欧哲学）だのマルクス主義だのに浮かれた時代でした。その後、暗黒の昭和という時代の扉が開きます。カナリアのごときに、また、大正の知性の死を象徴するかのように芥川龍之介が自殺しました。

そして平成の世、バブル崩壊後の20年足らずのうちに、GAFAに代表されるグローバル企業（帝国）に、世界は席捲され、牛耳られます。それ以前、すでに小泉内閣の掲げる新自由主義のイデオロギーによって、格差社会というビールスが日本国内に流入してしまいました。郵政民営化がそれを象徴しています。それが今や「デジタル庁」というグローバル化のモンスターに姿を変えて、日本国民の前に、にょきっと出現したわけです。

格差社会をカモフラージュするかのように、政府とはあえて言いませんが、平成という時代が、その表層的不満や痛みを散らし、かわし、ごまかしてきたのです、モルヒネのごとくに。ローマ帝国が〝パンとサーカス〟を使ったのと同じ手法です。

これぞ以前、村上龍が語った言葉、「現代の若者は、スマホとユニクロとサイゼリヤがあれば幸福である」に象徴されています。ゆとり世代からさとり世代、そして今やZ世代とも称される若者は、別の言い方では草食系世代、無欲世代、モノからコト世代とも呼ばれ、時代は大きくうねり様変わりを遂げているのがわかります。

世は、ゲーム、SNS、TDLやUSJといたコト娯楽社会、ユニクロやニトリに代表される〝お手ごろ価格で良質な衣住関連製品〟がすぐ手に入り、サイゼリヤや丸亀製麺、回転寿司などの〝ファストフード〟に代表されるコスパ志向の食文化社会です。これらが平成から令和の大衆の〝サーカスとパン〟なのです。ファッション・クリエイティブ・ディレクター軍地彩弓さんが、どこかで、次のような発言をしていました。

「〝安物買い〟が日本人のクビを締める」

デフレ社会で、給料や賃金はいっこうに上がらず、外国人観光客にとって〝お値段以上ニッポン〟と呼ばれるまでに、手ごろな旅行先になり下がってしまった日本。近い将来、日本人が中国へ出稼ぎに行く社会が到来しかねないと指摘する経済評論家までいます。

安政の五か国条約が、物価の上昇、金の流出などで江戸庶民に大混乱を招いたように、平成の世のグローバル化、新自由主義は、物価下落（ユニクロ栄えて国滅ぶ！）と非正規の増大（大企業の内部留保資金確保第一主義）を招きました。晩婚化による少子化社会も刻々と近づき、今や日本という国は、一流国から二流国、いや準二流国にまでなり下がろうとしているようです。

小泉内閣の司令塔竹中平蔵の亡霊がまたぞろ復活してきました。デジタル庁の発足です。デジタル庁は、グローバル化と同義といってもいいデジタル化社会をさらに促進する起爆剤となるでしょう。この新庁の目論見は、竹中流に言えば政府によるガバナンスと効率性に尽きます。高齢者をデジタルで管理看護するにはデジタルは吉と出るかもしれませんが、幼児子ども青少年をデジタルに取り込むとなると凶と出ると予測しておきます。

初等・中等教育にまでデジタル主義を取り入れようとする時代の空気をつくるデジタル庁設置は、いちばんやってはいけないことです。理念も原則もない〝仕事師〟として成り上がった菅総理では、まるで病弱であらせられた大正天皇がご政務をおとりになられず、次世代（昭和）への舵取りを時の内閣が見誤ってしまったように、令和を亡国へと導くように思えて仕方がありません。

昭和の鬼を生んだのは不況と軍部でしたが、それ以前に、司馬遼太郎の言葉だったと思いますが、「江戸の蓄えで明治が生まれた。明治の貯金を昭和初期で使いつくした」を、今風に、「戦後昭和の蓄えで平成をなんとか凌いできた。今や平成後半の借金を払い続けながら、令和を自己破産せず、生き抜かねばならない時代におかれている」と置き換えてもよさそうです。

司馬遼太郎の『「昭和」という国家』を読めばわかりますが、武士と軍人は違う種族なのです。和の精神をイデオロギー化してしまったのが、鬼っ子でもある昭和の軍人たちでした。ちょうど、宋の時代、論語という孔子の道徳を、朱熹が朱子学という思想《イデオロギー》にしてしまったのに似ています。

和の精神とは、知恵に裏打ちされた生き方でもあります。幕末の武士は知識は不足していましたが、鎖国という江戸文化が、庶民や武士に知恵だけは授けていたのです。その知恵という本分を忘れない教育を施して育んでもいました。こうした知恵は、デジタルでは生まれてはきません。近代化の、ある意味での〝成功〟は、この江戸の知恵が、西欧の知識を、植民地化されないぎりぎりのところで要領良く取り込み、日本文化に融合させてきた証でもあります。

言い方を変えれば、成功した〈換骨奪胎〉ということです。開港地横浜や神戸で生まれた洋食しかり、ディズニーに触発された手塚治虫のマンガしかり、スタジオジブリのアニメーションしかり。文化としてのアナログ、アナログとしての文化の勝利です。

明治初期、日本は外国人お雇い学者を多数招聘しました。建築にコンドル、札幌農学校のクラーク、西欧美術のフェノロサ、キヨソーネ、ラグース、民法のボアソナード等々、人材不足を補うように、明治の近代化の礎を築く役割を果たしました。

2021年9月に発足したデジタル庁に関しても同様でしょう。本物のデジタルというものに精通した人材は、日本にはごく少数しかいません。アメリカのGAFA帝国の中枢を指揮しているのもインド系の天才です。一時期、ソフトバンクの孫正義は、次期社長にインド系の天才経営者をヘッドハンティングしましたが、その後、自身が再度社長を兼任することで落ち着いたようです。

楽天が社内公用語を英語としたのも、優秀なるデジタル社員を増やしてグローバル企業を目指すことが目的です。日本社員を育てるというより、楽天がグローバル化し、日本人の生活を世界とリンクさせる目的でしょう。楽天の社員がやっていることは、明治初期、政治家・役人を洋装させ、ワルツの踊り方を学ばせることと同じであると指摘する者はいないようです。明治の西洋化が、令和のデジタル化なのです。「楽天栄え、国滅ぶ」に近い進路をたどっているような気がします。

よく経営で言われていることですが、売上げが上がっていても、利益が出ない企業というものがあります。薄利多売主義です。「売上げがすべてを癒やす！」と豪語して、最後は滅亡してしまったダイエー帝国の事例はよく知られています。

それに対して、「売上げなど上げなくてもいい、利益を上げろ！」と先導したのが、S&Iホールディングスの鈴木敏文でした。**流通企業を代表するこの2大企業の方針は、デジタルは売上げ、アナログは利益と、我流ながら置き換えてもいいと私は考えています。**

「アナログはデジタルの母であるが、デジタルはアナログの母親にはなり得ない、せいぜい父親程度が限界である」というのは、私の個人的経験則でもあります。

幸せな家庭、いわば良き妻、良き母がいなければ、落ち着いて安心して仕事に励めない父親という存在がデジタルであり、陰で家事育児に専念している母親がアナログ的存在であること

を、令和の日本社会は忘れてしまっています。デジタルは精神を成長させはするが、心というものには無頓着で冷淡です。デジタルは、脳味噌（精神）に知識・情報という資金を提供・注入してくれますが、その資金を賢く運用するのは、アナログという母によって成長する知恵だということを忘れてはいけないと思います。

五

釈迦は自身の居住するに城郭内に20代まで暮らしていたといいます。ある日、ある門から外出すると、城外には、老いた人々が道端で多数うずくまっていました。別の日に、他の門から外出すると、そこには、病に苦しむ人々が山のように横たわっていました。さらにまた、日をあらためて外出すると、野辺には無数の死者がうずたかく薪の如く積まれていました。

これを見て、王でもある釈迦は、人生とは、生老病死の苦しみに満ちていると自覚し、妻子を捨て出家の道へと足を踏み入れます。これは、人生を正方形の城郭と喩えれば、東門に生、南門に老、西門に病、そして北門に死という宿命が待ち構えている象徴でありましょう。安楽と享楽に浸かった華やかな都市という人生は、いつかその門外の世界を目の当たりにしなければならない宿命を背負ってもいるのです。

釈迦が悟った人の世の定めには生老病死という実存が屹立し、齢百年足らずの生に、衆生はさまざまな人生の十字路で自覚を余儀なくされます。

学生の場合でいえば、まず中学・高校・大学入試という、次の段階への〈生〉の苦しみがあります。また、入学してからの学校への適応や新しい環境への順応が〈生〉の苦しみでもあります。赤ん坊がこの世に生を享ける際の苦しみも同様です。芥川龍之介は、「赤ん坊が生まれてくる時、あんなに泣くのは、苦しみのこの世への嫌悪感、拒否感、いやだよ！の顕れである」とも語っています。

次に中等教育における2年生です。後輩ができて、ある意味〝先輩＝成長＝〈老〉〟というものを自覚します。また、学校生活の不適応など、集団生活に馴染めなかったり、校風が合わなかったり、いじめなどを経験すること、それはまさに、学校という場で〈病〉に取りつかれるようなものです。

最後に、3年生になると、卒業という〈死〉が強烈に目前に自覚されます。高校であれ大学であれ、少しでも心癒やされて〝偏差値の高い大学＝極楽〟や〝有名な大企業＝天国〟を目指して、中学生・高校生の末期に、修行・題目・念仏などの受験勉強に勤しむことになるのが日本人中高大生の定めでもあります。これは大学の4年間にもほぼ同様のことが当てはまります。学校生活もある意味、短期ではありますが、〈生老病死〉の人生の縮図です。

では**社会人に関して**いえば、まず20代前半で就職活動に血眼になります。エントリーシートを100通メールして、一つでも面接にこぎつければ御の字の時代であります。嵐やサザンのライブチケットを入手するくらいに、大手企業に入るのは難しく、そこに社会人の〈生〉の苦しみが待ち構えています。その希望の有名企業に入社して数年後、後輩が続々と入社してきます。ＩＴスキルの進歩と自身の感性の翳りで、いささか〈老〉というものが垣間見えてきます。さらに30代に入るや、役職など責任も伴う立場上、部署目標や課題達成など、いわゆる社内のコミットメントなるプレッシャーに苦悩します。この会社内での壁が〈病〉となります。令和の時代ともなれば40代で自身の人生の先が見えてもきます。特に、上司の後ろ姿で、会社人としての〈死〉を自覚するようになるのです。20代後半で会社の〈生老病死〉を悟った者は、脱サラをし、資格へ走り、フリーランスになり、ベンチャーを目指し、さらには、収入より好きな仕事をする道を選ぶなど、会社というレールから外れるのです。

しかし、今や税理士や弁護士になっても、フリーランスで自己の得意分野でビジネスを始めるにしろ、新規ビジネス参入でそこそこに成功したにしろ、また有機農業や陶芸の世界に足を踏み入れても、そのジャンルでのさらなる〈生老病死〉という宿命が待ち構えているのです。会社や仕事もまた人生の圧縮された姿を垣間見せてくれます。

それでは、**家族という単位**はどうでしょう。これも好きな人と結婚するまでは、恋愛の手練手管を使って配偶者を得るまで〈生〉の苦しみが一般的にはあります。恋愛という甘い蜜のオブラートで包まれた〈生の快楽〉と錯覚するところから生まれます。恋愛の次の段階、家庭をもち子供が生まれると、親の自覚が芽生えてきます。我が子が小学校の高学年になる頃、その親は我が子の若さとのコントラストで、〈老〉を無意識内に自覚してくるはずです。ある意味、親としての自覚とは、〈老〉の自覚であり、自己犠牲による無報酬という奉仕への責任でもあります。

私見ではありますが、我が子に好きなモノを与え、我が子の趣味に親が合わせるという行為も、精神のアンチエイジングといえるでしょうか。我が子と一緒になり、休日にリビングでゲームに明け暮れたり、TDLに行ったりする親子であります。

我が子が成長すれば、思春期特有の家庭内問題も出てくるでしょうし、受験という人生の岐路にさしかかって子どもといっしょに頭を悩まします。これが、家庭内の〈病〉でもあります。そして我が子が高校生や大学生ともなると、息子や娘とレジャーなどの行動は別となります。特に父親は、会社内の将来の展望も見えてきます。父親は、家族内でウザがられます。「亭主元気で留守がいい」「家の中温かいのは便座だけ」などの川柳に典型的に父親の悲哀がにじみ出ています。これは、父親の家庭内の〈死〉を意味してもいます。

このように、釈迦の悟った人生の真理という〈生老病死〉は、学校・会社・家庭という組織においても当てはまるのです。この人生の摂理とやらは、終身雇用・年功序列の終焉、そして非正規社員の激増、そして、グローバル化とデジタル化でいっそう加速されてゆくでしょう。戦前からの家族という組織は、戦後の高度経済成長の終わり頃、昭和50年代末までは会社が担ってもいました。社宅、社員旅行、社員運動会などが典型です。今やこれらは絶滅してしまいました。昭和の核家族から、平成の家族内の孤の時代への移行です。

こうした文明の進歩は、都市部が際立っています。会社内も大手であればあるほど、リモートワークが進んでいます。そしてグローバル化の波に乗れば乗るほど、都市部に住めば住むほど、デジタルの強力な波動で、会社から家庭に至るまで、その生物としてのリズムを不自然化せざるを得なくなります。つまりデジタルに染まった社会であればあるほど、さまざまな段階で、さまざまな時期に、釈迦のいう〈生老病死〉というサイクルが何度も巡ってきては、精神的疾患などに陥るのです。

このデジタルという21世紀を流れている大河の川岸に上がること、また、その傍流の小川、支流にゆく決断こそ、アナログ回帰を勧める『反デジタル考』をまとめる動機ともなったのです。デジタルの存在理由は環境を変えることに尽きます。一方、アナログの精神とは、環境は変えず、自身を変えることにあります。釈迦の生き方がその見本であり、禅宗の僧が、このデジタル化社会の真っただ中でも、江戸時代とほぼ同様の生活に徹し、修行の意義をそこに見出していることでもこのことが証明されています。

学校も、会社も、家庭も、今やデジタルの影響を免れることは不可能です。ならば人間個人が、あえて、アナログの時間、アナログの生活、アナログの精神を忘れずに、という意味でも、スマホ断食、スマホラマダンをすべきではないか、ということからこのような用語が生まれたのだと思われます。

養老孟司氏などは、デジタルの台風の避難所、避難策として、都市と地方の新参勤交代を主張しておられます。その実践者としては、俳優松山ケンイチ・小雪夫妻が見本でもあります。また映画監督大林宣彦の晩年の発言や、近年の建築家隈研吾の建築ポリシーにも見られます。彼らの言説に一貫して流れているものは、アナログという人間主義、人間と一蓮托生のアナログという生きる流儀であります。

養老孟司氏はこう語っています。

「戦前の旧制高校の学生は、孔子・孟子から社会を生きる術を学び、老子・荘子から個人が生きる術を学び、仏教から哲学を学ぶ、そういうことを信条としていた」

これすべて、アナログの精神です。また、幸福の源泉でもありましょう。デジタルの世では、これが忘れ去られています。

六

本書で、私はデジタルというツールを完全否定しているわけではないのです。それは、英語教育と似た側面があるということでもあります。すべてがすべて、日本人が、社会人が、学生が、子どもが、〈デジタル〉を〝親友〟とすべきものでもないと異議申し立てをしているわけであります。学生や社会人の中には、依然として〈デジタル〉という手法が苦手であり、必死に勉強しようにも、能力的、気質的、精神的に、性に合わず、思うように伸びない人が厳然と存在している事実があります。それは英語教育や英語学習とも似ています。政府や学校は、また一部の親御さんは、「だから、デジタルの早期教育でしょうが！」と早計に短絡的に主張するわけであります。

しかし、**理想的なデジタルネイティブなどを意識した教育をすることで、本当に子どもは育つのか、私はいささか疑問を抱いています。**世の教育当局者は、オードリー・タンや落合陽一などを理想的で好ましいデジタルネイティブとして思い描いているようでありますが、大方は、デジタル敗残者、デジタル中毒者、デジタルオンリー思考者として澎湃と社会にバブルのごとく湧いて出てくる空恐ろしい未来が見えていないようです。この点では、「それはお前の杞憂というものだろうが！」とご批判を覚悟に申し上げているわけです。

社会人は、会社では仕方なく〈デジタル〉という同僚と向きあう一方、家庭では、前向きに〈アナログ〉を親友とせよと言いたい。リモートワークなんぞ、デジタル通信系の企業にとっては親友かもしれません。しかし、製造業やサービス業においては、リモートワークなど限界が来るでしょう。私が最も危惧するのは、特に教育分野です。

最近『スマホ脳』という新書が、数十万部を売り上げ今もって売れている〝現象〟は、大衆の〈デジタル〉に対する〝炭鉱におけるカナリアの異常な囀り〟のごときものでしょう。化石燃料が原因の地球温暖化、プラスチック製品よる海洋汚染など、地球環境には配慮は向くが、人間の身体への〈デジタル〉の悪影響にまでは想像力が及ばないのが大衆の愚かさの一面かもしれません。

それは、早期英語教育思考に毒されて、母国語の貧弱さに瞑し、気づかぬ親御さんと似ているやもしれません。それにいささか大衆が気づいてきている予兆やもしれませんが、車内や公衆の面前での喫煙が厳禁になっているように、車内スマホや歩きながらのスマホを差し控えるエチケットなりマナーなりが芽生えない限り、ますますデジタル化は進むでしょう。しかしそれも無理な話です。電子マネーやら電子決済が世の流れであれば、デジタルの象徴でもあるスマホは日常生活には欠かせない生活必需品となるからです。

令和3年9月のデジタル庁の発足で、デジタル化が世の大義名分となり、国民、大衆、庶民、学生、子どもといった、社会から家庭の隅々にまで、デジタル化を是とする風潮が吹き荒れるでしょう。それはコロナ禍で、さらに加速されてもゆくでしょう。

しかし国家によるデジタル化は、個人情報云々ではなく、デジタルファシズムがこれからますます時代や社会を覆ってゆく未来予想図なのです。それは、中国がある意味、反面教師でもあります。文明は社会の進歩のアクセルです。文化は社会の危険を知らせ警鐘を鳴らすスピードリミッターでありブレーキです。

文明化は、ある意味、都市化と同義であり必然であり、仕方ないことですが、それに対して、文化化という言葉はあまり聞いたことがありません。文化保持、文化保全があるくらいです。文化とは守るべきものであります。進化はすれど、進歩などしないものです。

生命のビッグバン以来、地球上の生物の種はどんどん減少しています。文明が人類史上もっとも発展をとげた20世紀において、多くの種が絶滅しました。また、今現在も、地球上で2週間に一つの言語が消滅している現実と似ています。アマゾンの密林では、毎日東京ドーム650個分の面積が消失していることが、自然破壊として有名ですが、デジタルの進歩、AIの進化、コンピュータの進歩により、人間というたかだか100年足らずの寿命の生命体が日に日に退化してゆく、悪い意味でのデジタル化に警鐘を鳴らす人は数少ないのです。「アマゾンプライム栄え、アマゾンフォレスト滅ぶ」です。この言葉が、人間の身体としての退化を言い表していると見抜けぬ者は、デジタルの餌食となるでしょう。

デジタルは、便利、効率、快適、安易、安価といったコスパ思想の牽引者です。**この風潮に叛旗を翻そうものなら、天邪鬼、臍曲り、そして痩せ我慢という烙印を押されることが関の山です。**それでも私は、デジタル化へのプロテストをしているのです。社会人は許すとしましょう。大学生も仕方ないと認める面もあります。しかし高校生については、半数以上は〝ノン〟であります。義務教育の中学生から幼児にかけては、デジタルの日常に浸る状況など絶対に〝ノン〟であります。デジタルは麻薬でもあると『スマホ脳』の筆者は主張しています。『スマホが学力を破壊する』の川島隆太教授も学習の側面には、プラスよりマイナス面が多いと語っておられます。

成毛眞氏の『AI時代の子育て戦略』（子育ての親御さん向け）や落合陽一氏の『これからの

世界をつくる仲間たちへ』（これからデジタルネイティブとなる20代の若者向け）では、やたらと、子どもの幼児期からの〝デジタル教育推進〟を主張しています。

成毛氏は、世のビジネス界のエスタブリッシュメントや成功者をフォーマットとして、もちろんご自身の娘さんをも引き合いにして、これからは子どもにはゲームをさせろとか、プログラミングをやらせておけとか、ＳＴＥＭ教育が大切だとも語っています。また落合氏は、ＡＩと共生でき、デジタルに親和性のある子に育てられた者は、これからの社会の勝者になるなどと主張されています。

落合氏は、〈これからの超最先端未来社会〉と〈超デジタル教育をエリート的に受けた子ども〉を前提に、論を主張しています。この両者の身の周りのデジタル環境を鑑みたとき、大方の一般大衆の準デジタルから純アナログ人間度（若手社会人から小学生）と、その凡庸なる学習環境と家庭環境を考慮せず、上から目線と知的エリートの観点から、庶民に警鐘を鳴らしているようにしか見えません。一種、〈デジタル教育の理想論〉です。

彼らの言うとおり、令和の大学生から幼稚園児に至るまで、デジタル教育を受けたとしましょう、そして〝社会の勝者〟になったとしましょう、それで、生の充実感、いわば〝幸福感〟といったものを謳歌できるでしょうか？　必然的なＳＦ社会の到来を前提に、その保険としての真のデジタル教育を！　と彼らは唱道しているやに映るのです。恐るべきＡＩ社会という大船のチケットを買っておきましょう的、一種、がん保険のセールスマン的言説を述べているようにしか思えません。

　たとえそんな社会になっても、個人は個人、自分は自分と達観して、準デジタル、純アナログの領域に留まる、そうした覚悟がありさえすれば、成毛氏や落合氏の主張する超デジタル社会への教育的〈危機管理〉など必要ないのです。**彼らは、東日本大震災後、三陸の港町に海の景観を妨げる巨大な防潮堤を築く派の人々です。一方、私のようなアナログ派は、大津波が来たら来たで仕方ないと考え、避難する防災訓練、マニュアルなどを徹底する町民の自覚、いわば、危機管理と対極にある〈覚悟〉のようなものをもちさえすればいい派です。そうした違いに過ぎません。**

　巷では、「メシの食える大人に育てる本」「ＡＩ社会で路頭に迷わない子に育てる本」といった教育本がやたらと目に付きます。確かに、先が読めない今、アナログ世代の親には、不安な未来が広がっています。しかし、自身で経済的に豊かな生活を送れるということと、充実した人生が送れるということは、また別次元のことです。前者は人生には必要条件ではありますが、十分条件たりえません。後者は、ある意味、我が子が晩年、いい人生だったと回想できる人生行路でもあるのです。

Happiness doesn't lie in wealth, but consists in contentment.

ここを見誤ると、人生のある時期、安価な金属や木材で作られたあらゆる製品のように、ポキッと折れてしまうのです。アナログの大切さを語ったまでです。

今や教育界でも、オンライン授業やらタブレット端末などのデジタル教科書にまで〝デジタル汚染〟が進んでいます。教育産業も同様です。スマイルゼミから公文式、ベネッセに至るまで、幼児から中学生にかけてデジタルの手法がどんどん取り入れられています。東進ハイスクールからスタディーサプリに至るまで、中学生から高校生に至るまで、デジタルを武器として、リアルが時代遅れ、不便、面倒扱いすらされています。

私は、医学関係者、教育関係者、政財界関係者の彼らが、デジタル教育の安全性をどんなに声高に叫ぼうとも、またどんな科学的安全性を担保するエビデンスを出そうとも、せめて16歳までは、さまざまな工夫や知恵を凝らして、デジタル教育を制限するべきだという論を貫くつむじ曲がりです。

世界中が、デジタルの力でどんどん狭まってきています。一般論として21世紀は多様化の時代だという主張がされていますが、むしろそれに反して画一化しているというのが私の持論でもあります。地球上から未知の領域が消滅し、生物種が激減し、多言語の地球が、英語オンリーというグローバル社会に変質している現実は、まさしくデジタルの流儀によるものです。

極論ながら、デジタル化とは、英語化と似て非ではありません。母国語が日本語やフランス語、ドイツ語、中国語、韓国語などの言語の国々は、ビジネスや高等研究などの分野では、英語をツールとして用いざるをえないのは事実です。しかし、プライベートの日本人、ドイツ人、韓国人は、母語でコミュニケーションをとり精神の安寧や安らぎを覚えるものです。**この母国語がアナログなのです。文明と都市の象徴がデジタルであり、英語という言語でもあります。文化と自然の象徴が、アナログであり、母国語（日本語）であります。**

余談ですが、雅子皇后が、お父様の仕事の関係上、海外で生活をされて、各地のアメリカンスクールに通われていたころのエピソードをご紹介します。

ご両親は、学校では英語などの外国語を学ぶ環境に雅子様を置きながらも、ご家庭では、きちんとした日本語で会話をする習慣を譲らなかったそうです。

これは、社会人や学生にも当てはまるエピソードではないかと思うのです。会社や学校では、文明社会を牽引するツールとしてのデジタルを武器とし、家庭やプライベートでは、社会文化を保持する、いや、自身の精神、生物として身体の健全さを守るツールとしてアナログを手放してはいけないということをあらためて主張しておきたいと思います。

本書をお読みいただいた皆様へ

本書は私の主宰する英精塾のホームページのブログに掲載した中から、特に《反デジタル》の観点から一貫したものを精選し、加筆訂正したもので構成されています。期間は２０１８年7月から２０２１年8月の約3年にわたるものです。本ブログの２割以上３分の２ほどは、反デジタルの観点から、教育分野を中心に、その周辺から社会にわたって書きなぐってきた内容です。あらためて平成末期から令和にかけてのデジタル旋風というものに違和感・不快感を感じてきた私の率直な感想でもあります。

やはり、本書**『反デジタル考』のコンセプト、いや、原動力といったものとして、私の気質でもある、痩せ我慢・臍曲り・天の邪鬼というものが通奏低音として鳴り響いています。**社会や会社なら、デジタル化の超推進は、是としましょう。大学生も仕方なしとします。しかし、高校生から、義務教育の中学生・小学生にまでこのデジタル化を過激なまでに推進することに対し、アナログ人間の私としては、どうも承服できない直感というものが内面に疼いて仕方がありません。その生理的・心理的、時代への拒否反応という人間擁護・人間養護といった観点から、弊塾のブログをつらつらと書き溜めてもきたのです。

何度も言います。初等・中等教育では、デジタル化はほどほどにせよと。**むしろ学校という場（トポス）は、デジタル旋風の、子どもの避難場所にすればいいとさえ思っています。**会社がデジタルの場、家庭をアナログの場とするのが人間の性を考慮したとき、自然です。令和の子どもにとって自宅や友人関係のプチコミュニティー社会は、スマホに代表されるデジタルの空間ともいえましょう。ですから、むしろ学校という場が、非デジタルの場、即ち、むしろアナログの場とすることを私は提言したのです。この視点で、都市と自然（地方・田舎）の新参勤交代を提唱されている養老孟司氏も同様な論を展開されています。

本書は、まず30代、40代の若い親御さんに是非読んでいただきたいものです。また、50代以上の子育てを一段落したお父さんやお母さん方、デジタルイミグラントとして居心地の悪さを禁じ得ない気質の方、人生の折り返し地点を過ぎた準デジタル人間から純アナログ人間の方々に是非ご参考にしていただきたい〈人生の海図〉でもあります。学校や塾の先生・講師から校長・理事長に至るまで、このデジタル一辺倒の教育方針の前に一歩足を止めて、自身の教育運営・教育方針なりを再考してほしいといったパッションに駆られ、私のブログを3年間にわたり書き連ねてもきたのです。

次に、本書には、20代の若手の社会人で、会社員生活に疑問を持ち始めた部族にも参考になる、人生のヒントになるものも含まれています。それは、過剰なまでの情報化社会と異常なまでの便利さ・快適さを希求する社会という超特急からいったん下車し、各駅停車や急行列車に乗り換える行為でもあります。それは、電車通勤・マイカー通勤から、自転車通勤に変えるがごとく、ファストフードならぬスローフードへの、ライフスタイルの一種、個人レベルの〈生活のモーダルシフト〉でもあるのです。

政府・文科省・大学関係者・大企業幹部に対し、彼らの教育政策への異議申し立て（プロテスト）というものが、本編のあちらこちらに散在しています。これも草莽の臣からの上訴・市井からの諫言として、一部の見識ある政治家なりの耳に入れれば幸いです。

アナログ的思考・アナログ的生活、いわば、非デジタル的流儀というものは、令和の時代に流行りません。むしろ時代錯誤とさえ映ります。軽視、いや無視されます。ユニクロにより、アパレル産業から百貨店に至るまで斜陽産業となる運命となり、新聞電子版の普及が宅配部数の激減の引き金ともなり、アマゾンの台頭が巷の書店を廃業へと追いやり、ネットフリックスが劇場映画産業を駆逐する世の光景などを目にすると、アナログの流儀は、もはや、明治の世の江戸文化と同様の宿命になるのは必定でありましょう。

その文明開化の趨勢に適応・順応できる部族には、本書は無縁、無用の長物です。それに取り残された、ついていけない、ついてゆくのに疲れた、いやいやついて生きている、こうした部族こそ、人間としてまっとうなのです。前者の新しもの好きは、スペースシャトルであり、後者の人間に軸足を置く部族は、ソユーズロケットであります。デジタルは寿命が短い、しかし、アナログは寿命が長い、これは科学技術にも該当することです。

本編をお読みになり、ご自身の《反デジタル考》を是非とも実践してくだされば、望外の喜びです。本書を上梓した甲斐があるというものです。

『反デジタル考』という表題にもし裏題というものがあるとすれば、少々不自然でもありましょうが、それを申し述べて結びといたします。

それは〝ア魂デオ〟というものであります。

世の親御さん、社会人、大学生へ向けて、アピールします。「公的（社会・会社）には、デジタルを！私的（学校・家庭）にはアナログを！」これをもじって、和魂洋才ならぬア魂デオ（アナログ精神でデジタル肉体を）を生きる流儀としなさいと。この観点からすれば、私は、リモートワークやワーケーションなどは絶対に〝ノン〟なのです。

私には流儀があります。**「知性は仕事（会社）で磨けても、感性は個人（プライベート）でしか磨くことはできない」**という生活上の区分・規律といったものです。個人レベルでは、感性は、プチ文化であり、知性は、プチ文明でもあるという謂であります。

この人生上の摂理を忘れると、人間公私を問わず生きるうえでの障害・壁、いわば苦難・限界に直面します。文化とは、人生行路とは、アナログでしか耕すことができないということです。それは畢竟、人生の充実感であり、一種、幸福感の淵源ともなるものです。

世の賢い連中は鼻で嘲ることでありましょう。「〝**ア魂デオ**〟など木に竹を接ぐ考え方である」と。確かにそのとおりで、和魂洋才なども近代日本では雲散霧消してゆきました。でもその理想の空論的概念がなくなった大正から昭和にかけて、日本の運命がどうなってしまったか、歴史が教えてくれています。文化を忘却し、文明のみを追求していった悲劇でもありました。

著者プロフィール

露木 康仁（つゆき やすひと）

慶應義塾大学文学部仏文科修士課程修了。

大学卒業後、某大手企業に就職するも、文学への研究熱が芽生え、大学院に進学。大学院在学中に、研究者と教育者を天秤にかけて、後者への情熱が湧き上がる。仏文学への未練を断ち切る。人生行路での紆余曲折を経て、自分の原点である、「同じ轍を踏ませたくない」といった思いから、横浜で英語科専門塾を立ち上げる。

自己の「受験の失敗学」に裏打ちされた大学受験塾“英精塾”を主宰するに至る。特に、日本語（母国語）を大切にする英語教育、リベラルアーツとしての日本史・世界史・古典なども教授している。今では、忘れさられた旧制高校の優れた面を取り入れた学問指導を理想として、生徒たちに接している。

〔著書〕

『ポップスの規矩』（文芸社）、『英語教師は〈英語〉ができなくてもよい！』（静人舎）

（英精塾ホームページをご覧ください）

反デジタル考 **令和の逆張り教育論**

2021年10月20日　初版第1刷発行

著　者　露木 康仁
発行者　馬場先 智明
発行所　株式会社 静人舎
〒157-0066　東京都世田谷区成城 4-4-14
Tel & Fax　03-6314-5326
http://seijinsha-b.com

装　丁　小林 茂男
印刷所　株式会社 エーヴィスシステムズ

ISBN978-4-909299-15-4